한국어로 내려온
New Bible

새로운
성 경

제123권

8부 | 총10부

하얀마음

하나님 말씀 중에서

1. 사랑의 하나님

▪ 세상을 창조하신 하나님은 모두를 사랑하신다. 인간만 특별히 더 사랑하지 않고, 우주 만물을 다 똑같이 사랑하신다. 그러니 하나님이 창조하신 천지 만물과 화친하고, 미물까지도 소중히 대하라.

▪ 하나님은 특정 종파나 민족만을 더 사랑하지 않으신다. 자기 자신만 구원받겠다는 욕심을 버리고, 자기 종파만 구원받는다는 편협한 교리에서 벗어나야 한다. 종파를 초월해서, 모두를 사랑하라.

▪ 원수까지 사랑하라 했으니, 이 세상에 사랑하지 못할 자가 누가 있겠는가? 종파가 다르다고 해서 부모 형제와 원수처럼 지내는 자는 인간의 근본을 모르는 자다. 가장 가까운 가족부터 사랑할 때 남도 진심으로 사랑할 수 있다.

▪ 한 사람을 원수같이 생각하던 마음에서 사랑하는 마음으로 돌리면, 자기 자신의 마음이 가장 기쁘고 행복하다. 하나님께서는 인간의 마음속에 무거움이 없이 기쁘고 행복한 삶을 살기를 바라신다.

▪ 이웃을 "내 몸처럼" 사랑하라 했으니, 마지막 한 장 남은 천국의 티켓도 이웃에게 양보하라. 자기 중심적인 신앙에서 벗어나서 남을 위해 살아야 한다.

▪ 독초도, 약초도, 이단도 사탄도 천사도 다 필요하기에 존재한다. 독초일지라도 극소량을 사용해서 생명을 살릴 수 있고, 약초라 하더라도 남용하면 생명을 잃을 수 있다.

▪ 세상 모든 것을 명약으로 활용하는 것은 인간의 지혜에 달렸다. 어떤 것이든 어떤 사람이든 적재적소에 꼭 필요한 명약으로 승화시키라.

▪ 사탄도 이단도 천사도 모두 하나님의 주관하에 존재한다. 진정한 하나님의 백성은 사탄과 마귀까지도 감화시켜서 천사로 거듭나게 한다.

2. 기도

- 하나님은 인간의 생각까지 모두를 다 알고 계신다. 우리의 소원도 이미 알고 계시기에, 소원의 기도를 할 필요가 없다. 우리가 받을 자격이 되면 내려 주신다.

- 죄를 짓고 아무리 회개를 해도 용서받지 못한다. 도둑질한 자는 용서해 달라고 기도하고, 도둑맞은 자는 도둑을 잡게 해 달라고 기도하면, 공의의 하나님은 누구의 편에 서시겠는가?

- 자기가 잘못한 것은 그 사람에게 직접 갚고 용서를 구하라. 그가 용서하면 하나님도 용서하신다. 땅에서 매면 하늘에서도 매이고, 땅에서 풀리면 하늘에서도 풀리는 이치다.

- "회당에서 기도하지 말고 골방에서 기도하라" 했다. 눈에 보이는 골방이 아니라, 골방과 같이 고요한 마음이다. 잡념을 버리고 하나님을 향해 마음을 집중하며, 사랑하고 용서하는 아름다운 생각만 나오도록 하라.

- "두드리면 열릴 것이다." 하는 것은 육의 소원을 위해 두드리라는 것이 아니라, 진리의 깨달음을 얻기 위해 두드리라는 것이다.

- 기도하는 방법: 생활 속에서 수시로 기도하는 삶을 살아야 한다.

- "저의 죄를 용서하여 주옵소서." 하는 회개의 기도를 하라.
- 범사에 "하나님! 감사합니다." 하라. 현재 가진 것에 감사하며, 과욕하지 말라. 자기 노력 이상의 것을 더 갖고자 기도하는 것은 도둑놈심보다. 공의의 하나님은 각자 노력한 만큼 주신다.
- "하나님 뜻대로 살아가겠나이다." 하며 마음의 각오를 다지라.

- 기도는 하나님의 말씀을 받아서 "행하는 것"이다. 하나님이 계심을 굳건히 믿고, 하늘을 향하여 한 점 부끄럼 없이 사는 삶 자체가 가장 위대한 기도이며, 삶이 곧 예배다.

3. 지도자

- 똑같이 사랑한다는 말을 해도, 순수하게 하는 말은 천사의 말이지만, 사기 쳐서 재산을 가로채려고 하는 말은 사탄의 말이다.

- 종교 지도자가 아무리 훌륭한 설교를 해도, 신도의 재물을 거둬서 더 큰 교회를 짓고 자기의 부귀영화를 바라며 설교하면 사탄의 가르침이 된다.

▪ "저희 교회는 만원사례요, 믿음은 다 같으니 이웃의 개척 교회에 가서 예배를 드리시오." 하며, 이웃 교회의 부흥을 먼저 생각하여 제 신도를 보내는 종교 지도자가 있다면 그를 따르라. 그가 하나님의 사랑을 실천하는 자다.

▪ "부자가 천국에 들어가는 것은 낙타가 바늘구멍을 통과하는 것보다 더 힘들다" 하였거늘, 지금의 교회에서는 부자가 되기만을 기도하고 소원하니, 이는 곧 천국을 포기하고 지옥 행 열차의 티켓을 사는 것과 같다.

▪ 예수는 빈손이었다. 종교 지도자가 예수보다 더 호화롭고 편안하게 살아간다면 잘못된 것이다. 부귀영화와 명예를 바라는 자는 절대로 갈 수 없는 좁고 협착한 길이 종교 지도자의 길이다.

▪ 종교 지도자는 유리로 비춰 봐 한 점의 부끄러움이 없이 살아야 한다. 의식주도 직접 일해서 해결하고, 예수의 가르침과 행함을 그대로 따라야 한다.

▪ 종말은 없다. 지금의 잘못 가는 종교 집단에게만 종말이 있다. 보이지 않는 하나님은 보이는 육의 종말은 관여하지 않으신다. 환경 파괴로 인간이 스스로 멸망을 자초하는 것이다. 종파끼리 싸우기 전에, 무너진 인성을 바로잡고 지구의 몸살을 해결하는 데 뜻을 모으는 게 급선무다.

4. 성전이란

▪ 이 세상 자체가 하나님께서 만드신 성전이다. 자연보다 더 아름다운 성전이 있는가? 보이는 건물이 성전이 아니라, 성스러운 마음가짐이 성전이다.

▪ 반석 위에 교회를 지으라 했다. 지상의 단단한 돌은 인간이 쪼갤 수 있으나, 마음속의 굳은 결의는 세상 무엇으로도 쪼갤 수 없다. 바르고 굳건한 믿음으로 성경의 가르침을 실천하는 것이 마음의 반석 위에 교회를 짓는 것이다.

▪ 손으로 지은 건물의 교회에 모여서 복음을 전하는 것이 아니라, 교회를 개인과 가정에 심어 주어야 한다. 무너지고 부서지는 건물을 짓지 말고, 마음속에 영원히 불변하는 참진리의 교회를 지으라.

5. 십계명

▪ 십계명은 인간이 죽어서 반드시 통과해야만 하는 열 개의 관문이다.
- 부모를 공경하지 아니한 자는 "네 부모를 공경하라." 하는 제5계명의 관문이 열리지 않으니 구원받을 수 없다.
- 살인, 간음, 거짓, 우상 등의 나머지 계명도 마찬가지다.

▪ 십계명은 하나님의 친필이다. 모기소리만 한 하나님의 음성이라도 들어 보겠다고 여기저기 찾아 헤매지 말고, 십계명부터 암송하고 지키라.

▪ 십계명은 영혼을 구원하는 양식이며, 십계명을 지키는 것이 구원을 받는 길이다. 인간이기에 지키고자 노력하고 또 노력한다면 지킬 수 있다.

▪ 십계명을 지키고 천사처럼 아름답게 살아가는 그 마음 하나면 세상에 이루어지지 않는 것이 없다.

6. 보물

▪ 하나님은 재물이 아니라 우리의 마음을 받으신다. 사랑을 실천하며 천사처럼 변하는 마음이 하나님께 바치는 보물이다.

▪ 보이지 않는 하나님께 재물을 바치려 하지 말고, 너희를 길러 준 부모에게 용돈 드리고, 찾아뵙고, 효성을 다하라. 그것이 하나님께 효도하는 것이다.

▪ 하늘에는 선과 악의 창고가 있다. 자기 창고에 선이 많으면 천국으로 구원을 받고, 악이 많으면 심판받아 지옥으로 간다. 그것이 바로 "선한 일을 행한 자는 생명의 부활로, 악한 일을 행한 자는 심판의 부활로" 나오는 것이다.

▪ "선악과를 따먹지 말라"는 것은 양심을 지키라는 것이다. 선과 악을 구분할 수 있는 양심을 최초에 인간에게 주셨다. 선한 열매는 취하고, 악한 열매는 버리며, 양심에 비추어 부끄럼 없는 삶을 살아가라.

▪ 가장 작은 거짓말을 하지 않고, 가장 작은 죄를 짓지 않으며, 가장 작은 선행을 하고, 가장 작은 악행을 멀리하는 것이 율법의 일점 일획도 빠뜨리지 말고 다 지키는 삶을 사는 것이다.

7. 우상

- 박물관에 있는 불상은 하나의 예술품이다. 그 조각품에 대고 제 소원을 빌 때 우상숭배가 된다. 십자가라 하여도 그 앞에서 소원을 빈다면 우상숭배하는 것이며, 하나님께 소원을 빈다면 하나님을 우상으로 전락시키는 것이다.

- 지금 기복신앙에 젖어 있는 모든 사람이 우상 앞에 절을 하고 있다. 조각품을 우상이라며 파괴하지 말고, 네 마음속에 있는 욕심의 우상을 무너트리라.

- 생수를 약초가 먹으면 약을 만들고 독사가 먹으면 독을 만든다. 같은 성경을 봐도 선한 지도자는 신도를 천사로 만드는 데 활용한다. 그러나 욕심이 가득한 지도자는 재물을 거두어들여 제가 부귀영화를 누리는 데 악용한다. 그가 바로 성경을 우상숭배의 도구로 전락시키는 거짓 선지자다.

- 성경을 한 획도 빼거나 더하지 말라는 것은, 그 가르침을 빠트리지 말고 온전히 지키라는 것이다. 성경 속에서 자기에게 유리한 구절만 보는 것은, 자기에게 불리한 구절들을 빼 버리는 것이다. 믿음이 제일이요, 행함은 구원과는 관계없다는 것은 자신에게 유리한 쪽으로 성경을 악용하는 것이다.

- 진정한 종교 지도자는 종파에 관계없이 어떤 종파든 어떤 책이든 접하고 보고 깨우쳐 견문을 넓히도록 인도한다. 참진리를 모르고 자신이 없는 자가 남을 이단이라며 배척하고, 신도들의 눈과 귀를 가린다.

8. 예수

- 예수의 재림은 없다. 예수가 다시 온다 해도, 과연 누가 그를 예수라고 믿겠는가? 예수와 같은 삶의 행함이 곧 예수의 재림이다. 각자 모두가 "재림 예수"가 되는, 차원 높은 믿음으로 가야 한다.

- 예수는 "주여 주여 하지 말고, 아버지의 뜻대로 행하라"고 했다. 예수가 전한 하나님의 뜻이 곧 "길이요, 진리요, 생명"이며, 그 가르침이 예수의 보혈처럼 소중한 것이다. 예수를 믿는 것은, 예수의 가르침을 믿고 따르는 것이다.

- 예수는 낮은 자로서 만백성을 섬기고자 했다. 만나는 모든 사람을 다 하나님이라 생각하라. 돈을 벌수록 겸손하고, 높은 지위를 얻을수록 낮아지라.

- 예수는 종파를 만들지 않았다. 인간이 만든 종교와 인간의 교리를 따르지 말고, 예수를 통해 전한 하나님의 참진리를 연구하고 따르라.

- 예수가 2천 년 전에 만백성을 위해 죽었으니, 지금 이 땅에는 예수의 가르침대로 사는 천사만 존재해야 한다. 예수가 죽어 가면서 바란 것은 만백성이 천사가 되어 예수의 자리를 채워 주는 것이지, 지금과 같이 재물을 바치면서 중언부언 제 소원만을 비는 백성들을 바란 것이 아니다.

9. 구원

- 천사가 사는 천국에는 천사만 갈 수 있으니, 천사 같은 마음을 길러야 한다.

- "천국 열쇠를 네게 주리니 땅에서 무엇이든지 매면 하늘에서도 매일 것이라" 했다. 땅에서 천사같이 사는 자가 하늘에서도 천사가 되어 천국에 들어간다. 모든 사람에게 천사같다는 말을 듣는 삶을 살아야 한다.

- 천사의 곱고 아름다운 마음은 부모를 공경하고 어른을 어른으로 대접하는 데에서 출발한다. 효도하는 자는 형제와 화목하게 지내기에 가정이 화목해지고, 이웃과 화목해지고, 국가가 화목해지고, 온 인류가 화목해진다.

- 그러므로 지상의 아름다운 소왕국은 가정에서부터 이루어야 한다.

- 선택된 14만 명만 구원받는 것이 아니라, 천사처럼 변하고자 하는 14만 명을 기초로 온 인류가 천사처럼 거듭나는 영적인 개혁이 시작되는 것이다.

- 천 년에 걸쳐서 하늘에서 이루어진 것같이 이 세상을 낙원으로 만들어, 만백성이 지상의 천국에서 살다가 죽어서 그대로 하늘의 천국으로 들어가는, 영원한 지상 낙원을 건설하는 것이 하나님의 계획이다.

- **이것이 구약과 신약에 이어 "새로운 성경"으로 역사하시는 하나님의 창조의 완성이다.**

- 지금의 믿음으로 구원받을 수 있다면 그 길을 가라. 그러나 자신이 없다면 하나님께서 직접 내리신 160권의 "새로운 성경"을 읽고 구원의 길을 보라!

하나님 머리말씀

이 새로운 성경을 읽는 너희 모두는
이 율법에 따라 행하면 영원히 구원받을 것이니라.

너희 인간이 수년, 수십 년, 평생
성서를 공부하고 기도하는 것은
하늘나라 나의 곁으로 오고 싶은 소망일진대,

몇천 년 전의 너희 인성과 생각이
지금의 너희와는 판이하게 다르니,

꺾여 가고 병들어 가는 너희를 고칠 수 있는 길은,
오늘 내가 선지자에게 내리는 새로운 성경과 같이
너희가 변화되는 것뿐이니라.

나의 예수가 태어난 것처럼
내가 아들 선지자를 선택하여
나의 새로운 성경을 온 세계에 전하고자 하니,

묵은 것은 버리고 새로운 것은 취하여,
너희 모두는
'여호와 하나님! 저의 죄를 용서하여 주옵소서.'
하는 기도문으로 기도하고, 죄를 뉘우치라.

이 새로운 성경은
수천 년간 내려온 성서를 요약한 것이니,
너희는 이 책을 정독하여 쉽게 깨달음을 얻고,
이대로 실천하여 하늘에 오르라.

대역자 머리말

■ 하나님의 율법을 지키는 선지자로 선택을 받도다.

저는 남들처럼 그저 열심히 살아온 평범한 사람이었습니다. 그러나 50대 중반에 사업에 실패하여 많은 부채에 시달렸으며, 건강도 악화되어 눈이 잘 안 보이고, 걷기도 어렵고, 두통이 심해서 잠을 이룰 수 없는 고통의 나날을 보냈습니다. 그때 제가 선택할 수 있는 것은 육의 삶을 끝내는 길뿐이었습니다.

죽기 직전에 그동안에 죄를 지은 이들에게 용서를 빌고 인생을 끝내기로 작정하였습니다. 어려서부터 지은 죄를 빌고 빌다 보니 끝이 없었고, 죽음으로도 그 많은 죄를 용서받을 길이 없다는 생각에 하염없이 눈물이 흘렀습니다. 그 순간 '재래식 화장실의 구더기는 죄를 짓지 않는데, 나는 인간으로서 구더기만도 못한 삶을 살았구나.' 하는 생각이 들면서 괴로움에 몸부림칠 때, 갑자기 하나님의 음성이 들렸습니다.

"나는 여호와 하나님이니라. 너는 십계명을 암송하고 내가 내려 주는 메시지를 받아 책으로 만들어 만백성을 구하라." 하시며, 제 눈을 손으로 문지르게 하시고, 아픈 머리와 다리를 손으로 두드리게 하셨습니다. 그러고 나니 눈도 잘 보이고 걸을 수 있었으며 머리의 통증도 말끔히 낫게 되었습니다. 그때부터 십계명을 암송하고 나면 들려주시는 말씀을 기록하였고, 1999년 8월부터 2004년 7월까지 권당 288쪽, 총 160권을 받아서 "새로운 성경"이라는 책으로 펴내게 되었습니다.

그러한 저에게 죽기보다도 힘든 길이 시작되었습니다. 모든 교인들이 저에게 사탄이요, 이단이요, 악마요, 마지막 시대에 온 거짓 선지자라 하면서 공격하였고, 저를 짐승을 보듯이 대하는가 하면, 편협한 종교 지도자들의 선동으로 신도들이 이 책을 직접 읽어보고 평가할 기회마저 막아 버렸습니다. 그래서 하나님의 말씀을 세상에 내는 데 많은 어려움을 겪으며, 피를 토하는 심정으로 책을 전하고 있습니다.

그러나 아무리 인간의 힘으로 막으려 해도, 하나님의 뜻이 세상에 전해지는 위대한 역사는 계속될 것입니다. 책으로 전해지는 "하나님의 말씀"은 세상 끝날까지 항상 우리와 함께하실 것입니다. 사람은 죽어도, 책에 기록된 말씀은 영원히 남으니까요.

■ 따뜻한 실천

하나님께서는 어려운 사람들에게 삶의 터전을 마련해 주고, 미래를 열어 주는 것을 기뻐하십니다. 어려운 이웃이 스스로 자립할 수 있도록 이끌어 주는 것이 진정으로 이웃을 돕는 것이라고 말씀하셨습니다. 그래서 일자리가 없는 제자들에게 작은 사업장을 만들어 주는 "달란트 사업"을 하고 있습니다. 식당, 반찬 가게 등을 차려 주고, 기존의 어려운 사업장이 자립할 수 있도록 돕고 있습니다(커피숍, 미용실, 의상실 등).

하나님께서는 교회에 나와서 모든 시간과 재물을 쏟기를 원하지 않으시고, 그 시간과 재물을 교육에 투자하여 스스로 미래를 열어 가기를 원하십니다. 그래서 제때 공부하지 못한 제자들에게 학업을 이어 가도록 하였습니다. 중화요리 주방장을 하며 초등학교 검정고시부터 공부하여 2012년에 방통대를 졸업한 36세 남성, 만학도들의 2년제 중학교에 입학해서 2007년에 명지대학을 졸업한 38세 여성, 중학교 검정고시를 시작으로 숭의여자대학을 졸업한 47세 여성 등이 있습니다. 그밖에도 많은 제자들에게 나이를 초월하여 배우고 깨우쳐서 사회 속의 당당한 일원이 되도록 인도하고 있습니다.

학자금 대출로 힘겨워하는 젊은이들을 위해 "따뜻한 바람 장학회"를 발족하여(2016년 12월) 대출받은 학자금 전액을 매월 갚아 주고 있습니다. 또한, 다문화 가정을 위해 "다문화 가족 랜드"를 조성하여, 각종 시설을 무료로 활용하도록 하고 있습니다.

이러한 따뜻한 실천이 아직은 미약합니다. 그러나 책의 수입이 늘고, 저와 뜻을 같이하는 분들이 늘어나면 계속 확대할 것입니다. 지도자로서 신도의 재물을 헌금으로 거둬들여 착복하는 것이 아니라, 하나님께서 기뻐하시는 일에 사용하도록 중매 역할만 하며 살아가고자 합니다. 이런 제가 과연 사탄이고 이단인가요? 하나님께서 기뻐하시는 일이라면, 저에게 사탄이라 하든 거짓 선지자라 하든 굽히지 않고 실천해 나갈 것입니다.

끝으로, 일상의 삶 속에서 "지금 내가 하는 행동이 과연 하나님께서 기뻐하실까, 슬퍼하실까?" 생각하고, 매사에 하나님께서 기뻐하시는 길을 택하기 바랍니다. 교회에 모여서 집단적으로 예배 드리는 것이 아니라, 개인이나 가정 단위로 새로운 성경을 읽어 스스로 깨우치고 그대로 행하면 충분합니다. 그것이 마음속에 성전을 짓고, 신령과 진정으로 예배 드리는 길입니다. 그러면 천국의 문에 들어서게 됩니다.

2017. 2. 1.

하나님 말씀 대역자 김용철

차 례

십 계 명

이 책은 십계명을 암송하고 나면 내려 주시는 "하나님의 음성"을 듣고 그대로 받아쓴 기록입니다. 하나님께서 십계명을 모세에게 내려 주셨지만, 그것은 만백성에게 내려 주신 것입니다. 마찬가지로 이 책의 모든 말씀도 저에게 내려 주셨지만, 만백성 각자에게 들려주시는 말씀입니다. 여러분도 이 책을 접할 때마다 십계명을 암송하고 나서 정독해 주시기 바랍니다.

제일은, 너는 나 외에는 다른 신들을 네게 있게 말지니라.
제이는, 너를 위하여 새긴 우상을 만들지 말고, 또 위로 하늘에 있는 것이나, 아래로 땅에 있는 것이나, 땅 아래 물 속에 있는 것의 아무 형상이든지 만들지 말며, 그것들에게 절하지 말며, 그것들을 섬기지 말라.
제삼은, 너는 너의 하나님 여호와의 이름을 망령되이 일컫지 말라.
제사는, 안식일을 기억하여 거룩히 지키라.
제오는, 네 부모를 공경하라.
제육은, 살인하지 말지니라.
제칠은, 간음하지 말지니라.
제팔은, 도적질하지 말지니라.
제구는, 네 이웃에 대하여 거짓 증거하지 말지니라.
제십은, 네 이웃의 집을 탐내지 말지니라.

나 여호와가 존재함을 믿는 그 자체가 구원의 길에 들어서는 기본이요, 근본이며, 나의 새로운 성경을 가슴에 안고 정독하는 자, 반석 위에 서서 하늘에 오르는 찬란한 빛을 보게 되는 영광을 얻게 됨이니라. 진정 나를 따르고 믿는 자는 감히 사탄이나 마귀도 근접하지 못하느니라.

〈하나님 말씀〉

2004년 1월

9,089 번째 하나님 말씀

2004년 1월 3일 12시 14분

1 사랑하는 나의 아들아!
2 "네, 아버님! 말씀하옵소서."
3 너 또한 역사하는 것을 기적을 이룬다 하여 자랑하지 않으며, 너의 제자들에게 입단속을 하며 그를 전하지 못하게 함이니,
4 그것은 네가 말하듯이 나 여호와가 이루고자 하는 이 법전이요, 새로운 성경의 그 뜻을 그들이 연구하고 깨우치지 아니하며,
5 그를 덮어 두고 기적만 따르고 부르짖으며, 나의 뜻을 거역하여 저희들이 구원을 받지 못하는 것을 네가 염려하여 모두 입단속을 하고 있다 하였음이니라.
6 그리하여 지금의 나의 백성들이 과연 어찌 가느냐?
7 그들이 지금 점술가의 장난이요, 거짓된 행동이요, 그와 같은 것을 성령으로 치유한다는 것, 모든 병 고침을 한다는 것, 그와 같이 모두를 이루고 역사한다는 것을 너희들은 지금 어찌 보고 있는가?
8 너희들은 그것에 현혹되어 너희들의 마음이요, 몸을 다 팔아 버리는 것이 아니더냐?
9 예수의 기적이 아닌가, 그리고 나 여호와의 기적이 아닌가 하여, 지금 점술가요, 다른 신을 섬기는 자들이 장난을 치는 것을 보고 내가 예수를 통하여 역사한 자요, 구원자를 보낸 것이 아닌가 하여 벌떼처럼 이리 모여들고 저리 모여들고 날아 드는 것이 너희들이 아니더냐?
10 이 모두는 나 여호와가 역사하고자 하는 것이 아니요, 내가 가는 길을 방해하는 자들이 그 짓을 하는 것임을 너희들은 알라.
11 그들이 사탄이요, 마귀이니라.
12 나의 아들 예수가 성서에 기록하여 전하기를 무어라 말하였느냐?
13 기적을 보이는 것, 역사를 보이는 것, 예수를 닮은 행세를 하는 것, 그와 같은 자들이 사탄이요, 마귀요, 그들은 진정 나 여호와요, 내가 이루는 그 뜻을 모르느니라.
14 그와 같은 것으로 역사하는 것이 나 여호와의 뜻이 아니라는 것을 알라.
15 성령이요, 말씀이요, 지금 내가 나의 아들을 통하여 160권으로 내리는 '하나님! 말씀하옵소서.' 하늘에 오르는 길인 이 법전, 이것으로써 너희들을 다스리고 깨우쳐 하늘에 오르는 길로 안내하는 것이요,
16 예수가 기적을 이루는 것, 나의 아들이 기적을 역사하는 것은 잠깐 그들이 나의 복음을 전하며 나의 뜻을 역사하기 위하여 너희들의 숨통을 터 주는 것이지, 그것은 진리가 아니요, 하늘에 오르는 길이 아니니,
17 그와 같은 것으로써 장난하는 자, 그

와 같은 것으로써 교세를 확장하며 나
의 백성들을 부추기며 조종하는 자,
그와 같은 행위가 내 뜻을 거역하는
사탄의 짓이라는 것을 내가 못을 박아
전함이니 너희들은 알라.
18 지금 나의 아들을 통하여 전하는 이
모두가 정녕 이단이요, 사탄이 하는
말이라면 너희들이 성경에 기록돼 있
는 구절을 눈을 씻고 들여다보라.
19 그러면 나의 아들 예수가 지금 나의
아들을 통하여 하는 것보다 더 강한
말로써 기록하여 너희들을 깨우치고
자 한 대목이 있을 것이니라.
20 기적을 이루고 역사를 이룬다 하여 그
것이 하나님의 뜻이요, 창조주 보낸
이의 뜻이라 하는 것은 사탄이요, 마
귀가 하는 짓이라 전했음을 너희들은
알라.
21 눈에 보이는 것만 알며, 듣는 것만 알
며, 너희들이 현실적으로 보는 것만
기적이요, 역사하는 것이요, 그것이
나 여호와의 뜻이라 믿고 있음이니,
22 참진리의 말씀이요, 나의 뜻이요, 내
성령의 그 모두를 잊어버리고 그 모두
는 뒷전으로 던져 버리고,
23 지금 저희들이 나의 백성들을 부추겨
저희를 추종하도록 만들어 교세를 확
장하며 저희들이 부귀영화를 누리며
제왕적인 대우를 받고자 하는 거짓된
자, 그들이 머지않아 재가 된다 하였
음이니라.
24 그러니 그 허황된 것을 보고 철새처럼
찾아들고 모여드는 것이 나의 백성들
이니,
25 그 불쌍하고 가련한 자들을 다스리고
깨우치는 것은 나 여호와요, 너희들이
말하는 하나님의 말씀이요, 새로 내려
오는 성경이요, 새로 내려오는 보혜사
밖에 없다 하였음이니,
26 지금 내가 너희들을 구하기 위하여 새
로운 성경을 거듭 거듭 내려보내고 있
거늘, 어찌하여 너희들은 이를 받아들
이지 아니하며 이를 깨우쳐 역사하려
하지 않느냐?
27 너희들이 기적으로 보이고자 하는 것,
그것이 믿음이 아니요, 내 뜻이 아니
요, 그 모두가 허상의 길이거늘 너희
가 철새처럼 날아다니니,
28 머지않아 너희들의 그 모두가 잘못되
었으며 너희들이 갈 곳이 없을 때가
있을 것이니라.

9,090 번째 하나님 말씀

2004년 1월 3일 23시 35분

1 사랑하는 나의 아들아!
2 "네, 아버님! 말씀하옵소서."
3 인간이 아무리 천하장사라 해도 집채
보다 더 큰 바위를 들 수 있겠는가?
4 그는 결코 그것을 들을 수 없는 것이
니라.
5 그러나 그것을 들 수 있다고 대드는
사람이 있다면 너희들은 어찌 보는가?
6 그는 허황된 자요, 정녕 믿을 수 없는
자요, 그리고 신뢰할 수 없는 자라 그
리 말할 것이니라.
7 지금 내가 너를 통하여 만백성을 구하
는 160권의 법전을 세상에 내려보내
어 만백성을 다시 다스리며 다시 깨우
치며 하늘에 오르는 참진리의 그 길을

가르치는 것, 그를 위하여 너희들이
지금 이 역사를 하고 있음이니,
8 한 사람이 집채보다 더 큰 바위를 들
겠다 대드는 것보다도 더 무서운 변화
의 역사를 지금 너희들이 이루고 있지
않은가?
9 너희들 보다 겁 없는 그 역사를 이루
는 자가 어디 있는가?
10 그 누구도 믿을 수 없으며, 그 누구도
이를 믿으려 하지 아니할 것이니라.
11 수천 년 동안 믿어 온 뿌리 깊은 저희
들의 그 믿음이요, 그리고 모든 종교
집단이 지금 가지고 있는 조직이요,
인력이요, 그리고 재정이요, 그 모두
가 인간 세상에 살아가는 것을 모두
지배하고 다스리고 있으니, 이 세상을
다스리는 자들이 바로 그들이 일인자
이니라.
12 그와 같은 모든 것을 다 버려야 되며
그들이 거듭나야 되며 모두를 다 바꿔
야 한다 함이니,
13 이것이 얼마나 두렵고 무서운 일이던
가, 그리고 이 얼마나 무서운 대혁명
의 변화더냐?
14 이는 누구도 상상할 수 없으며 누구도
기억할 수도 없으며, 감히 머릿속에
그려 보고자 한 백성이 하나도 없음이
니라.
15 이 세상에 수많은 나의 백성들이 있으
며, 그리고 믿음의 길을 가는 백성들
이 있으며,
16 저희들이 말하기를 오늘의 그 믿음으
로써는 구원을 받을 수 없으며, 종교
지도자들이 하는 행위가 너희들 자신
만도 못한 자들이요, 그와 같은 속에
서 너희들이 구원을 받을 수 없다 그
리 말하느니라.
17 그리하여 너희들이 흥분하고 거기서
광분하는 자가 있는가 하면, 울분을
터트리고 몇십 년 동안 몸을 바친 그
교회라는 곳에서 뛰쳐나오는 그와 같
은 나의 백성들이 있음이니라.
18 그래도 그들은 감히 이와 같이 대변화
의 역사를 이루고자 할 수 없느니라.
19 너희들이 믿음이라는 것을 몇십 년 동
안 가졌으며, 몇십 년 동안 믿음의 길
을 가다 그 속에서 버림을 받고 나온
자, 아무리 분풀이를 할 수 없다 해도,
20 그 성서를 부정하며 그 성서가 다시
나와야 되며 그 성서가 마지막 구원의
길이 아니요, 중간 주자로서 그 직분
을 다한 것이라 하여,
21 새로운 성경이요, 새로운 나 여호와의
뜻이 내려오니, 그를 보고 따르지 않
는 자는 구원을 받을 수 없다 그리 말
하는 것은,
22 이 지구상에 피부색이 다르든 생김새
가 다르든 가지고 있는 능력이 다르
든, 그 누구도 이를 역사할 수 없으며
역사하는 자가 없음이니라.
23 그러니 지금 나의 아들 너와 너를 따
르는 제자들이 그것도 160권이라는
대장정의 법전으로써 근거를 제시하
여, 새로운 성경이 내려왔으며 새로운
나 여호와의 뜻이 내려왔으며 새로운
시대의 새 역사를 이룬다 그리함이니,
이것보다도 큰 변화요, 이것보다 더
천지개벽할 일이 없음이니라.
24 그러니 누군들 이를 믿으며 누군들 이
를 선뜻 대들려 할 수 있겠느냐?

25 저희들이 불 속에 휘발유를 짊어지고
들어가는 것보다 더 무서운 일이요,
더 두려운 일이거늘, 그러니 감히 누
가 그와 같은 용기 있는 자가 있어서
이를 할 수 있겠느냐?
26 천지개벽을 이루는 이와 같은 소리를
저희들이 한쪽 귀로 듣고, 정신 나간
자가 부르짖는 것이라 하여 그를 치우
는 것이 차라리 편함이니라.
27 아무리 내용이 잘되어 있으며 내용이
저희들의 가슴을 울린다 해도 감히 그
들은 이를 따를 수가 없음이니라.
28 아무나 이를 선택하여 갈 수 없는 것
이니라.
29 그는 무엇이더냐?
30 몇십 년 동안 믿음의 길을 가던 자가
버림을 받아 그곳이 잘못되었다는 것
을 알고 그곳 하나를 뒤집어 그를 따
지고 핍박할 수는 있으나,
31 성서가 잘못된 것이요, 새로운 시대에
성경이 내려오며 새로운 역사를 이룬
다 그리 도전하지 못하며 그를 말할
수 없는 것이니라.
32 그러나 너희들은 지금 그 모두를 역사
하며 그를 바로잡기 위하여 이미 백
권이 넘는 나의 뜻을 세상에 전하는
대역사를 이루었음이니, 이것이 천지
개벽보다 더한 변화이니라.
33 그러니 그들이 함부로 대들지 못하고
함부로 너희들을 따르지 못하며,
34 또한 그들이 너희들을 견제하고 너희
가 존재하지 못하도록 하는 그와 같은
모든 것을 역사하는 것은 당연한 것이
니,
35 그때마다 너희들이 슬기로운 자세로
써 모두를 헤치고 나가지 아니하면 너
희들은 난파선이 되고 만다는 것을 잊
어서는 아니 될 것이니라.

9,091 번째 하나님 말씀

2004년 1월 3일 23시 44분

1 사랑하는 나의 아들아!
2 "네, 아버님! 말씀하옵소서."
3 나의 백성들이 제 아버지가 누구이며
어떠한 분인가 하는 것을 모르는 어리
석은 백성으로서 전락되어 가고 있는
것이 오늘의 나의 백성들이니라.
4 제 아버지를 모르며, 제 아버지가 어
떤 분이요, 어떠한 사람인가 그것을
구분하지 못하는 그와 같은 어리석은
백성으로 지금 나에게서 등을 돌리며
내 뜻을 거역하고 살아가는 것이 오늘
의 믿음의 길을 가는 백성들이요,
5 구원의 길에 들어섰다 하는 백성 너희
들이 대표적으로 아버지가 누구인지
모르고 가는 자들이니라.
6 나 여호와의 뜻인 참진리의 길을 저버
리고 자기도취에 빠져 허상을 지금 나
의 뜻인 양 외쳐 대는 자들이 이 세상
을 지배하고 다스리고 있음이니,
7 거기에 현혹되어 지옥의 길로 가는 나
의 백성 그들을 중단시키며 그들을 구
원하는 것이 너희들이며, 나의 법전을
읽고 깨우친 백성 너희들이 해야 할
일이니라.
8 모든 종교 집단이요, 그리고 구원을
받았다는 자, 구원의 길로 인도한다는
자, 그 모두가 제 아버지가 역사하는
것을 모르며 제 아버지의 뜻을 모르

니, 제 아버지가 누구인지도 모르는
자들이니라.
9 그러니 그 불쌍한 자들을 그대로 놔둘
수가 없어 내가 나의 법전을 내려 너
희들을 통하여 그들을 구분하고자 하
며,
10 그들에게 현혹되어 지옥으로 가는 그
불쌍한 자들을 구원하고자 하는 것이
나 여호와의 뜻임을 너희들은 알아야
될 것이니라.
11 지금의 종교 집단과 지도자, 그리고
광분하고 맹종 맹신하는 그 신도들,
그들은 제정신이 아닌 자들이니라.
12 그리하여 그들이 저 자신의 자리를 지
키지 못하며, 제 아버지가 원하고 역
사하고자 하는 것도 모르는 자들이며,
13 무엇을 기록하고자 하며 무엇을 이루
고자 하는지 그것도 모르며 저희 스스
로 자기도취에 빠져 있음이니,
14 모든 기존 종교들이 부패할 대로 부
패해졌으며, 지도자는 지도자대로 또
부패해졌음이니라.
15 그러니 저 자신의 항로를 잃고 표류
하는 배와 같은 형국이 된 것이 오늘
의 종교 집단의 지도자 그들이 가는
형국임을 알아야 될 것이니라.
16 그 표류하는 배인 그들이 어떠하던가?
17 사공이 여럿이니 그 배는 정녕 나아가
지 못하는 그와 같은 형국이요,
18 너희들 말에 '사공이 많으면 배가 산
으로 간다.'는 말이 있듯이, 지금의 수
천수만의 기존 종파들이 부패할 대로
부패한 자들이 저희들만이 인도할 수
있는 항해사라 그리 부르짖고 있으니,
19 바로 너희들이 말하는 '사공이 많으면
배가 산으로 올라간다.'는 그와 같은
형국이 오늘의 종교 집단 그들의 아
수라장 같은 그 형국이며, 내가 보는
행태가 그러하니라.
20 저희들이 아무리 아니요, 내 뜻에 따
르며 내 뜻에 의해 역사하는 백성이라
해도, 하늘에서 진단하는 나 여호와가
보기에 그들은 그 형국임을 알아야
될 것이니라.
21 너나 할 것 없이 제가 하나님이요, 제
가 하나님의 뜻을 받은 자요, 그리고
제가 재림한 예수요, 제가 예수의 제
자 아무개요, 등등
22 제가 그와 같은 자로서 세상에 명받
고 내려온 자라며 지금 우후죽순으로
이곳에서 부르짖고 저곳에서 부르짖
고 있으니, 이와 같은 형국이 무엇 때
문에 이루어졌느냐?
23 기존 종파 저희들이 부패할 대로 부
패해지고 썩을 대로 썩었기 때문에 재
림 예수라는 자요, 그리고 예수의 제
자 누구요, 심지어는 제가 나 여호와
라 말하는 그와 같은 백성들이 있음이
니라.
24 그러면서 그들이 하는 이야기가 무엇
이더냐?
25 천년왕국을 저희들이 이룬다, 그리고
들림을 받는 자요, 휴거라 하여 그저
하늘에 오른다 하며 이와 같은 형용
할 수 없는 각종 종파들이 세상을 어
지럽게 하고 있음이니라.
26 그러니 질서가 없으며, 끄는 자가 없
으며, 정답이 없는 이와 같은 세상이
니, 지금과 같이 신앙의 지옥이 되어
버린 것이니라.

27 그와 같은 자들로 하여금 지금 신앙
의 지옥이 지상의 이 형국이니, 이를
어찌 다스릴 수 있단 말이더냐?
28 저 자신에 도취되어 자기 환상에 빠져
있어 거기서 헤어나지 못하는 자, 마
약에 중독된 자가 제정신이 아니요,
환각에 젖어 있는 자가 제정신이 아니
듯,
29 그보다 더 제정신이 아니며 자리를 모
르며 지금 허덕이고 있는 그 백성, 그
들을 어찌 다스리겠는가?
30 저 자신이 우상을 섬기지 아니한다 하
면서도 자신도 모르게 제가 우상을 섬
기고 있느니라.
31 그리고 나의 피조물 만백성을 하늘로
이끌어 간다, 나에게 구원의 길로 인
도한다는 자들이 지금 저 자신이 우상
앞에 고개 숙이며 우상의 노예가 되고
사탄이 되어,
32 자신이 어디로 가는 줄도 모르는 그와
같은 자들이 지도자라 하여 단상에서
나의 사랑하는 백성들까지 지옥으로
끌고 가는 그와 같은 형국이 되어 있
는 것이 오늘의 종교 집단 지도자 그
들의 형태이니라.
33 그들은 그렇지 않다 하나, 지금 사탄
이 되어 나의 아들딸들을 지옥에 팔아
넘기는 그와 같은 행위를 하고 있는
것이 그들이요, 그들의 단체요, 집단
이니,
34 저희들은 아니라 하나, 내가 바라보는
그들의 행위는 그와 같이 지금 하고
있음을 너희들은 알아야 될 것이니라.
35 환각상태에서 제정신을 차리지 못하
는 것이 오늘의 믿음의 집단이요, 그
들이니라.
36 맹종 맹신하는 그들이 그들보다 더하
면 더했지, 제정신이 아닌 자들이라는
것을 너희들은 알아야 될 것이니라.

9,092 번째 하나님 말씀

2004년 1월 3일 23시 50분

1 사랑하는 나의 아들아!
2 "네, 아버님! 말씀하옵소서."
3 지금의 믿음의 길을 가는 그 백성들이
참진리의 역사요, 내 뜻에 따라 하늘
에 오르는 깨달음을 얻는 것이 아니고,
4 예수가 역사한 기적이요, 모세가 역사
한 기적을 보고 그를 찬송하며 믿고
가는 그와 같은 백성들이 아니더냐?
5 그러니 그와 같은 기적을 보고 믿음의
길을 가서는 아니 된다 그들에게 전해
야 될 것이니라.
6 기적을 이루는 것은 하늘에 오르는 길
이 아니요, 내 뜻에 의하여 역사하는
것이 아님을 너희들은 알라.
7 내가 역사하는 것은 그와 같은 것이
아니요, 너희들이 참진리를 깨우쳐 하
늘에 오르는 그 길을 가도록 하고자
함이니라.
8 내가 나의 아들 예수를 통하여 많은
기적을 이루었다 하나, 그것은 내가
원하는 뜻이 아니며 내가 바라는 바가
아님을 너희들은 알아야 될 것이니라.
9 나 여호와의 참진리요, 내 뜻을 전하
며 내 복음을 전하는 그와 같은 역사
를 하다가 나의 아들 예수가 더 이상
견딜 수 없으며 헤어날 수 없을 때,
10 내가 그로 하여금 기적의 역사를 이루

도록 하여 그것을 해결하도록 했으며,
그와 같은 것으로써 내린 것이 기적의
역사이니,
11 그것은 참진리가 아니요, 나에게 오르
는 길이 아니라는 것을 너희들은 알아
야 될 것이니라.
12 지금의 모든 믿음의 길을 가는 백성들
이 그것이 참진리요, 믿음의 근본이라
하여, 어리석은 너희들이 지금 모두
다 예수가 이룬 기적의 역사요, 그와
같은 시대가 다시 올 것이며,
13 구원을 받는 것도 그와 같은 것으로써
하늘에 오르는 길이요, 진정한 믿음이
요, 나의 아들 예수가 나의 아들이라
믿고 간다 함이니, 그와 같은 어리석
음에서 벗어날 수 있도록 그리하라.
14 그 모두는 나 여호와가 바라는 것이
아니며 내가 원하는 것이 아니요, 내
뜻에 의한 것이 아니니라.
15 나의 뜻을 따르고자 하며 나에게 온다
하면, 참진리요, 너희들이 말하는 창
조주 아버님의 말씀이라는 나의 성령
대로 지키고 바로 오는 것이 하늘에
오르는 길이니라.
16 내가 나의 아들 예수를 위하여 기적을
보인 그 역사는, 예수에게 그와 같은
기적을 보여 한때를 넘기지 아니하면
도저히 넘어갈 수 없으며 복음을 전할
수 없을 때,
17 참진리의 길에 오르는 것이 아닌 것을
내가 기적의 역사로써 그 모두를 모면
해 주었으며 너희들을 깨우치고자 하
였음이니,
18 그것은 진리가 아니며 진정한 나의 뜻
이 아니라는 것을 너희들에게 전하고
자 함이니라.
19 나 여호와의 뜻은 참진리요, 하늘에
오르는 길을 깨우쳐 너희들이 천사처
럼 변하는 그것을 내가 원하며, 그것
이 나 여호와의 뜻이니라.
20 내가 모세를 통하여 이루었던 그 기적
의 역사도 그것을 하지 아니하면 아니
되기 때문에, 긴박한 상황이요, 도저
히 피할 수 없는 그와 같은 상황에서
내가 기적을 이루도록 하였음이니,
21 그리하여 이룬 기적이 나에게 오르는
참진리가 아니요, 나의 진정한 뜻이
아니라는 것을 너희들은 알라.
22 나의 아들 예수를 통하여 이루었던 그
모든 기적도 진정한 내 뜻이 아니요,
내가 역사하고자 한 것이 아니었느니
라.
23 다만 사악한 너희들로 하여금 거기서
도저히 견딜 수 없고 헤어날 수 없을
때, 내가 나의 아들에게 기적으로 역
사하여 그것을 모면하고 처리할 수 있
도록 하였으니,
24 그것은 내가 진정으로 하고자 한 뜻이
아님이니, 나의 아들을 따르는 제자
너희들은 이를 알라.
25 예수의 기적이요, 모세의 기적을 보고
믿음을 믿지 말라.
26 참진리요, 참복음을 전하는 것, 그리
고 내가 나의 아들을 통하여 내리는
나의 새로운 성경이요, 이 법전처럼
책과 글로써 너희들이 깨달아 나에게
오르는 것,
27 너희가 진리를 터득하여 천사같이 변
하는 것, 그것이 진정으로 내가 원하
는 길이요, 내가 바라는 것이요, 내가

역사하고자 하는 것임을 너희들은 알
아야 될 것이니라.
28 너희가 믿고 신앙의 기본으로 알 것
은, 정녕 그 신앙이요, 믿음의 기본은
너희들이 변하는 것이니 그리 알라.
29 다만 내가 모세를 통해 이룬 기적의
역사요, 그리고 또 나의 아들 예수를
통해 이룬 기적의 역사요,
30 그것은 그 시대에 어쩔 수 없으며 그
상황에서 어쩔 수 없으며 피할 수 없
을 때, 그를 대처하기 위하여 해결하
기 위하여 내가 기적을 이룬 것이니,
31 그 자체가 믿음이요, 신앙이요, 나 여
호와의 뜻의 주체가 아니라는 것을 알
아야 될 것이니라.
32 나의 아들을 따르는 그 제자들이요,
또한 나의 아들 너도 그러하니라.
33 너를 통하여 기적을 이루고 역사해 준
것은 나 여호와의 뜻이 아니요,
34 네가 헤어날 수 없고, 네가 벗어날 수
없고, 그리고 나의 법전을 만들어 만
백성에게 전할 때 그와 같은 처방을
하지 아니하며 응급처치를 하지 아니
하며 그를 처리하고 해결하지 아니하
면 아니 될 때, 내가 너에게 그 기적의
역사를 이루게 함이니,
35 그것은 나 여호와요, 하늘의 뜻이 아
니요, 내가 이루고자 하는 뜻이 아니
라는 것을 이제 만백성 그들에게 깨우
쳐 주라.
36 이와 같은 뜻을 전하는 자를 보고 이
를 받아들이지 못하는 자는 사탄이요,
이단이요, 사악한 자라 하나,
37 지금 눈이 열리고 귀가 열린 자요, 그
리고 성경의 그 뜻을 아는 자들은 그
와 같은 기적 모두가 나의 뜻이 아니
요, 내가 바라는 역사가 아니었다는
것을 깨우치고 알 것이니라.

9,093 번째 하나님 말씀

2004년 1월 3일 23시 57분

1 사랑하는 나의 아들아!
2 "네, 아버님! 말씀하옵소서."
3 모세의 기적의 역사도, 예수의 기적의
그 역사도, 지금의 나의 아들 너를 통
하여 역사하는 기적도 그 모두는 없는
것이니라.
4 그리고 너희들은 그것이 존재하지 아
니함이라 그리 생각해야 되는 것임을
너희들은 알라.
5 이와 같은 모든 기적이 역사한 것도
왜 그리되었는지, 그것은 모두 존재하
지 아니하였다는 나 여호와의 뜻을 너
희들은 깨달아야 될 것이니라.
6 사랑하는 나의 아들아, 내가 그와 같
은 것은 다 없는 것이며, 모두 없는 것
이라는 그 말의 뜻을 너는 알겠는가?
7 "네, 아버님! 알고 있사옵나이다.
8 그와 같은 그 역사는 존재했으며, 기
적은 있었으며, 그 기적은 세상에 존
재한 사실이옵나이다.
9 그러나 이를 행한 당사자는 세상에 없
사옵나이다.
10 그를 명받아서 전한 것은 있으며 그것
이 모두 현실이나, 그를 행한 당사자
는 세상에 없음이니,
11 이를 행한 것은 창조주 아버님이시니,
아버님은 이 세상에 계시지 아니하기
때문에 그 모두는 없는 것이옵나이다.

12 모세도, 예수께서도, 지금의 저 또한
저 자신이요, 제가 역사하는 것도 이
모두는 하나도 없는 행위임을 저는 그
리 깨닫고 있사옵니다.
13 저희가 행한 자가 없기 때문입니다.
14 그 모든 행위는 역사하였으며 그 행위
는 이루어졌으며 그 행위는 현실에 존
재하며 있었으나, 그를 행하신 분이
없음이니 그 모두가 존재하지 아니하
는 것이라 저는 그리 생각하옵나이다.
15 저희들이 무엇을 만들어서 보인다면
만든 자와 또 전한 자가 있으면 되겠
으나,
16 만든 자를 알 수 없고 전한 자밖에 존
재하지 아니함이니, 그 모두가 존재하
지 아니한다는 아버님의 말씀이라 저
는 그리 생각되옵나이다.
17 그와 같은 모세 시대의 기적이요, 예
수님의 기적이요, 제가 작고 크게 이
루는 기적 그 모두는 다 저희들에 의
해서 이루는 것이 아니요, 창조주 아
버님에 의함이니,
18 아버님이 세상에서 그를 행하시는 분
이요, 그리 행하신 분은 보일 수가 없
기 때문이요,
19 그리해서 세상에서 행하신 분은 볼 수
가 없으며, 아버님께서 지상에서 행하
신 것이 아니기에 이 모두는 존재하지
아니한다는 아버님의 그 뜻을 저는 알
고 있사옵나이다.
20 그 모두는 지상에서 행하여졌으며, 모
두가 역사한 그것은 사실이나,
21 그것을 행하신 분을 볼 수 없으며 그
행하신 분이 보이지 아니하며 그 행하
신 분을 우리는 볼 수 없기 때문에, 그
모두는 사실 역사하지 아니한 것이라
그리 생각되옵나이다."
22 사랑하는 나의 아들아, 그러하니라.
23 행한 자가 없는 것이거늘, 어찌하여
그것이 존재한다 할 수 있겠느냐?
24 행한 나 여호와를 너희들이 볼 수 없
으며 행한 자를 만질 수 없으며 행한
자를 너희들에게 보여 주지 아니하였
음이니,
25 그 모두는 엄격히 따지면 세상에 존재
하지 아니하는 것이니라.
26 어쩔 수 없기에 그리고 그것이 필요하
기에 처방으로써 내가 쓴 것뿐이니라.
27 이를 기적이요, 예수의 능력의 기적이
요, 그것이 위대한 것이요, 그와 같은
것을 이루는 자가 구세주요,
28 그리하여 울고불고 너희들이 그와 같
은 기적의 역사를 이룰 것이며 더 큰
역사를 이루는 자가 올 것이라 바라는
것이 오늘의 믿음이 아니더냐?
29 그러니 더한 역사요, 더한 기적을 이
루는 자만이 하늘에서 명한 자라 하여
그가 오기를 기다리며 그와 같은 것을
바라보는 것이 너희들의 믿음이 아니
더냐?
30 그러나 그러한 것은 절대 너희들이 볼
필요가 없으며, 그것을 기적의 역사
요, 나의 뜻이라 생각해서는 절대로
아니 됨이니라.
31 네가 말했듯이 행한 자는 지상에 없는
것이 아니더냐?
32 행한 자가 없이 이루어졌음이니, 그
모두는 다 없는 것이며, 모두 기억할
수 없는 것이라 내가 하였음이니, 이
를 너희들은 알아야 될 것이니라.

33 그리하여 모든 기적의 역사함이 보낸
이의 은혜요, 내가 너희들에게 내린
축복일 뿐, 그리고 너희들이 받을 수
있는 최대의 영광인 것이지,
34 행한 자가 없음이니 그 모두는 다 존
재하지 아니한다 너희들이 그리 생각
하라.
35 너희들이 말하는 창조주 아버님의 말
씀이요, 성령이 행하라는 것을 상세히
나의 법전으로 내려보내니, 이는 존재
하며 이는 살아 있는 것이니라.
36 나 여호와가 같이하기 때문이니, 이를
보고 깨우쳐 너희들이 하늘에 오르는
그 길을 알도록 그리하라.
37 그리고 지금까지 모세요, 예수요, 그
리고 나의 아들이 이룬 기적이요, 앞
으로 또한 나의 아들을 통하여 어쩔
수 없이, 피할 수 없이, 그리고 고비를
넘겨 주기 위하여, 그 아들이 가는 그
길을 열어 주기 위하여 내가 기적을
이룰 때,
38 행한 자를 보지 못하며 행한 자가 없
이 역사한 것이니, 그 모두는 세상에
존재하지 아니하는 것이니, 너희들은
그 모두를 지우라.
39 존재하지 아니하는 그것을 붙잡고, 그
와 같은 역사가 이루어지는 것이 나
여호와의 뜻이요, 하늘에 오르는 길이
라 하여 너희들이 목매달고 간다면,
40 그것은 다 허상이요, 잘못된 믿음이
요, 헛된 믿음으로 가는 백성이라는
것을 잊지 말라, 사랑하는 나의 아들
아!
41 모세가 이루었던 그 모든 기적의 역사
요, 예수가 이루었던 그 모든 기적이
요, 그 모두가 행한 자가 없음이니, 이
는 세상에 없는 것이며,
42 나의 아들이 이루는 그 모두도 다 행
한 자가 없음이니, 이 세상에 없는 것
이라 하면, 너를 그들은 돌로 쳐 죽이
려 할 것이나 이는 엄연한 사실이니,
43 행한 자를 본 자가 있나 물어보라, 사
랑하는 나의 아들아!

9,094 번째 하나님 말씀

2004년 1월 4일 0시 10분

1 사랑하는 나의 아들아!
2 "네, 아버님! 말씀하옵소서."
3 너희들은 들어야 할 것이며 기억할 것
이니라.
4 나 여호와가 너희들에게 무어라 말하
였느냐?
5 내가 직접 내리는 그 명령이요, 그 뜻
이 가장 소중하며, 너희들은 그를 따
라 행하는 것이 가장 중요한 것이라
내가 그리 명하였느니라.
6 이제는 나의 성경이 세상에 내려감이
니, 이것이 곧 나의 성령으로써 역사
하는 것임을 알라.
7 새로운 성경이 세상에 내려감이니, 이
는 나의 성령이니라.
8 너희들은 듣지 아니하였느냐?
9 새로운 포도주는 새로운 부대에 담아
야만 그 모두가 견딜 수 있음이니, 말
하자면 내가 새로운 포도주를 지금 세
상에 내려보내는 것임을 알아야 될 것
이니라.
10 그러니 내가 새로 내려보내는 그 포도
주는 새 부대에 담아야 할 것이며, 헌

부대에 담는다면 결코 견디지 못할 것
이니라.
11 너희가 지금까지 오는 그 믿음의 역사
가 무엇이었느냐?
12 너희들이 잘못된 길을 오는 것이 헌
부대를 이리 땜질하고 저리 땜질하여
너희들이 버티고 지탱한 그와 같은 형
국이 아니더냐?
13 그러니 너희들이 땜질을 해도 내가 내
리는 새로운 포도주를 담을 수 없는
그 부대를 버리지 아니하면 지금 결코
견딜 수가 없음이니라.
14 그러니 너희가 거듭나기 위하여 너희
들이 새로 태어나는 그와 같은 역사를
이룬다면, 너희들이 새로운 포도주를
담을 수 있는 그와 같은 부대로서 변
하지 아니하면 절대 역사할 수 없다는
것을 알라.
15 지금 나의 성령을 세상에 내려보내니,
이를 받을 수 있는 준비를 하지 아니
하며, 너희들이 준비가 되어 있지 아
니하며,
16 이를 가지고 연구하고 깨우치는 그와
같은 길을 가지 아니하며, 새로운 출
발의 마음의 자세를 갖지 못한다면,
17 너희들은 정녕 하늘에 오르는 길이요,
나의 뜻을 알 수 없음을 알아야 될 것
이니라.
18 이제 모두가 준비되지 않은 백성은 헌
부대가 터지듯이 너희들이 모두 갈기
갈기 찢어질 것이며,
19 너희들의 집단이요, 그 모두가 다 흐
트러질 것이며, 그 흔적도 이 세상에
서 찾아볼 수 없는 그와 같은 무서운
형국으로 변화될 것이니, 너희들이 그
회오리 속에서 과연 견딜 수 있다 생
각하는가?
20 나 여호와가 쓸기 시작하며 쓸어 버리
기 시작하는 그 회오리 바람 앞에 너
희들은 아무것도 견딜 수 없거늘,
21 어찌하여 견딜 것처럼, 어떠한 것이
와도 너희들을 이길 수 없으며 누구도
너희들에게 대적할 수 없다는 그와 같
은 착각 속에서 가고 있는가?
22 너희들은 지금 바로 새로운 포도주를
내리면 새로운 부대로서 너희들이 변
화되어 그 모두를 담고 감내할 수 있
도록 거듭나는 역사가 없이는 정녕 내
뜻을 알 수 없으며 나에게 오를 수 없
다는 것을 알아야 될 것이니라.

9,095 번째 하나님 말씀

2004년 1월 4일 0시 16분

1 사랑하는 나의 아들아!
2 "네, 아버님! 말씀하옵소서."
3 너희들에게 잠시도 없어서는 안 되고
견딜 수 없는 그 산소가 보이더냐?
4 보이지 않으나 그 산소는 존재하며 너
희들 곁을 스쳐 지나가면서 너희들의
귀중한 생명을 지켜 주며, 모든 동식
물의 생명이 존재할 수 있도록 그와
같은 위대한 일을 하고 있지 않으냐?
5 그러니 나 여호와의 사랑이 그보다 더
위대하고 방대함이니, 나 여호와의 사
랑이요, 나 여호와가 너희들과 항상
같이하고 있음을 너희들은 잠시도 잊
어서는 아니 됨을 알라 전하라.
6 너희들이 잠시도 숨 쉬고 마시지 아니
하면 아니 되는 그 산소요, 공기보다

도 나 여호와가 더 깊이 너희들과 같
이 있다는 것을 너의 제자들은 깨우쳐
야 될 것이니 그리 알라.
7 너희가 생명을 지탱하는 소중한 산소
는 보이지 않으나 그 은혜 속에 살아
가듯이, 나 여호와의 사랑이요, 나의
은혜요, 그 모두가 너희들과 항상 같
이하고 있다는 그와 같은 생각을 잊지
말고 살아가도록 그리 전하라.
8 나 여호와가 너희들과 항상 함께 있음
을 믿고 그와 같이 따른다면, 너희들
은 오늘과 같은 삶을 살지는 아니할
것이니라.
9 그러나 너희들은 그와 같은 이치를 알
지 못하며 그를 믿으려 하지 아니하는
것이 아니더냐?
10 그러니 너희가 그를 믿고 따른다면 지
금과 같이 험악한 세상의 삶은 살 수
가 없을 것이니라.
11 너희에게 바로 살라 하지 아니해도 너
희들이 바로 살아 천사와 같은 삶을
살 것이거늘,
12 정녕 너희들은 그와 같이 두렵고 무서
운 것을 믿지 아니하며, 눈으로 보이
지 아니하기 때문에 너희들이 인정하
지 않으려 하며,
13 그것이 현실로써 이루어질 수 없으며
현실로써 역사하지 아니한다는 그와
같은 안일한 생각을 하고 있기 때문에
오늘 이와 같이 험악한 세상이 이루어
졌음을 알고 있어야 될 것이니라.
14 그러나 너희들은 알라, 나 여호와가
너희들의 모두를 보고 있으며 그 모두
를 하나하나 내가 놓치지 아니함이니
라.
15 번갯불보다 빨리 지나가는 너희들의
선행과 악행을 내가 보고 있다는 것을
잊지 말라.
16 내가 보고 있음은 무엇이더냐?
17 너희들이 나에게 와 심판을 받는 생명
록에 너희들이 어찌 행하고 어찌 지나
가는지가 다 거기에 기록되고 있다는
것을 절대 잊지 말라.
18 하나도 지워지지 아니하고 모두 기록
됨이니라.
19 너희들이 인간 세상에서 잘못된 것 그
모두를 다스리며 증거를 남기기 위하
여 그 모두를 필름이라는 것에 담듯
이,
20 그보다도 천배 만배 더 정확하고 정밀
하게 생명록에 너희들이 행하고 행하
지 아니하는 것, 선하고 악한 것, 그
모두가 다 기록된다는 것을 절대 잊지
말라.
21 그 무서움과 두려움을 안다면 너희들
이 오늘의 삶을 정녕 어찌 살아야 될
것인가?
22 너희는 말로써 행한다 하며 깨달았다
는 자가 또 무너지며, 깨닫고 열 발짝
앞에 나갔다가 세상사의 삶에 현혹되
어 열한 발짝을 물러나는 그와 같은
길을 가고 있으니,
23 너희가 과연 그와 같은 행위를 할 수
있으며 그와 같은 삶을 살 수 있다 생
각하는가?
24 내가 다시 한 번 너희들에게 말함이니
라.
25 너희들이 잠시라도 숨을 쉬지 아니하
고 접하지 아니하면 살 수 없는 그 산
소요, 공기가 보이지 않듯이,

26 내 모든 사랑이 더 위대하며 더 방대
해도 너희들이 보지 못하며 보이지 아
니함이니,
27 그러나 너희들의 일거수일투족을 다
내가 생명록에 하나도 빠짐없이 기록
하고 있다는 이 무서운 사실을 다시
한 번 너희들이 기억해야 될 것이니
그리 알라.

9,096 번째 하나님 말씀

2004년 1월 4일 0시 21분

1 사랑하는 나의 아들아!
2 "네, 아버님! 말씀하옵소서."
3 지금의 종교 집단과 지도자 너희들이
가고 있는 그 믿음의 길이 과연 어떠
한 것이던가?
4 하늘에 오르는 길이 참진리의 길이 아
니면 너희들이 결코 오를 수 없는 것
이거늘,
5 너희들은 참진리를 따라가고자 하는
그 백성이 아니며, 너희들은 그와 같
은 내 뜻에 의해 역사하는 자들이 아
님을 알라.
6 다만 관습이요, 형식과 외형에 이끌려
가는 믿음이요, 신앙의 생활을 하는
대표적인 것이 너희들이라는 것을 절
대 잊지 말라.
7 그러니 너희들이 어려운 것은 행하지
아니해도 된다 하며, 그리고 너희들이
믿기만 하면 구원을 받는다 그리 말하
면서 재물을 갈취하는 그와 같은 행위
를 하고 있지 않으냐?
8 그것이 바로 너희들이 말하는 주일이
요, 안식일이라 함이니라.
9 그러니 그 안식일은 나의 안식일이 아
니며 내가 너희들과 더불어 역사하는
그 안식일이 아니라는 것을 알라.
10 너희들이 다만 재물을 거둬들이며, 나
의 피조물 만백성이 삶에 지치고 힘든
그 시간을 휴식하고자 하는 그것을 너
희들이 안식일이라 그리 말하여 재물
을 거둬들이는 그와 같은 사악한 행위
를 하고 있음이니,
11 그를 모든 종교 집단이요, 그 믿음의
길을 가는 백성 너희들은 알아야 될
것이니라.
12 너희들이 철저히 지켜야 되는 것이 안
식일이라 함이니, 과연 그 안식일이
맞겠는가?
13 하늘의 하루가 지상의 천 년이니, 어
찌하여 너희들이 그 안식일이 맞다 그
리 말한단 말이더냐?
14 그러니 이는 맞지 아니함이니라.
15 그러면서 너희들은 맞지 않는 주일을
만들어 놓고 뭐라 말하느냐?
16 헌금을 내는 주일이요, 그를 지키지
아니하면 중죄인 것처럼 하며,
17 너희들이 만든 주일이라는 그날에 교
회요, 성전에 참석하지 아니하면 큰
죄인처럼 다스리며, 나 여호와 앞에
죽을죄를 지은 자이기 때문에 나로부
터 절대로 구원을 받을 수 없는 그와
같은 길을 가는 자라 그리 몰아붙이지
아니하느냐?
18 그러면서 주일을 지키지 아니하는 자
는 나 여호와를 모독하는 자요, 나의
아들 예수를 모독하는 중죄인 취급을
하니, 너희들은 알아야 될 것이니라.
19 너희들이 정녕 참진리요, 깨달음을 가

르치는 지도자요, 그를 인도하는 자라
면, 너희들은 그와 같은 것에 연연해
서는 아니 됨을 알라.
20 이제 너희들은 주일이라 하여, 그것이
안식일이라 하여 나의 사랑하는 백성
들에게 재물을 갈취하는 그와 같은 행
위를 중단하도록 그리하라.
21 너희들이 이를 깨우치지 아니했을 때
너희들이 어떠한 대가를 치르는지를
알아야 될 것이니라.
22 내가 너희들에게 다시 한 번 깨우침이
니, 하늘의 하루는 지상의 천 년이니,
어찌하여 그 안식일이 맞다 하느냐?
23 나는 지상에서 천 년을 쉬지 않고 일
을 함이니라.
24 그리고 내가 6천 년이라는 지상의 세
월을 역사하고 하루를 쉬는 그와 같은
형식임이니, 과연 너희들이 그것이 맞
는 것인가 보라.
25 그러니 너희들이 오늘의 믿음이요, 하
늘에 오르는 길이라 하여 가는 자들이
그저 형식이요, 외형에만 치우치는 자
들이요,
26 그러다 보니 너희들은 알맹이는 어디
로 가 있는지 찾을 수도 없으며, 알맹
이 없는 쭉정이만 가지고 그것이 알곡
식이요, 너희들의 생명이요, 너희들이
먹고사는 음식이라 그리 말하니,
27 그것은 정녕 아무런 역사도 할 수 없
으며 너희들을 지탱해 줄 수 없는, 오
로지 쭉정이만 가지고 너희들이 알곡
식이요, 너희 생명을 지탱해 주는 양
식이라 하며, 그리 아무것도 모르고
캄캄한 밤을 헤매고 있는 것이니,
28 그들에게 광명의 빛을 깨우쳐 주도록
이 법전을 그들에게 전하여, 그들이
읽고 읽어 깨달음을 얻도록 그리 최선
을 다하라.

9,097 번째 하나님 말씀

2004년 1월 4일 0시 27분

1 사랑하는 나의 아들아!
2 "네, 아버님! 말씀하옵소서."
3 너희들이 그리 죽기 아니면 살기로 지
키는 그 안식일이요, 각종 헌금이요,
재물을 거둬들이는 데 혈안이 된 그
안식일,
4 나는 나의 아들 예수를 통하여 그 안
식일을 의식하지 말라, 그리고 그는
중요하지 아니함이라, 그리 나의 뜻을
전하였음을 알아야 될 것이니라.
5 너희가 말하는 6일을 일하고 하루 쉬
는 것은 하늘에서 명하는 그 안식일이
아님을 알아야 될 것이니라.
6 너희들이 지치면 쉬고자 하여 만든 것
일 뿐이니라.
7 하늘의 하루는 지상의 천 년이라 내가
수없이 말하였으니, 너희들은 그를 알
고 있지 않으냐?
8 그러니 나의 아들 예수가 안식일이라
는 그날에도 아버지인 나 여호와가 일
을 하고 있음이니 그도 일한다 하지
않았느냐?
9 그리고 지금의 나의 아들 또한 뭐라
말하였느냐?
10 너희들이 빚진 자, 남에게 갚을 것이
있는 자, 남에게 폐를 끼치고 있는 자,
안식일이라는 그날에 쉬지 말고 일하
여 그 모두를 변제하는 것을 우선으로

하라 하였음이니,
11 이는 쉬지 말고 너희들이 남에게 피해
주며 남에게 욕됨을 갚을 수 있도록
그리 몸으로써 때우며 정성으로 때워
최선을 다하라는 그 뜻이니라.
12 너희들은 이제 알고 있지 않으냐?
13 하늘의 하루는 지상의 천 년이기에 나
는 천 년 동안 쉬지 않고 일을 함이니,
너희들은 천 년 동안 안식일이요, 그
와 같은 날을 가져서는 아니 되는 것
이니라.
14 그 의미를 너희들이 알았다면, 이제
나의 사랑하는 백성들을 상대로 하여
더 이상 사기극을 벌이지 말며, 그 모
두를 중단하도록 그리하라.
15 그리고 그들을 현혹하고 그들에게 거
짓 하여 너희들이 그 안식일이라 하여
거둬들인 모든 재물을 돌려주지 아니
하면 나에게 와 어떠한 대가를 치르겠
는가?
16 그러니 너희들은 한 번 들어가면 영원
히 나오지 못하는 지옥으로 가는 것이
그 누구보다도 일 순위라는 것을 잊지
말라 전하라, 그 종교 지도자들에게.

9,098 번째 하나님 말씀

2004년 1월 4일 07시 14분

1 사랑하는 나의 아들아!
2 "네, 아버님! 말씀하옵소서."
3 인간 세상에 너희들이 살아가면서 거
짓이 과연 그 진실 앞에 영원히 존재
할 수 있다 생각하는가?
4 너희들은 세상에 비밀이 없다 그리 말
하느니라.
5 그리하여 너희들은 절대 참진리 앞에
거짓이 영원히 존재할 수 없으며, 그
리고 거짓은 언젠가는 반드시 밝혀지
게 되어 있는 것이 너희들 인간 세상
에 살아가는 것이 아니더냐?
6 지금 내가 160권의 대장정의 법전을
나의 아들을 통하여 내려보내며,
7 나의 성령이요, 나의 가슴에 있는 모
두를 태워, 마지막으로 너희들이 하늘
에 오르는 그 길을 바로 보게 하기 위
하여 내려보낸다 함이니,
8 너희들이 지금까지 믿음의 길을 오는
것은 무엇이더냐?
9 내가 너희들을 위하여 전하고 역사해
주었던 것과는 관계없이, 너희들이 그
저 구원이라는 목표요, 구원을 받았다
는 그 목표를 가지고,
10 구원을 받는다는 것, 그리고 또한 종
교 지도자는 구원을 받을 수 있도록
해 준다는 것, 그것으로써 너희들이
거래하는 그와 같은 형국으로 온 것이
오늘의 믿음이요, 너희들의 신앙생활
이니라.
11 그러니 그와 같은 것이 뿌리가 없으며
제자리가 없기 때문에, 너희들이 나라
가 다르며 또 지역이 다르며 씨족이
다르며 단체가 다른 곳에서 나의 성경
을 가지고 가르치는 방법이 다르며 공
부하는 방법이 다름이니, 이것이 과연
진실의 근본이라 말할 수 있는가?
12 이제는 너희들이 이리 때우고 저리 때
운 땜질의 역사의 믿음이요, 환경과
지역에 따라 다르게 가르치는 복음이
모두 나 여호와의 뜻이 아니요,
13 너희들 마음대로 만들고 붙이고 빼고

하며 그와 같이 지역의 특성에 맞도록
고쳐진 것이라 하니, 너희들은 이는
정녕 아니라 말할 것이니라.
14 그러나 이와 같은 것이 영원히 지속될
수 없으며 그와 같이 갈 수는 없는 것
이니라.
15 그리하여 지금 내가 나의 아들을 통하
여 160권의 나의 성령을 태워 내 뜻을
너희들에게 전함이니, 이는 내 뜻이니
라.
16 이는 아래위가 같으며, 그리고 너희들
은 누구나 보면 알고 깨우칠 수 있는
것이니,
17 그리하여 이와 같은 나의 법전은 언어
가 다르며 소속이 다른 자도 이 동양
의 작은 나라의 이야기들의 뜻을 알게
되면 거기에서 그 공부의 재미를 느끼
며 그 신비함을 느낄 것이니라.
18 내가 그리하여 지금까지 세상에 나와
있는 전해지는 이야기들이요, 누구나
들으면 알 수 있는 간단한 것을 예로
들어 너희들에게 기초적인 것을 깨우
쳐 줌이니,
19 그러니 간단하고 재미있는 예를 드는
그와 같은 것들을 알게 되면 그들의
삶이 얼마나 즐거우며, 그들이 그 의
미를 알고 깨달을 때 얼마나 동양의
작은 나라의 위대함을 알겠느냐?
20 속담과 격언의 그 모두가 다 그들에게
는 신비한 것이며 새로운 것으로써 비
쳐질 것이니라.
21 그리하여 이는 모두가 다 초보자도 알
수 있는 것이요, 그리하여 이게 진리
이니라.
22 그러니 거짓이 아닌 진실한 나의 법전
이 세상을 덮게 될 것이며, 이를 모든
백성들은 알게 될 것이니라.
23 나의 백성들이 그리 어리석고 한없이
미련하기만 한 것은 아님을 너희들은
알라.
24 그들은 머지않아 진실이라는 것을 알
게 될 것이며 이것이 위대한 것이라는
것을 알게 될 것이니,
25 거짓은 서서히 그 정체를 드러내며,
모두는 거기서 등을 돌릴 것이며,
26 참진리요, 하늘에 오르는 뜻에 그들이
모여들 것이며, 그들이 연구하고 깨우
쳐 구원을 받는 그와 같은 백성들이
수없이 늘어날 것이니, 그게 머지않았
음을 알라.
27 이제 나의 아들을 따르는 제자들이 백
권이 넘는 나의 성경을 만들어 세상에
전하는 대업을 하고 있음이니, 너희들
의 받을 그 은혜가 크며 그 상이 크니
라.
28 너희들이 아니면 결코 이는 이룰 수
없는 것이니라.
29 그러니 너희들이 나의 법전을 만들기
위하여 역사한 백성들을 서로 사랑하
며, 너희들이 하나와 같은 마음 자세
로 마지막 매듭을 지어 가야 함을 절
대 잊지 말라.
30 나의 법전을 만드는 데 선택된 백성들
이 얼마나 귀하고 소중한 네 이웃이
요, 형제인 줄 알겠느냐?
31 나의 법전 한 줄을 깨닫고 그를 기록
하여 전하는 것도 수십억의 인구 중에
서 수천 년 동안 흘러오면서 죽어 간
백성이요, 앞으로 탄생할 그 많은 백
성들 중에서 선택된 자들이니,

32 너희들이 얼마나 귀하고 소중한 이웃
인지 모르고 서로 물고 뜯고 시기하고
질투하는 마음을 가지면, 너희들이 하
늘에 오르는 그 길의 천국의 문 앞에
와서 낭떠러지로 떨어지는 그와 같은
형국이 된다는 것을 어찌 모르느냐?
33 지금 나의 법전을 만들어 세상에 전하
는 너희들의 형제가 얼마나 귀하고 소
중하며, 나에게 명을 받고 올 때까지
그가 얼마만큼 나에게 선택된 백성인
지 아는가?
34 너희들이 세상 것을 다 얻은 것도 나
의 법전을 보고 깨우친 것만 못하다
하였거늘,
35 세상을 다 주고도 바꾸지 않을 나의
선택된 아들딸이요, 내가 선택하여 초
청한 자들이거늘, 어찌하여 너희들이
그 귀함과 소중함을 모르느냐?
36 저만 소중하며 저만 위대한 것으로 아
니 그게 오만이요, 자만이니라.
37 나 여호와로부터 나의 법전을 만드는
데 선택되어 이를 기록하고 만들고 전
하는 그것이 소중하며 누구와 바꿀 수
없으며 아무것과도 바꿀 수 없다면,
38 너희 앞에 앉아서 나의 법전을 기록하
고 고치고 수정하며 만들어 내는 그들
이 얼마나 귀하고 소중한가를 어찌 그
리 모르는 어리석은 백성들이더냐?
39 그러니 너희들이 지금 얼마나 귀하고
소중한 자들이냐?
40 나의 성전에 모여 강론을 듣고 공부하
는 그 백성이 얼마나 소중하고 귀한
백성인가?
41 내가 초청하고 부름이니, 세상 것을
다 주고 그를 만난다 해도 너희들이
부족함이 없는 그와 같이 귀하고 소중
한 나의 아들딸이라는 것을 어찌 그리
도 모르느냐?
42 어리석은 너희들이로다.
43 이를 이제 너의 제자들에게 깨우쳐 그
리 전하라.

9,099 번째 하나님 말씀

2004년 1월 4일 07시 24분

1 사랑하는 나의 아들아!
2 "네, 아버님! 말씀하옵소서."
3 믿음의 길을 간다 하여, 나의 백성들
을 구원의 길로 인도한다 하여 너희들
이 각종 형식으로 만든 그 규정에 의
한 것을 모두 다 철폐해야 됨이니라.
4 그것은 진리를 가르치고 깨우치기 위
한 것이 아니요, 너희들이 모든 헌금
을 거둬들이고 나의 백성들을 묶어 놓
기 위한 그와 같은 방법으로 가고 있
는 것이니,
5 참진리의 길을 버려두고 비진리의 길
만 달려가고 있는 것이 너희들이라는
것을 알아야 될 것이니라.
6 내가 모세를 통하여, 나의 아들 예수
를 통하여, 지금의 나의 아들을 통하
여 이루는 그 모든 기적과 역사함도
내 뜻이 아니라는 그 무서운 가르침을
알라.
7 그들이 갈 수 없고 힘들며 고비를 넘
을 수 없을 때 극약 처방으로써 내가
어쩔 수 없이 쓴 것이지, 그것이 내 뜻
으로서 내가 원하는 것이 아니니,
8 나는 오로지 참진리요, 나의 법전이
요, 성령으로써 너희들이 깨닫기를 바

라느니라.
9 그러니 모든 형식이요, 외형이요, 그
모든 규정은 바로 나와 관계없는 것들
이요,
10 인간 너희들이 만들어 나의 피조물 만
백성에게 재물을 갈취하며 그들의 목
을 조이고자 하여 너희들이 만든 사악
한 방법이니, 그게 나와는 관계없다
함이니,
11 과연 너희들은 이를 부정하겠느냐, 인
정하겠느냐?
12 모세가 이룬 기적이요, 예수가 이룬
기적이요, 지금 나의 아들에게 이루어
가는 작고 큰 기적, 그 모두가 다 내
뜻이 아니라 한 그 무서움을 알라.
13 그러니 너희들이 외형적으로 행사를
하는 것, 화려한 행사를 하는 것, 너희
들이 만든 온갖 행사, 그 모두는 다 믿
음의 길이요, 하늘에 오르는 길이요,
참진리의 길이 아닌 것이니라.
14 너희들 자신이 재물을 모으며, 너희들
의 존재함을 높이 알리며, 내가 있다
는 위대한 것을 알리기 위한 수단과
방법이지,
15 그것이 진리요, 믿음이 아니라 함을,
이제는 너희들이 그 의미를 알겠느냐?
16 물은 위에서 아래로 흐름이니, 너희들
은 오로지 조용히 나의 성령이요, 나
의 진리를 가르치면 되는 것이거늘,
그와 같이 너희들이 하는 짓은 바로
무엇이더냐?
17 나와는 관계없는 짓들이라는 것을 알
라.
18 나 여호와는 나의 아들 예수를 통하여
너희들에게 일찍이 전한 것이 있지 않
더냐?
19 너희들이 헌금을 거둬들이기 위하여
만들고 있는, 너희들이 말하는 안식일
이라는 그와 같은 것이 나에게는 아무
런 관계가 없다 내가 나의 아들 예수
에게 그리 일찍이 가르쳐 전한 사실을
너희들이 모르는가?
20 이를 명심하여 너희들이 깨달음을 얻
지 아니하면 아니 될 것이니 그리 알
라.
21 이제 모든 종교 집단이요, 지도자 너
희들은 재물을 거둬들이기 위한 안식
일의 그 행사를 다 폐해야 되며, 그와
같은 행위를 해서는 아니 될 것이니라.
22 그들이 쉬고 노는 날, 그리고 다음을
위하여 준비하는 그런 날, 너희들이
나의 성령이요, 나의 교리요, 진리를
가르친다면,
23 거기에서 재물을 거둬들이는 그와 같
은 행위를 해서는 아니 될 것이니라.
24 거둬들이는 행위를 모두 철폐하지 아
니하면 아니 될 것이니, 가르치는 자
도 아니 되지만 그곳에 와 바치는 자
도 아니 될 것이니 그리 알라.
25 너희들은 왜 안식일이라는 것이 내가
원하는 것이 아닌지 알겠느냐?
26 하늘의 안식일과 지상의 안식일이 다
르다는 사실을 너희가 어찌 모르겠느
냐?
27 너희들은 지상의 천 년이 하늘의 하루
이니, 어찌하여 그 안식일이 맞는다
생각하느냐?
28 그러니 알면서도 가는 너희들의 그 죄
가 얼마나 무서운 줄 알겠느냐?
29 이를 보는 나 여호와가 너희들이 끌려

가는 것이 가련하며 그 사악한 자들이
하는 행위를 더 이상 묵과할 수 없기
에, 내가 법전을 내려 모두를 다스리
고자 함이니 너희들은 알라.
30 나 여호와가 쉬기 때문에 너희도 쉬면
된다는 것, 그와 같은 행위를 하여 너
희들이 재물을 바치는 행사를 이제는
중단하라.
31 그리고 그것이 나의 피조물 만백성을
얼마나 우롱하는 사기극인 줄 알겠느
냐?
32 나 여호와가 하루를 쉬는 것은 지상에
서 천 년이 지난 다음에 하루를 쉼이
니, 너희들은 그 속에 안식일이라 하
여 6일에 한 번씩 재물을 거둬들이는
그와 같은 사기 행각을 벌이고 있음이
니,
33 그게 얼마나 많은 횟수며 그 안식일이
얼마나 많은 역사를 지금 변화시키고
있는지 아느냐?
34 나는 너희들이 말하는 지상에서 천 년
의 하루를 쉼이니, 천 년 동안은 너희
들이 안식일이 없다 생각하고 가면 되
는 것이니 그리 알라.
35 이것이 하늘의 뜻이거늘, 너희들이 하
늘의 하루가 천 년이라 하면서 하늘에
서 내가 이룬 역사의 6일 만에 하루를
쉬는 그것 가지고 지상의 역사요, 그
리고 이 모두의 역사한 것을 갖다가
비유하여 너희들이 그리 사용함이니,
이것이 너희들의 사기극이니라.
36 그것이 잘못됐다는 것을 모르는 자 없
을 것이니라.
37 너희들이 하늘의 하루가 지상의 천 년
이라는 것을 모르는 자 없을 것이니,
38 내가 하루를 쉬는 것은 천 년을 쉬는
것이나 마찬가지요, 내가 6일 동안 일
을 하고 6천 년 만에 하루를 쉬는 것
을 천 년을 쉬는 것이라 함이니, 이와
같은 이치를 모르는 종교 집단이요,
지도자는 없을 것이니라.
39 그러니 너희들은 여기서 더 시시비비
할 것 없이 너희들이 6일에 한 번씩
쉬는 것은 나 여호와가 쉬는 안식일이
아니니라.
40 나 여호와가 쉼이니 너희들도 쉰다는
그런 생각을 하지 말라.
41 나의 아들은 그리 말하였느니라.
42 너희 종교 집단이요, 지도자요, 2천
년 전에 그들도 안식일을 지키지 않는
나의 아들 예수를 사탄이요, 사악한
악마라 하여 그를 죽이려 했으며 죽였
음이니라.
43 그러니 그것을 나의 아들이 무어라 말
하였느냐?
44 지금 너희들이 안식일이라는 이 순간
에 아버지도 일하고 계심이니, 저도
일하는 것이며 제가 병자를 고치며 제
가 역사하며 너희들이 저주하는 자들
과 같이한다 한 그 의미를 알겠느냐?
45 그러니 너희들이 6일 만에 쉬는 안식
일이라는 동안에 나는 쉬지 아니하며
나 여호와는 일하고 있으며 모두를 창
조하는 것을 나의 아들 예수는 알고
있었기에,
46 나의 아들이 너희들이 안식일이라 하
여 재물을 거둬들이고 각종 행사로써
나의 피조물 만백성을 괴롭히는 그 순
간에, 내 아버지가 일을 하고 계심이
니 내가 어찌 쉴 수 있는가, 내 아버지

가 일을 하기 때문에 나도 한다 함이
니,
47 하늘의 뜻을 아는 나의 아들이 그리
말한 것을 그를 빌미로 너희들이 그를
죽이는 그와 같은 사악한 짓을 한 것
이 2천 년 전의 너희들이니,
48 오늘에 와서 이를 바로잡고자 하며 나
의 아들에게 그 뜻을 전함이니, 이를
듣는 너희들이 또 나의 아들을 죽이려
할 것이니라.
49 그는 무엇이더냐, 너희들이 6일마다
재물을 거둬들이는 그 향락의 즐거움
을 막으려는 것이며 그것이 잘못된 것
이라 하는 것이니,
50 이를 보고 만백성이 따를까 두려워 너
희들이 감히 나의 아들을 죽이려 할
것이며, 나의 법전이 세상에 나가지
못하도록 할 것이나,
51 160권의 법전은 세상에 나올 것이며,
이미 기록하여 나간 것만으로도 너희
들이 아무리 어떠한 짓을 한다 해도
내 뜻은 전해질 것이니,
52 너희들은 부질없는 짓을 하지 말라 내
가 너희들에게 경고함이니 그리 알라.

9,100 번째 하나님 말씀

2004년 1월 4일 07시 32분

1 사랑하는 나의 아들아!
2 "네, 아버님! 말씀하옵소서."
3 너희는 나의 아들을 통하여 내리는 나
의 법전을 정독하여 구원의 길을 보
라, 깨우치라는 나의 뜻을 알겠느냐?
4 나 여호와가 지금 나의 법전을 역사하
지 아니한다면 이와 같은 새로운 성경
을 내려보낼 수가 없으며 이를 역사할
수 없는 것이거늘,
5 어찌하여 너희들은 그 위대하고 소중
한 것을 깨우치지 못하며 그를 알지
못한단 말이더냐?
6 이 법전의 대역사는 나 여호와가 주관
하지 아니하며 내가 역사하지 아니하
면 누구도 이룰 수 없으며 만들어 낼
수 없는 것을 너희들은 어찌 모른단
말이더냐?
7 나의 아들 예수가 나의 뜻을 역사하고
또 이룬 그 모두는 무엇이더냐?
8 나 여호와가 존재함을 알고 있었으며
나를 보고 나를 알고 있기 때문에 그
와 같은 역사를 하지 아니하였더냐?
9 나를 알지 아니하고는 예수도 또한 그
와 같은 역사를 할 수 없는 것이며 이
룰 수 없는 것임을 너희들은 알라.
10 나의 아들 예수가 수천 년 전에 나 여
호와가 존재하며 나를 보며 나를 알
수 있었기 때문에 그는 그 모두를 역
사했듯이,
11 지금 나의 성령이요, 나의 명령이 없
이는 이와 같은 기적 같은 160권의 법
전의 역사를 이룰 수 없으며 만들어
낼 수 없다는 것은 너희들은 어찌 모
른단 말이더냐?
12 이것이 나의 아들의 머리로써 그의 생
각으로써 모두 이루어지며 역사한다
할 수 있느냐?
13 나의 법전이 세상에 나올 수 있는 것
은 오로지 나 여호와가 주관하며 내가
역사하는 것이요,
14 내가 역사하지 아니하고 내가 주관하
지 아니하면 절대 세상에 나올 수 없

다는 것을 너희들은 알아야 하며 이를
믿어야 함이니 그리 알라.
15 이를 부정하는 자, 이를 믿지 못하는
백성처럼 어리석은 백성이 없음을 너
희들은 알아야 될 것이니라.
16 내가 너희들에게 안식일의 의미요, 안
식일에 대한 그 모두를 가르치고 명하
는 것, 그것도 또한 나의 아들이 임의
로 그리 말하며 너희들을 깨우칠 수
있다 하느냐?
17 그렇지 아니하느니라, 그 모두는 내가
역사하며 내가 명하기 때문에 그와 같
이 그리 말할 수 있다는 것을 너희들
은 알라.
18 내가 역사하고자 하는 것, 이루고자
하는 그와 같은 것은 나 여호와가 나
의 사랑하는 백성 너희들을 위하여 역
사한다는 것을 절대 잊어서는 아니 될
것이니라.
19 너희들이 이와 같은 깊은 의미를 안다
면, 나의 법전을 정독하며 이를 가지
고 깨우치고 공부하는 데 게을리할 수
없을 것이며,
20 너희들이 어떠한 마음으로 이 법전을
접하며 연구하고 공부하며 깨달음을
얻어야 하는 것인가, 그리하여 너희들
이 참진리요, 하늘에 오르는 길을 볼
수 있는 것인가, 이는 너희들이 스스
로 네 것으로 만들어야 된다는 원리를
잊지 말라.

9,101 번째 하나님 말씀

2004년 1월 4일 07시 36분

1 사랑하는 나의 아들아!
2 "네, 아버님! 말씀하옵소서."
3 나 여호와는 나의 백성 너희들을 사랑
함이니, 너희들이 한 번 가면 도저히
나올 수 없는 그 고통스러운 지옥의
길로 너희들이 자신도 모르게 팔려 가
는 것을 보고 즐겨할 부모가 어디 있
더냐?
4 나는 그 고통을 더 이상 볼 수 없어,
지금 내가 나의 아들을 통하여 너희들
에게 160권이라는 대장정의 새로운
성경을 내려보내어 심판의 시대를 너
희들에게 알려 주며,
5 이 심판의 시대에 너희들이 보고 깨우
쳐 심판대에 설 수 있는 그 기준을 내
가 이렇게 글로써 책으로 만들어 너희
들에게 내려보내는 것을 어찌 모르는
가?
6 이것을 너희들이 영광이요, 축복이라
하여 목숨을 바쳐 읽고 깨우쳐 나 여
호와의 뜻에 따라 너희들이 구원을 받
는 길로 오는 것이 아니라,
7 어찌하여 지금의 믿음의 길을 가는
백성들은 새로운 보혜사요, 은혜의 역
사가 이루어진다는 것을 알면서, 나
여호와가 보내는 이와 같은 역사를 기
이하게 생각하며, 괴상한 생각으로 너
희들이 마음대로 판단하는가?
8 어찌하여 사탄의 장난이요, 또는 거짓
된 선지자가 너희들을 현혹하는 것이
라며 어리석고 둔한 머리를 가지고
판단하며 너희 마음대로 결정을 한다
는 말이더냐?
9 너희들은 이를 기이히 생각하지 말라.
10 너희들이 기이하게 생각하는 그 자체
가, 이상하게 생각하고 의심스러운 마

음을 갖는 그 순간에 너희들이 가장
위대한 그 모두를 잃는다는 것을 절대
잊지 말라.
11 너희들의 어리석은 머리로써 판단하
며 너희들이 마음대로 이를 결정하여
행하는 어리석은 짓을 하지 말라.
12 지금의 종교 집단의 지도자들이 저 자
신이 구원의 길에서 제외되어 있는 것
을 모르느니라.
13 저만 구원의 길에서 제외되며 자기만
버림을 받으면 될 것이지, 어찌하여
사랑하는 나의 백성들까지 구원의 명
단에서 그 이름을 지워 버리는 그 행
위를 종용하며 그리 가르치고 간단 말
이더냐?
14 이제 사랑하는 백성 너희들은 알아야
될 것이니라.
15 내가 너희들이 지옥 불로 팔려 가는
것을 더 이상 볼 수 없어 너희들을 구
원하고자 나의 법전, 이 새로운 성경
을 내려보냄이니,
16 이를 너희들이 기이하며 괴상하며 이
해할 수 없다 생각하여 사탄이요, 거
짓된 자요, 악마의 장난이라 그리하지
말며, 나의 법전을 읽고 너희들이 한
구절 한 구절 그 의미를 새겨 보라.
17 그러면 너희들이 얼마나 무섭고 두려
운 것인지 알 것이니, 그리하여 의심
나며 두렵거든 나의 아들에게 물으며
그 제자들에게 물으면 너희들이 명쾌
한 답을 얻을 수 있거늘,
18 어찌하여 너희들이 그와 같이 머리로
판단하여 오늘의 이 무서운 형국으로
이루어 간단 말이더냐?
19 이제는 내가 너희들을 용서할 수 없으
며, 너희들은 용서받을 수 없으며, 또
한 내가 다스려 용서해 준다 해도 하
늘의 법도에서 벗어날 수 없기에 용서
됨이 없음을 너희들은 알라.

9,102 번째 하나님 말씀

2004년 1월 4일 11시 57분

1 사랑하는 나의 아들아!
2 "네, 아버님! 말씀하옵소서."
3 큰 배가 망망대해를 지금 운행하고 있
음이니, 그 배가 만들어지기 위해서는
모든 부속이 다 필요하느니라.
4 그러니 수천수만 가지 부속이 제자리
를 지켜서 그를 역사함이니, 중요하지
않은 것이 없다 그리 말할 수 있음이
니라.
5 그러나 인간에게도 그 육신은 다 똑같
되 심장부가 더 중요하고 귀하듯이,
운행하는 그 배도 심장부가 중요하고
귀한 것이니, 그리 알아야 될 것이니
라.
6 지금 내가 나의 아들을 통하여 나의
법전이라 하여 새로운 성경을 내려보
냄이니, 이를 듣고 깨우쳐 공부하는
너희들이 바로 무엇인 줄 알겠느냐?
7 바다를 항해하는 큰 배의 심장부와 같
으니라.
8 그러니 심장부가 고장 났을 때 그 큰
배는 멈추게 됨이니, 너희들이 바로
서지 못하며 바로 가지 못할 때 그 심
장부의 배가 멈추듯이, 나의 법전이
세상에 전해질 수 없는 그 뜻이 거기
있음이니라.
9 내가 너희들을 사랑하면서 너희들이

완벽한 인간이 될 수 있도록 고통의
훈련을 계속하는 것은 무엇이더냐?
10 심장부에서 고장이 나면 사람의 숨이
끝나듯이, 그 배가 심장부가 고장 나
면 운행할 수 없듯이, 너희들이 그 귀
하고 소중한 심장부의 역할을 해야 되
기 때문이니 그리 알라.
11 그러니 너희 자신이 얼마나 바로 서야
되며 얼마나 바로 가야 되는가 알아야
될 것이니라.
12 내가 나의 아들을 통하여 너희들에게
강론함이니, 너희들이 얼마나 많이 듣
고 깨우쳤느냐?
13 바로 살라, 거짓 하지 말라, 남에게 부
끄러운 행위를 하지 말라, 하늘을 향
하여 한 점의 부끄럼이 없는 삶을 살
라 하였으니,
14 말을 듣지 못하며 말을 하지 못하는
소에게 가르쳤대도 그도 알 것이며,
너희들이 기르는 애완동물도 그만큼
정성을 들였으면 그를 알 것이니라.
15 그러니 너희들이 나의 법전을 읽고 깨
우쳤으며 수천수만 번을 들은 그것을
행하지 아니한다면, 너희들의 그 믿음
이 무엇이며 너희들의 마음이 무엇이
며, 과연 너희들을 인간이라 말할 수
있겠느냐?
16 이제 너희들은 그와 같은 무서움을 깨
달아 바로 서지 아니하면 아니 될 것
이니라.
17 내가 나의 아들을 통하여 너희들에게
뭐라 말하였느냐?
18 나 여호와의 뜻은 너희에게 기쁨을 주
고 은혜를 준 자에게 먼저 감사를 표
한 다음에 나에게 기도를 하라 하였음
이니라.
19 그렇지 아니하는 자는 사탄이요, 사악
한 자라 그리하였음이니, 그 뜻이 무
엇인 줄 알겠느냐?
20 너희들이 어려운 자에게 금화를 주며
빵을 주고 생선을 갖다 줌이니, 그를
감사하다 생각하지 아니하는 자는 어
떠한 자더냐?
21 그는 도둑과 같은 자이니라.
22 귀하고 소중한 재물을 그에게 줌이니,
그를 감사한 줄 모르는 자는 남의 물
건을 훔치는 도둑과 같은 자요, 남의
물건을 소중하게 생각하지 못하는 자
니, 그가 얼마나 사악한 자며 도둑과
같은 자이냐?
23 그러니 너희들이 준 사람에게 재물의
은혜요, 그 감사함에 먼저 고마움을
표하지 않는 그 마음은 도둑이니, 내
가 어찌 도둑을 사랑하며 그를 내가
받아들인다 할 수 있겠느냐?
24 그러니 나는 도둑과 같은 자를 원하지
아니함이니라.
25 남의 재물을 소중하게 여기고 귀하게
안다면, 너희들에게 작은 것을 베풀어
준 자에게 너희들이 두 배로 감사한
의사를 표하며 고마움을 표현하고, 그
다음에 너희들이 나를 찾아 하늘을 보
고 기도하든 안 하든 그건 관계가 없
음이니라.
26 내가 너희들에게 일찍이 깨우쳐 전하
지 아니하였더냐?
27 너희들이 배고픈 자, 어려운 자를 돕
고 보호해 주는 것은 그것이 나를 보
호하며 나에게 역사하는 것이라는 성
경에 기록된 그 뜻이 있지 않더냐?

28 한 자도 고쳐서도 안 되며 빼서도 안
되며 더해서도 안 된다는 성경에 기록
된 것을 너희들이 어찌하여 그리 행하
지 아니하며, 너희들은 말로써만 그리
하느냐?
29 너희들이 어렵고 불쌍한 자를 돕는 것
이 나를 돕는 것이라 하였으니, 너희
들에게 은혜를 베푼 자, 너희들에게
빵이요, 생선을 갖다 준 자, 그게 바로
누구더냐?
30 그러니 그에게 감사하는 것이 나에게
감사하는 것이거늘, 나에게 감사한다
며 나에게만 기도하고 무릎 꿇고 눈물
흘리며 은혜를 받았다 말하는 것, 그
것이 얼마나 남의 재물이요, 고마움을
모르는 사악한 자요, 도둑이요, 강도
와 같은 자인 줄 알겠느냐?
31 악은 악의 씨가 점점 커서 너희들을
망가트림이니, 그와 같은 마음을 가지
고 있는 자, 그 마음이 점점 크고 오만
하기 시작하면 저를 무너트리는 것이
며 제가 나에게 올 수 없는 자라는 것
을 모르느니라.
32 그러니 나에게 인간으로서 어려운 것
을 베풀기가 그리 쉽더냐?
33 내가 너희들에게 재물을 떨어지는 낙
엽 하나처럼 놓을 수 있는 마음을 가
지라 하였으나, 너희들이 과연 얼마나
그리 행하고 사느냐?
34 너희들이 그리 행하지 못하고, 귀히
생각하는 그 재물을 베풀어 준 자에게
감사함을 모르는 자는 도둑이기 때문
에, 그 도둑은 내가 기억하지 아니함
이니 그리 알라, 사랑하는 나의 아들
딸들아!

9,103 번째 하나님 말씀

2004년 1월 5일 07시 07분

1 사랑하는 나의 아들아!
2 "네, 아버님! 말씀하옵소서."
3 나의 사랑하는 백성 너희들의 본심이
요, 그 마음이 얼마나 아름답고 고운
줄 알겠느냐?
4 천사와 같은 마음을 가지고 세상에 나
왔음이니, 너희들의 근본이요, 그 바
탕은 그와 같은 마음을 가지고 있음이
니라.
5 그러니 너희들이 밤하늘에 떠 있는 달
을 보며 고향을 그리고 부모를 그리
며, 그 마음을 달래지 못하여 눈물을
흘리는 백성이 있는가 하면,
6 남들이 부르는 고향을 그리워하는 노
래요, 그들이 가슴 아파 부르는 그와
같은 노랫소리를 들으면서도 눈물을
흘리는 것이 너희들의 마음이 아니더
냐?
7 그리고 너희들은 아무런 이해 관계가
없는 사람이 슬픔을 당할 때, 너희들
이 돌아서서 옷깃을 적시는 그것이 사
랑하는 나의 백성 너희들의 본심이요,
그 마음이니라.
8 그와 같은 마음을 가지고 살아가는 백
성들이 나의 백성이요, 나에게 오를
수 있는 백성임을 너희들은 알아야 될
것이니라.
9 그와 같이 아름답고 고운 마음을 가지
고 살았던 백성들이 어찌하여 이와 같
이 험악하고 세상이 황폐해졌던가?
10 너희들의 그 본연의 마음으로 돌려주
고자 하는 것이 나 여호와의 뜻이니라.

11 그러니 너희들이 무엇을 믿고 무엇을 모시고 하는 것을 시시비비하고 따지기 전에,

12 하늘에 오르는 길이요, 참진리를 연구한다, 너희들만 구원을 받았다 하는 백성, 그리고 남들은 사탄이요, 이단이라 하는 그와 같은 말을 감히 나의 사랑하는 아들딸이요, 나의 백성 앞에 함부로 쓰지 말도록 그리하라.

13 그들의 마음이 너희들보다도 더 고향을 그리며 고향 달을 보며 눈물을 흘리며 남의 슬픔에 눈물을 흘리는 그와 같은 백성이라면, 그들은 나의 본성을 그나마 지키고 있는 백성이거늘,

14 그와 같이 여리고 착한 백성들을 이단이요, 사탄이라, 사악한 자라 그리하지 말라.

15 너희들이 세상을 살아가면서 '대를 위하여 소가 희생되는 그 아픔을 감내한다.'는 말이 있지 않더냐?

16 너희들이 그와 같이 사탄이요, 이단이요, 사악한 자라 해도, 본심인 내 심성이요, 내가 내린 인간의 본성을 너희들보다 더 많이 지키고 있다면,

17 그들이 더 큰 그릇이요, 더 소중하며 나에게 더 가까이 올 수 있는 백성임을 너희들은 어찌하여 그리 모르느냐?

18 이제 나의 아들을 따르는 제자들이요, 또한 나의 성전에 와 나의 강론을 듣는 그와 같은 백성 너희들은 들어야 될 것이니라.

19 너희들이 작은 희생을 해서 남을 위하고 남을 구할 수 있으며 이웃을 도울 수 있다면,

20 너희들은 그를 감내하는 것을 자신 있게 행할 수 있는 그와 같은 마음의 자세로 행하고 또 일관해 가야 되는 것이 너희들의 오늘의 삶이니라.

21 그리하다 보면 너희들이 고향을 그리는 마음처럼, 그리고 부모를 그리며 눈물을 흘리는 것처럼, 남의 고통을 보고 눈물을 흘리는 것처럼, 그와 같은 아름다운 마음의 새싹이 너희들에게 일어날 것이니,

22 나 여호와는 바라고 원하는 것이 그와 같은 마음이니라.

23 그러니 너희들이 살아가면서 대를 위하여 조금의 희생이 있다 하여, 네가 손해를 본다 하여, 네가 불이익을 당한다 하여 불평불만하며 투덜대며 마음을 다스리지 못하는 이와 같은 생활을 해서는 아니 될 것이니,

24 그와 같은 마음을 잡아 감으로 인하여 너희들이 다스려질 수 있음이니 그리 알라.

25 너희들의 본심이 고향 달을 보며 눈물 짓고, 남이 부르는 그 슬픈 노래를 듣고 같이 눈물을 흘리며 그 마음을 이해하고자 하며,

26 너희들이 남의 고통을 너희 가슴으로 느끼며 돌아서서 옷깃을 적시는 그 아름다운 마음, 그와 같은 마음으로 살며 그와 같은 마음으로 돌아가라는 것이 160권의 법전을 내리는 나 여호와의 뜻이요,

27 나의 아들을 통하여 새벽이고 밤이고 밤낮을 가리지 않고 나의 성령을 내려 보내 책으로 엮어 너희들에게 전하는 의미가 여기 있음을 알라, 사랑하는 나의 아들딸들아!

9,104 번째 하나님 말씀

2004년 1월 5일 07시 11분

1 사랑하는 나의 아들아!
2 "네, 아버님! 말씀하옵소서."
3 너를 따르는 제자들이요, 깨우친 만백
성, 나의 백성들은 들어야 될 것이며
그들에게 그리 전하도록 하라.
4 가장 어리석은 백성의 삶이 무엇인지
알겠느냐?
5 너희들이 하늘에 오르는 길이요, 나
여호와의 뜻이요, 참진리를 가르쳐 주
어도 그를 듣지 못하며, 아무리 너희
들에게 깨우쳐 주려 해도 배우려 하지
아니하며 그를 들으려 하지 않는 그와
같은 백성이 얼마나 어리석고 불쌍한
백성인 줄 알겠느냐?
6 진정한 지도자를 만나면서 그와 더불
어 하면서 그의 강론을 수없이 들으면
서도, 그를 인정하지 못하며 마음이
변하지 못하고 다스려지지 못하는 그
백성들이 얼마나 불행한 백성인 줄 알
겠느냐?
7 너희들이 머지않아 나에게 왔을 때 그
모두를 알게 될 것이거늘, 나의 법전
을 접하고도 그를 모르며, 그를 읽지
아니하며, 그를 진정한 나 여호와의
뜻이라 받아들이지 못하는 그 백성들
이 죽어 내 앞에 왔을 때 얼마나 통곡
하는 그와 같은 길인 줄 알겠는가?
8 마음을 비운 자는 한 마디를 들어도,
나의 법전을 한 페이지를 읽어도 너희
들이 세상 것을 다 얻는 그와 같은 소
중한 진리의 뜻을 알 수 있으며 그 위
대한 변화의 지혜를 얻을 수 있는 것
이니라.
9 그러나 마음을 비우지 아니하며, 남의
것을 소중히 생각하지 아니하며, 세상
의 모든 가르치는 자들의 말에 귀를
기울여 제 것으로 만들려 하지 않는
어리석은 백성들은,
10 아무리 그를 읽고 같이 살며 같이 행
동을 한다 해도 그를 절대 알 수 없으
며 깨달을 수 없는 것이 너희들의 마
음이니라.
11 그러니 너희들이 마음을 어찌 다스리
고 세상을 보느냐 하는 것, 그 마음을
열고 닫는 것은, 때에 따라서 열고 때
에 따라서 닫을 수 있는 그와 같은 마
음을 조정하는 것은 너희들 마음 안에
만 문고리가 있으며 네 몸의 밖에는
열고 닫는 문이 없다 함이니,
12 이 이치를 너희들이 깨달았다면, 너희
스스로 마음을 비우는 것, 그리고 남
의 강론이요, 남이 가르치는 것에 참
진리의 길에 귀를 기울여 행하는 현명
한 백성으로서 살아야 될 것이니라.
13 그러니 더욱이 나 여호와가 마지막으
로 너희들을 구하기 위하여 참진리요,
나의 성령을 모두 태워 책으로 글로써
너희들에게 내려보내 읽도록 그리 말
함이니, 이를 보고도 접하지 아니하는
백성을 어찌해야 되겠느냐?
14 너희들이 마음을 비우고 나의 법전 한
장을 읽고 한 구절을 읽었어도 세상사
의 이치를 다 얻는 그와 같이 소중한
것이 나의 법전임을 알라.
15 지금 사랑하는 나의 백성들을 잠에서
깨우도록 그리하라.
16 너희들은 보이는 작은 상처에 대해서

연연하며 호들갑을 떨며 요란을 떠나,
너희들 속에 정녕 죽어 가며 병들어
가는 상처요, 곪는 것은 모르는 것이
나의 사랑하는 백성들의 어리석음이
니, 이와 같은 것에 현명함을 알라 그
리하라.
17 외부의 보이는 것에만 요란을 떨지 말
며 거기에만 모두를 다 바치지 말며,
너희들 속에서 죽어 가는 그 상처가
자라남을 볼 줄 알고 그를 다스릴 줄
아는 현명한 백성이 되어야 됨이니 그
리 전하라, 사랑하는 나의 아들아!

9,105 번째 하나님 말씀

2004년 1월 5일 07시 15분

1 사랑하는 나의 아들아!
2 "네, 아버님! 말씀하옵소서."
3 모든 백성 너희들이 갈구하고 원하는
것이 무엇이더냐?
4 하늘에 오르는 길이 소원이며, 죽지
않고 거듭나 영원한 삶을 사는 것, 그
리고 천국이라는 너희들이 그려 보지
도 못하며 상상할 수도 없는 그와 같
은 나의 나라에 오고자 하는 것이 너
희들의 뜻이 아니더냐?
5 그러니 참진리요, 구원의 기본은 내가
너희들을 사랑하기에 지금 세상에 내
려보낸 나의 법전에 수없이 기록하여
전했거늘,
6 어찌하여 너희들은 이 소중한 것을 들
여다보지 아니하며 이 귀중한 것을 가
슴에 안고 정독하지 아니하느냐?
7 너희들은 육으로 보이는 그 재물이요,
보석은 생명을 바쳐 지키려 하나,
8 머지않아 모두 흙으로 돌아가며 허상
이 되어 날아가는 육신의 욕심을 위해
너희들이 목숨을 바치며, 그 즐거움이
요, 향락을 위해, 보석을 그 몸에 지니
는 것을 위하여 너희들의 모두를 다
바치면서,
9 너희들이 그리 소원하고 바라는 거듭
나는 생명의 근원인 나의 법전을 세상
에 내보내거늘,
10 어찌하여 이를 보지 않고 읽지 아니하
고 오늘에 이와 같은 자세로 가느냐?
11 그를 탓하고 그를 욕하는 어리석음을
이제 더 이상 하지 말고, 조용히 너희
들이 아름다운 마음을 다스려 가도록
그리 한번 해 보라.
12 사랑하는 나의 아들딸들아, 나는 나의
아들을 통하여 그 제자들을 통하여 수
많은 나의 법전을 쉬지 않고 너희들에
게 내려보내며, 너희들을 구하고자 계
속 쉬지 않고 지금 내려보내고 또 내
려보내 세상에 전하거늘,
13 너희들은 어찌 이를 보지도 못하며 이
를 안으려 하지도 아니하며 이를 읽으
려 하지도 아니하느냐?
14 어리석은 백성들아, 지금 나의 아들을
통하여 내리는 160권의 법전은 쉬지
않고 끊임없이 너희들에게 흘러내려
감이니,
15 그 흘러내려 가는 것을 거역하는 자,
그를 순종치 아니하는 자, 너희들은
결국 나에게 와 통한의 눈물을 흘릴
것이며, 지옥문 앞에 가 살점이 떨어
질 정도로 그곳에 들어가지 아니하겠
다 하여 울고불고 사정을 하나,
16 그를 들어 줄 사람이 없으며 그를 봐

줄 사람이 없으며 그를 동정할 사람이
없으며, 거기에 도전할 수 없는 것이
하늘의 법도이니 그리 알라, 사랑하는
나의 아들딸들아!
17 어찌하여 너희들은 지옥의 어둠으로
가는 그 어둠 속은 스스로 찾아가는
것을 즐겨 하면서, 광명의 빛이요, 세
상을 밝혀 주는 것이요, 너희들이 나
에게 오는 그 빛은 찾지 아니하며 그
빛은 보지 않으려 하느냐?
18 그것이 너희들이 오늘의 잘못됨이니
라.
19 너희들은 광명 천지에서 밝은 빛을 따
라 나에게 오고자 하는 그와 같은 노
력이 있을 때 나에게 올 수 있는 것이
니라.
20 어찌하여 사랑하는 나의 백성들이, 그
높은 지혜를 가졌으며 현명하다는 너
희들이 어둠 속은 스스로 찾아가면서,
21 광명의 빛을 찾아 그곳으로 오는 것은
그리도 주저하고 꺼리며 그를 등지고
가느냐?
22 이것이 너희들의 오늘의 삶이니, 그
모두는 인간 세상에서 버리지 못하는
욕심이라는 그 죄악 때문에 그러니라.
23 그러니 마음의 창을 열라 함이니라,
사랑하는 나의 아들딸들아!

9,106 번째 하나님 말씀

2004년 1월 5일 07시 21분

1 사랑하는 나의 아들아!
2 "네, 아버님! 말씀하옵소서."
3 이 세상에 살아가는 나의 피조물 만백
성이 저희들의 육을 위해서 붙이고 달
고 다니며 그 몸을 치장하기 위해서
모두를 다 바치고 아낌없이 살아가는
것이 그들이 아니더냐?
4 그러니 그들에게 잠시 발길을 멈추고
한번 돌아다보도록 그리하라 전하라.
5 너희들이 그리 달고 다니기 좋아하며
붙이기 좋아하며 치장하는 그 육신이
과연 무엇인가?
6 내가 너희들에게 심어 준 그 영혼이
떠났을 때 너희들은 낙엽이 떨어져 그
저 하나의 흙으로 돌아가는 것만도 못
하게 주저앉는 것이 너희들이며,
7 겨울에 쌓인 눈이 봄에 녹듯이 모두
녹아져 가는 것이 너희들의 육신이거
늘,
8 어찌하여 너희들이 그를 위하여 붙이
고 달고 치장하며, 화려한 삶이요, 그
육신을 지탱하기 위하여 모두를 다 바
치면서,
9 너희들의 내면의 마음에 내가 심어 준
그 영혼의 삶을 위해서는 정녕 어찌하
여 그 세상을 바라보지 못하며 들여다
보지 못하는가?
10 이제 나의 법전을 만들어 전하는 그들
에게 너는 전하라.
11 너희들이 외형의 육에 치장하고 붙이
고 투자하는 그것을 잠시 멈추고, 너
희들의 내면에 있는 네 영혼이요, 네
마음의 아름다움을 보며,
12 무엇을 생각하고 무엇을 위해서 가야
될 것인가, 그를 한번 생각해 보라 그
리 전하라.
13 너희들은 육의 세상에 살아가면서 제
자식을 위해서는 모두를 다 바치며 모
두를 다 희생하나, 너희들을 낳아 주

고 길러 준 그 부모의 고통이요, 그 아
픔을 들여다보지 못하고 산다면,
14 너희들이 네 자식이요, 그들을 위하여
바치는 정성이요, 던지는 그 모두요,
거기에 치장하는 그 모두를 잠깐 멈추
고, 너희 부모의 초라한 모습을 돌아
볼 수는 없는가?
15 너희들이 그와 같은 모습을 돌아볼 수
있는 마음을 갖고 한번 생각해 볼 수
는 없는가?
16 그와 같은 기회를 갖도록 그들에게 깨
우쳐 주며, 그들의 마음을 다스려 주
라.
17 저희들이 제 자식이요, 저를 위해 바
르고 붙이고 달고 치장하는 그것을,
과연 낳아 주고 길러 준 그 부모를 위
해 얼마만큼 그와 같은 것을 하고 있
는가?
18 자식에게만 하는 그 마음을 잠깐 멈추
고, 저 자신을 위해서만 하는 발길을
멈추고,
19 너희들을 길러 주고 너희를 위해서 모
두를 다 던지고, 껍데기요, 쭉정이만
남은 너희들의 부모의 모습을 한번 생
각해 보는 그와 같은 마음을 가지고
살아갈 수는 없는가, 그리 전해 주고
깨우쳐 주라.
20 차 한 잔 마시는 그 시간 만큼이라도
네 부모의 몰골을 생각하며 부모에 대
한 것을 생각해 보는 그와 같은 마음
을 가지라는 것이 나의 법전이요, 너
희들이 존재하는 그 이유며, 너희들에
게 강론하고 깨우치는 이유라 그리 전
하며,
21 잠시 멈추고 그것을 생각해 보는 시간
을 가져 보자, 그리 모든 백성들에게
전하고 깨우쳐 주고 전하라, 사랑하는
나의 아들아!

9,107 번째 하나님 말씀

2004년 1월 5일 07시 26분

1 사랑하는 나의 아들아!
2 "네, 아버님! 말씀하옵소서."
3 네가 너의 제자들에게 전하고 싶은 마
음이 무엇이며, 그들을 깨우치고자 하
는 마음이 무엇이더냐?
4 "네, 아버님! 그렇사옵나이다.
5 제가 좋아하는 사람, 사랑하는 사람,
그리고 보고 싶은 사람과 차 한 잔 마
시며 함께 식사를 하는 것이 아니라,
6 정녕 미워하는 사람, 보기 싫은 사람,
저와 인사를 나누지 않는 사람, 적대
시하는 감정을 가지고 있는 사람,
7 그러한 사람과 차 한잔 나누며 그와
시간을 가지며 그와 귀중한 대화를 나
누며 한 끼의 식사를 나눌 수 있는 그
와 같은 마음으로 변화되는 삶을 살고
싶사오며,
8 저의 제자들 또한 그와 같은 마음으
로 사는 것이 저희들의 도리이며, 아
버님께서 내려 주신 그 은혜에 억만
분의 일이라도 보답하는 길이 아닌가,
그리 생각되옵나이다.
9 그러나 과연 저 자신이 그리할 수 있
을 것인가, 그리고 저의 제자들 또한
그리하라 한들 그리할 수 있을 것인가
그것이 두렵고 무서워 제가 그 입을
열지 못하며 그와 같은 강론을 하지
못하고 있사옵나이다.

10 아버님! 저 자신이 행할 수 없으며 저
자신이 역사할 수 없기에, 제 마음에
편안한 사람, 제가 평소에 좋아하는
사람, 정이 있는 사람, 이와 같은 자를
제가 찾으며,
11 그와 같은 자와 차 한 잔 나누며 아름
다운 대화를 나누며 한 끼의 식사를
대접하고 나누는 것은 제 마음이 편
하나,
12 제가 정녕 미워하는 사람, 보기 싫은
사람, 쳐다보기 싫은 사람, 그와 같은
사람을 제 사람이요, 제 친구로 만드
는 것, 그리고 제 친구보다 더 소중히
대하고 상대하는 그 마음의 싹이 아
직도 저의 가슴에 없사오니,
13 그 죄를 어찌하며 그 아픔을 어찌하겠
사옵나이까?
14 그리하여 감히 제자들이요, 저를 따르
는 백성들에게 그 말을 하지 못하고
있음이니, 제 가슴에 그와 같이 맺혀
있사옵나이다."
15 아들아! 내가 네 마음을 아느니라.
16 그러나 네가 못 한다 하여 너의 제자
들에게 하지 말라는 법이 없으며, 그
들에게 그와 같은 깨우침을 주지 않아
서는 아니 될 것이니라.
17 그를 보고 깨달아 그대로 행하는 네
제자가 한 명이요, 열 명이 있다면, 네
가 못 한 그 죄를 그들이 대신해 줄 수
있으며, 그들을 보고 네가 또 할 수 있
는 것도 있지 않겠느냐?
18 네가 제일 앞에 가는 자요, 네가 제일
먼저 행해야 되며, 네가 제일 먼저 모
두를 다 이끌어 가는 사람이라 생각하
지 말며,
19 너의 제자들과 더불어 좋은 점은 배우
며 나쁜 점은 버리며 서로 어깨동무하
고 손을 잡고 네가 다스려 나가도록
그리하라.
20 그곳에 사랑이 있으며 진실이 있으며
아름다움이 있으니, 네 뜻의 아픔을
그들에게 전하여 그들을 그리 살아가
도록 하면, 너의 제자 중에서 먼저 행
하는 용기 있는 자가 있지 않겠느냐?
21 사랑하는 나의 아들아, 마음속으로 울
지 말며 가슴을 쥐어짜지 말라, 그리
고 고통스러워하지 말며 몸부림치지
말라.
22 그와 같은 뜻을 너의 제자에게 전하
며, 그와 같은 마음을 가지고 사는 것
이 너희들이 나로부터 선택된 백성이
요, 일반 백성들과 차별화하여 너희들
이 보이고 가야 할 근본이라 그리 전
하라, 사랑하는 나의 아들아!
23 그 모두의 눈앞에 내가 있으며 그 몸
안에 나 여호와가 있다 생각하면,
24 너희들이 그를 불러 차 한 잔 나누지
못하며 정담을 나누지 못하며 한 끼의
식사를 하지 못할 것이 어디 있겠느
냐, 나의 아들딸들아!

9,108 번째 하나님 말씀

2004년 1월 5일 07시 32분

1 사랑하는 나의 아들아!
2 "네, 아버님! 말씀하옵소서."
3 너희들이 마음을 비우고 산다면 못 이
룰 것이 없으며 못 역사할 것이 없지
않더냐?
4 손을 쥐었다 펴니 그곳에 아무것도 남

는 것이 없으며, 너는 죽은 자요, 너희
들은 존재하지 아니한다, 나를 포기하
고 살라 내가 그리 가르쳤거늘,
5 정녕 나 여호와의 뜻에 따라서 행하는
너희들이라면 어찌하여 못 할 것이 있
으며 못 이룰 것이 있겠느냐?
6 정녕 너 자신이 할 수 없으며 행할 수
없는 것을 나 여호와가 행하라 함이
니, 네 가슴이 복받쳐 눈물을 흘리며
너 자신을 다스리지 못하여 우는 회개
의 눈물이요, 반성의 눈물이요,
7 또 네가 그와 같은 길을 가려 하니, 너
자신의 아픔이요, 고통스러운 마음이
요, 그리하여 네가 흘리는 눈물을 나
는 아느니라.
8 그러나 너는 나의 뜻에 따라 모두를
역사하는 나의 아들이요, 그러니 너
스스로 마음을 비우며 모두를 다 놓고
포기했다면,
9 어찌하여 너희들이 미워하는 사람, 싫
어하는 사람을 가슴에 안는 그와 같은
것도 하지 못하면서 만백성을 구하는
자라 말하느냐?
10 아직도 너희들의 마음은 하나도 비워
지지 아니하였으며, 욕심이 그득히 차
있으며, 너희들이 자신을 다스리지 못
한 것이니,
11 이를 네가 깨달았다면 모두를 다 버리
는 그와 같은 삶을 살도록 그리하며,
행함으로써 네가 모두의 본보기가 되
도록 그리하라.
12 네가 가슴 아파 몸부림칠 필요가 없음
이니라.
13 너 자신이 비운 자요, 네가 죽은 자요,
너를 버린 자요, 포기한 자라 생각하
면 네가 못 할 것이 없거늘,
14 어찌하여 너에게 그 길을 가라 하는
나 여호와의 아픈 마음을 그리도 모르
는가?
15 어찌하여 네가 갈 수 없다 생각하는가?
16 나 여호와가 갈 수 없는 길을 가라 한
다 생각하는가?
17 나 여호와가 갈 수 없는 길을 가라 명
하지 아니한다면, 네가 어찌 못 할 게
있으며 못 갈 곳이 있는가?
18 너는 순종이요, 따르는 것밖에 없음이
니, 절대 네가 행하지 못할 것을 내가
명하고 행하라 하는 아버지라 생각하
지 말라.
19 너는 죽은 자이니라.
20 죽은 자가 어찌하여 그와 같은 모든
생각을 할 수 있으며, 마음을 비울 수
없는가?
21 내가 너를 죽은 자 중에 살린 이유가
무엇인 줄 알겠느냐?
22 그 누구도 비울 수 없는 그 마음을 비
우고 가야 되기 때문이니,
23 너는 죽은 자요, 나로부터 생명을 다
시 받아 거듭났음이니, 네 생명이 아
니라 생각하며 모두를 버리고 고개를
숙이고 가장 낮은 자로 살라.
24 이를 항상 잊어버리지 말며 기억하도
록 하라, 나의 아들아!
25 그리고 모든 사람들은 나 여호와가 그
와 같이 있으며 내가 네 앞에 서 있다
생각하고, 오늘부터 네가 가장 낮은
자요, 겸허한 자세로 살라, 사랑하는
나의 아들아!

9,109 번째 하나님 말씀

2004년 1월 5일 07시 39분

1 사랑하는 나의 아들아!
2 "네, 아버님! 말씀하옵소서."
3 나 여호와의 뜻은 영원히 변하지 아니
하며, 변하지 아니하기 때문에 그것이
참진리요, 나의 뜻이며 나의 성령이니
라.
4 참진리의 뜻이요, 나 여호와의 뜻이라
는 것은 영원히 변할 수 없으며 불변
인 것이니라.
5 그리하여 내가 그를 너희들 가슴에 심
어 주고자 함이니라.
6 그리하여 너희들 가슴에 나의 성령을
심으라 하며, 그를 받아들이라 하며,
그를 심어야 된다 내가 너희들에게 가
르침이니라.
7 나의 영원히 불변인 참진리의 성령을
너희들이 받아들이고 너희 가슴에 심
기 위해서는, 너희들이 그 마음을 모
두 비우지 아니하면 아니 된다는 것을
알라.
8 그러나 지금 살아가는 너희들이 이와
같이 소중한 나의 성령이요, 영원히
불변인 하늘의 뜻을 너희 가슴에 받아
나에게 오르고자 하는 그와 같은 삶이
아니라, 세상 속에서 살아가는 데만
연연하니,
9 세상 속에 살아가는 너희들의 세속의
인연이 무엇이더냐?
10 그 모두는 부서지고 또 변화되는 것이
니라.
11 그리하여 변화되고 부서지지 않는 그
교회를 너희들의 가슴에 심는 것이요,
12 육의 세상에서 너희들의 가슴에 존재
하여 아름답게 살다가 너희들이 죽어
심판대에 오는 그 사후의 세계요, 천
국에 올 수 있도록 가슴에 안고 살아
야 되며,
13 그 진리요, 아름다움이 영원히 연결되
는 그와 같은 삶을 살도록 하라는 것
이 나 여호와의 뜻이니라.
14 그러니 사후의 세계까지 살아서 존재
할 수 있는 마음의 성전이요, 그 교회
를 너희들 가슴속에 세우도록 하는 것
이 나 여호와의 애절한 뜻임이니, 나
의 이 간곡하고 애절한 뜻은 곧 무엇
이더냐?
15 너희들이 구원을 받고 못 받는 결정적
인 답이 거기에 있기 때문이니,
16 너희들이 영원히 변하지 않는 교회요,
성전을 가슴에 세우라 하는 뜻이 여기
에 있으며, 내가 애절히 너희들에게
부르짖는 것이 그 뜻임을 너희들은 알
라.
17 너희들의 생명은 끝이 나며, 생명이라
는 것은 다함이 있음이니라.
18 그리고 그 생명은 어찌되느냐?
19 병들고 부서지고 무너지는 그 육신을
위하여 너희들이 지금 얼마나 삶을 거
기에 투자하고 사느냐?
20 병들고 무너지는 그 육의 편안한 삶을
위하여 모두를 다 거기에 바치고 있으
며, 너희들의 삶의 최대의 목표가 그
것인 양 그리 살고 있음이니라.
21 그리하여 그 목표를 위하여 모두를 다
바치고 지금 연연하고 있음이니,
22 너희들은 선을 버리고 아름답게 사는
것이 아니요, 사후에 영원히 사는 거

듭나는 세상을 보지 아니하고 오늘의
인간의 목표요, 인간의 향락을 위해
살아가다 보니,
23 악을 악인 줄 모르며, 악을 악으로 분
별하지 못하는 그와 같은 삶을 살고
있느니라.
24 사랑하는 나의 아들딸들아, 너희들의
육신은 한계가 있으며, 숨을 거두는
날이 있으며, 그리고 병들게 되어 있
으며 무너지게 되어 있으며 부서지게
되어 있느니라.
25 그러니 그 육을 치장하고 그 육의 욕
심을 위하여 너희 마음을 버리지 못하
고 사는 너희들이 되지 말라.
26 그와 같은 것에 연연하여 너희 마음을
비우지 못하며 버리지 못하고 살 때,
너희들은 죄를 죄인지 모르고 살기 때
문에, 나에게 오르는 길을 모르며, 나
에게 오를 수 없는 백성이요, 나로부
터 멀어지는 백성이요,
27 내가 너희들을 모른다 하는 그와 같은
무섭고 두려운 말 한 마디를 듣게 된
다 함을 잊지 말라, 사랑하는 나의 아
들딸들아!

9,110 번째 하나님 말씀

2004년 1월 5일 07시 45분

1 사랑하는 나의 아들아!
2 "네, 아버님! 말씀하옵소서."
3 육을 가지고 존재하는 그 모두는 나
여호와가 아니며, 오로지 신은 창조주
나 여호와요, 오로지 나만 영원불변히
존재한다는 의미를 내가 전해 주었음
을 알겠느냐?
4 그러니 모든 것은 끝이 있으며 또 시
작이 있는 것이 세상사의 삶이 아니더
냐?
5 너희들의 육의 삶이 어떠하더냐, 너희
들의 육신은 무엇이더냐?
6 너희들의 육신도 시작이 있으며 끝남
이 있는 것이며, 그를 벗어날 수 없는
것이 너희들의 삶이니라.
7 그러나 너희들이 오늘에 사는 것은 어
떠한 것인가를 돌이켜 보았느냐?
8 너희들이 지금은 영원불변인 것같이
그 모두를 치장하고 다스리고 향락을
위하여 살아가나, 그 육의 자신도 끝
이 나는 것임을 알라.
9 너희들의 그 육신에서 나의 영혼이 떠
나고 만다면 너희들은 백사장에 쌓아
놓은 모래성이 파도에 밀려 쓰러지는
것과 같을 것이며,
10 너희들이 온갖 정성과 힘을 다해 눈으
로 만든 그 눈사람이라는 것이 태양빛
에 녹아내려 무너지듯이,
11 너희들의 육이 무너져 한 줌의 흙으로
돌아가는 그것을 부정할 수 없으며 거
부할 수 없는 것이 너희들의 오늘의
육의 삶이 아니더냐?
12 그와 같이 너희들의 육이 무너지고 부
서져 한 줌의 흙으로 돌아간다는 것은
엄연한 사실이며 너희들은 너무나 잘
알고 있을 것이니라.
13 그리고 누구도 이를 부인하지 아니하
며 거부하지 못할 것이니라.
14 그러나 너희들이 살아가면서 이를 잊
어버리고 산다는 것이 중요함이니라.
15 너희들이 끝이 있다는 것을 생각하고
사는 백성이 어디 있느냐?

16 끝이 있기에 그 끝난 후에 어떠한 결
과에 이르는지 그것을 생각하고 사는
사람이 있다면 오늘에 한 발짝 한 발
짝 떼고 움직이는 그곳에서 얼마나 조
심조심하고 살아가겠는가?
17 그러나 그를 잊어버리고 사는 것이 나
의 백성들이니, 그리하여 내가 너희들
에게 어리석은 백성들이라 함이니라.
18 아무것도 없이 무너져 가고 마는 육신
의 삶을 위하여, 무엇을 위하여 너희
들이 욕심을 내며, 무엇을 위해서 내
가 사랑하며 베풀고 나누며 살라는 그
사랑 하나를 그대로 실천하지 못하며
제대로 역사하지 못하는 그와 같은 삶
을 산단 말이더냐?
19 어찌하여 너희들이 다 쓰러져 가고 깨
지고 버려지며 쓰다 버리는 그릇만도
못한 인생의 삶을 살아가느냐?
20 그와 같은 삶을 살아서는 아니 될 것
이니라.
21 너희들은 쓰다 깨지면 버리는 그릇만
도 못한 인생의 삶을 살아서는 아니
되는 것이니,
22 너희들이 사후의 세계를 위해서 얼마
나 아름답게 살아야 하느냐?
23 오늘의 너희들의 인생을 한 점의 부끄
럼이 없는 삶을 살아야 하는 것이니라.
24 너희들이 죄를 알면서 짓고 모르면서
짓고 해서는 아니 되는 것이요,
25 하늘에 부끄럼이 그득한 삶을 사는 것
은 너희들 스스로 그저 쓰다 금이 가
버리는 그릇만도 못한 인생을 살아가
는 것이며, 그와 같이 너희 자신을 버
리고 사는 자들이라는 것을 알라.
26 영원히 사는 사후의 세상을 위하여,
영원한 너 자신의 생명을 위해 사는
그 삶을 너희들은 살 수 없겠느냐?
27 그 삶을 위해서 너희들이 살아간다면
오늘에 귀하고 소중한 삶을 살 것이며,
28 그리고 오늘에 소중하고 귀한 삶을 사
는 자, 너희도 모르게 사후의 세상에
네가 설 자리를 준비함이니,
29 내가 이 세상에서 너희들이 사랑을 베
풀고 사는 것은 무엇이라 말하였느냐?
30 하늘나라에 와 너희들이 살 수 있는
그 집을 치장하는 것이라 하였음이니
라.
31 그러나 모든 종교 집단이요, 지도자
그들은 재물을 쌓아 놓는 것, 재물을
바치는 것만이 영광이요, 너희들이 살
집을 장식하는 것이라 함이니, 그 사
악한 자들의 말에 현혹되지 말도록 그
리 전하라.

9,111 번째 하나님 말씀

2004년 1월 5일 07시 49분

1 사랑하는 나의 아들아!
2 "네, 아버님! 말씀하옵소서."
3 나 여호와가 사랑하는 백성 너희에게
오늘의 삶보다 내일의 삶이 아름다운
삶을 살라 그리 강요하며, 그와 같은
강한 훈련을 하라는 그 뜻을 너는 알
겠느냐?
4 나 여호와가 너희들에게 바로 살라,
그리고 한 점의 부끄럼이 없는 삶을
살라는 뜻을 너는 정녕 아느냐, 모르
느냐?
5 "네, 아버님! 저는 그리 알고 생각하
고 있사옵나이다.

6 이 세상의 이치가 고인 물이요, 흐르
지 않는 물은 썩게 되며,
7 그 썩은 물 속에서는 모든 생명이 살
아갈 수 없는 그와 같은 것이라 생각
되옵나이다.
8 그러니 아버님께서 높은 지혜와 생각
할 수 있는 것을 주시며 그 모두를 내
려 주신 그 은혜 속에 사는 백성들이,
깨달음이라는 그 지혜가 하루하루 삶
으로 인하여 아름답게 변화되지 아니
하며 천사와 같은 마음으로 변화되지
아니하는 그와 같은 삶을 사는 것은,
9 그저 먹기 위해서 살며, 살기 위해서
먹고자 몸부림치는 짐승의 삶과 아무
런 다름이 없다 그리 감히 생각되옵나
이다."
10 그러하니라, 사랑하는 나의 아들아!
11 네가 정녕 내가 사랑하는 아들딸들이
요, 백성을 짐승으로 비유하기에 네
가슴이 아플 것이나, 그러나 네 마음
이요, 네 표현함이 맞는 것이니라.
12 내가 나의 사랑하는 백성 너희들에게
무엇을 안 주었더냐?
13 너희들이 노력하고 살면 모두를 얻을
수 있는 것, 그리고 너희들이 그 육의
치장을 위하여 육의 몸에 붙이고 달고
하는 것을 즐겨 하는 것, 그 모두까지
도 너희들이 노력하면 모두 충족할 수
있는 것을 내가 60점이라는 세상의
점수 안에 모두 주지 아니하였더냐?
14 그러니 너희들이 무엇이더냐?
15 진정한 깨달음이요, 참진리를 위하여
변화되는 지혜요, 현명함을 얻는 그
지혜요, 변화되는 삶을 살지 아니하면
너희들은 짐승과 같은 것이며, 짐승과
다름이 하나도 없다 네가 말한 그 의
미가 맞느니라.
16 그러니 사랑하는 너의 제자요, 나의
법전을 읽고 깨우치는 백성들, 그리고
이를 접하지 못하는 백성, 그들에게
너는 전하라.
17 아름다운 모습으로써 하루를 더 자고
나면 더 지혜가 나와 너희들이 천사와
같은 모습으로써 변화되는 삶이 아닌
것은,
18 그저 먹고살기 위해서, 살기 위해서
먹기 위해서 투쟁하는 그 짐승과 아무
것도 다른 점이 없다는 것을 전하라,
사랑하는 나의 아들아!

9,112 번째 하나님 말씀

2004년 1월 5일 07시 58분

1 사랑하는 나의 아들아!
2 "네, 아버님! 말씀하옵소서."
3 지금의 믿음의 길을 가는 종교 집단이
요, 지도자요, 그 모두가 가고 있는 것
이 어떤 행위이며, 무엇을 위해서 그
들이 역사하고 지금까지 몇천 년의 세
월이 흘렀는지 아느냐?
4 "네, 아버님! 저는 그리 생각하옵나이
다.
5 지금 아버님께서 내리신 성령의 그 말
씀이요, 지금 120권에 근접하는 아버
님의 말씀을 기록하여 전하고 만드는
그 순간에 제가 깨달음이요, 얻음이
있다면,
6 오늘의 종교 집단이요, 지도자요, 그
백성들은 생수가 나오지 않는 메마른
그 우물에서 생수가 나올 것이라며

그저 파고 또 파며,
7 그리하여 저희들이 파는 그 우물에서
는 반드시 생수가 나올 것이니 너희들
은 기다리라 하며, 그 백성들을 그곳
에 집어넣어 계속 우물을 파도록 그리
독려하는 자들이옵나이다.
8 물이 나올 것인지 나오지 아니할 것인
지 모르면서, 그리 파던 우물을 중단
하지 못하고, 그저 그들에게 돌팔매에
맞아 죽을까 봐 그저 파기만 하면 물
이 나오는 것이요,
9 이제 다른 곳에서 시작해 본들 그 물
은 나오지 않을 것이니 이곳을 파라
하여 그들을 그리 몰고 가는 자들이라
생각되옵나이다.
10 그러니 그들이 하나의 어리석음을 모
르고 있사옵나이다.
11 그들은 또 무슨 짓을 하고 있는가 하
면, 지금 고기가 없는 연못의 물을 퍼
내라 하는 자들과 똑같사옵나이다.
12 그 물을 퍼내라, 그를 퍼내면 식량의
근본이 되는 물고기가 나올 것이며,
그를 잡을 것이라 하여 그 물을 퍼내
고 있는 자들이니,
13 이제는 우물을 파라는 그와 같은 형국
이 아니라, 그 연못의 물을 퍼내라 하
는 그와 같은 형국의 시대가 도래했다
는 것을 저는 깨닫고 있사옵나이다.
14 지금까지는 저희들이 마른 우물을 파
도록 그들을 끌어왔으나, 이제는 그들
이 정녕 마른 우물을 파는 것이 아니
라 스스로 고기가 없는 그 연못의 물
을 퍼내라, 그리하면 고기를 잡을 것
이며 너희의 먹거리를 얻을 것이라
하는 그와 같은 형국으로 변화된 것
을 저는 느끼고 있사옵나이다.
15 이제 저희들이 물을 퍼내라 하니, 만
백성이 먹기 위하여 그 물을 퍼내며
그 고기를 잡아 생명을 연장하고자 그
물을 퍼냄이니, 그 물은 마를 것이며,
16 마르고 나면 고기가 없는 연못이라는
것이 드러나도록 깨우치고자 하는 것
이 아버님이 지금 법전을 내려보내시
는 것이며 역사하시는 것이라 그리
생각되옵나이다.
17 잘못된 종교 지도자가 생수가 나올 것
이니 그 우물을 파라 하니, 불쌍하고
가련한 백성들이 파고 파도 그 우물
에서 물은 나오지 않을 것이며, 그들
은 묻히고 자멸할 것을 아버님께서는
아시기에,
18 이제 법전을 내려보낸 그 뜻은 그들의
마음을 이리 돌려놓으시는 것이니,
19 이는 그들에게 곧 마지막 고기를 잡을
수 있는 연못을 퍼내라 하여 그 모두
를 방향을 바꿔 놓으신 것이며,
20 땅을 파는 자들에게 지금 연못을 파도
록 아버님께서 역사하고자 하시는 것
이 바로 법전을 내려보낸 것이라 그리
생각되옵나이다.
21 그리하여 세상사의 이치요, 깨달음의
길을 가는 백성들에게 지금 그 끝이
보이게 물을 퍼내도록 해서,
22 종교 집단이요, 지도자들이 고기를 잡
아먹을 수 있다며 부르짖고 연못을
퍼내라 했으니,
23 '물이 바닥이 나도 고기가 없으니 네
가 어찌할 것이냐?' 하며 따지는 이와
같은 형국을 이루시고자 지금 법전을
세상에 내려보내시는 아버님의 그 뜻

을 저는 그리 알고 있사옵나이다."
24 그러하니라, 사랑하는 나의 아들아!
25 이제 그들이 물이 나오지 않는 그 우
물을 파라 파라 그리하여 그들이 지쳐
죽어 감이니,
26 그들은 그래도 그것을 중단하지 아니
하고 파라는 대로 파야만 물이 나온다
하니, 그들은 죽을 때까지 나오지 않
는 우물을 파게 되어 있음이니라.
27 그러니 결국 그 지도자라는 자들도 죽
을 것이며 그들도 죽음이니,
28 더 이상 그들이 우매한 길을 가지 아
니하고 현명함을 봐 저희들이 구원을
받도록 하고자 그 모든 방향을 지금
바꾸었으니,
29 종교 지도자들이 연못의 물을 퍼내라,
그러면 너희들이 영원히 살 수 있는
고기요, 먹을거리를 얻을 것이라는 것
으로써, 내가 그 연못이 마른 다음에
고기가 없는 것을 보이기 위하여 그와
같은 형국을 내가 그들에게 깨우쳐 주
며 그 백성들을 구하고자 하여,
30 지금 나의 법전을 내려 그 모두가 다
그와 같이 반대로 흐르고 있는 것을
너는 알고 있음이니,
31 너의 제자들 또한 그와 같은 이치의
변화가 지금 반대의 현상으로 흐르고
있다는 것을 알며,
32 그리하여 그들을 깨우치며 그들을 구
원하고자 하며, 나의 법전이 진정한
나 여호와의 뜻이라는 것을 알리고자
함이니라.
33 저희들이 파고 있는 곳은 우물이 아니
며, 저희들이 찾고 있는 그 물을 퍼내
는 곳에 고기가 없다는 것을 알려 줌
이니라.
34 그러나 이제 나의 법전을 읽고 접하고
깨우친 너희들은 알아야 될 것이니라.
35 너희들이야말로 정녕 나의 법전을 읽
고 깨우치는 것이 만백성을 구하는 샘
수요, 그 샘을 파는 것이라는 것을 너
희들은 믿고 파면 될 것이며,
36 너희들이 퍼내는 그 연못은 물이 마르
면 너희들의 생명에 먹을거리가 될 수
있는 고기가 거기에 그득히 있는 그
연못을 골라 내가 퍼내라 하는 것이니,
37 그것이 차별화되는 것을 그들에게 보
이고자 하는 것이 나의 법전이 세상에
내려짐을 너는 알라.
38 그들이 파는 그 우물에서는 물이 나오
지 않으나, 너희들이 파는 우물에서는
물이 나올 것이며, 너희들이 퍼내는
그 연못에서는 고기를 구할 것이니,
그것으로써 그 백성들이 놀라움을 알
며,
39 어떠한 것이 그들이 살 수 있는 것인
가를 알고 저희들이 고기가 있는 곳에
몰려들 것이며, 물이 나오는 곳에 몰
려들 것이니,
40 그것이 내가 법전을 내려보내는 것이
며, 나 여호와가 역사하고자 하는 계
획이요, 방법이라는 것을 너희들은 알
라.
41 지금까지 오는 모든 종교 집단이요,
지도자들이 쭉정이만 거두면서 나의
백성들에게 알곡식이 그득히 차 있다
한 것을, 이제 그들이 거둬 보니 그 알
곡식이 없다는 것을 앎이니,
42 정녕 알곡식을 심고 알곡식을 거둬들
이는 것은 어떠한 길인가 하는 것을

깨우치는 그와 같은 시대의 문을 열고
있다는 것을 알라.
43 그러니 그때 가서 오늘의 종교 집단이
요, 지도자들이 얼마나 무서운 심판
앞에 저희들이 무섭고 두려운 것을 겪
어야 되는 것인가를 안다면,
44 파던 우물이요, 지금 퍼내던 물을 다
중단하고, 나의 법전을 높이 들어 그
것이 생수요, 거기에 고기가 있음을
전하도록 하는 자는 구원이요, 그 무
섭고 두려운 역경을 겪지 아니할 것이
며,
45 그렇지 아니하는 너희들은 얼마나 피
바다 속에 견딜 것인가?
46 나의 법전을 찢어 버리고 태우려 하는
것, 나의 아들의 가슴에 화살을 쏘려
하는 것, 그 모두를 다 너희들이 돌려
받는다는 것을 잊지 말라 전하라.

9,113 번째 하나님 말씀

2004년 1월 6일 08시 18분

1 사랑하는 나의 아들아!
2 "네, 아버님! 말씀하옵소서."
3 이 세상에 지금 구원의 길이요, 하늘
에 오르고자 하는 그 백성들이 얼마나
모두를 다 바치며 그곳에 맹신하며 그
와 같이 가느냐?
4 그러니 그와 같은 신도들 자신도 저희
들 말로 90퍼센트라는 숫자가 오늘의
이 믿음으로써는 절대 구원을 받을 수
없으며, 모두 잘못되었으며, 장사꾼으
로 전락되었으며, 그리고 상업적으로
모두 다 변질되었다 그리 말함이니,
5 그곳에서 배우고 깨우치는 제자라는
신도들이 그와 같이 90퍼센트가 잘못
되었으며 변질되었다 이야기한다면,
과연 종교 지도자 저희들 자신은 어떠
하겠는가?
6 지금의 종교 지도자요, 그와 같은 집
단의 우두머리들은 저희들이 2백 퍼
센트가 아니라 천 퍼센트가 잘못되어
있다는 것을 알고 있느니라.
7 그리고 제가 주관이 없으며 저 자신이
무엇인지도 모르며, 그저 제가 목구멍
에 풀칠하고 살아가기 위한 수단으로
써 지도자가 되며 지도자 교육을 받아
단상에서 설교를 함이니,
8 그들은 그 백성보다도 열배 백배 더
잘못된 것을 아느니라.
9 그러니 그만큼 저 자신이 잘못된 것이
며 잘못 가는 것이요, 사기극을 벌이
고 있다는 것을 알고 있음이니, 그는
천배 만배보다 더한 것이 아니더냐?
10 진실이 아니고 비진리요, 위장된 행동
으로써 그들이 하고 있으니, 그건 본
질이 아니요, 참진리의 뜻이 아니니,
그 잘못된 것은 이루 말할 수 없는 것
이니라.
11 그러니 그 신도들이요, 맹신하는 자들
보다 그들은 더 속속들이 잘 알고 있
느니라.
12 그러나 그와 같은 많은 종교 집단이
요, 지도자들이 잘못된 것을 알면서도
바로잡으려 하지 아니하며 바로잡는
자가 세상에 없으니, 과연 이 역사요,
믿음이 이대로 흘러가서야 되겠느냐?
13 그러니 나의 아들을 따르는 제자들이
요, 오늘의 너희들이 고통스럽고 어려
운 길을 가니,

14 나의 성령의 마지막 심판이요, '하나
님! 말씀하옵소서.'라는 나의 이 법전
이 얼마나 소중하고 귀하며, 그것을
만드는 너희들이 얼마나 용기 있는
자인지 알겠느냐?
15 이 세상에는 이름만 대도 모든 백성들
이 알고 존경하는 그와 같은 종교 지
도자요, 그와 같은 종교의 우두머리들
이 수없이 있음이니라.
16 그들이 저희 자신이 천 퍼센트가 잘못
되었으니, 근본이 잘못된 것을 알고
있으면서도, 거기에 반기를 들고 다시
일어서는 용기 있는 자가 없음이니라.
17 너희들은 구약의 시대에서 나온 신약
이요, 기독교요, 너희들이 하늘에 오
르는 시대라 하는 지금의 이 가르침이
무엇이더냐?
18 하나의 용기 있는 자가 그를 바로잡고
자 했으나 그는 인간의 생각이요, 인
간의 그 뜻에 젖어 있음으로써 그리했
으며,
19 나 여호와의 뜻이요, 나의 명을 받아
역사한 것이 아니라 인간의 인본주의
로써 그리된 것이니라.
20 그러니 바로 무엇이더냐?
21 하늘의 뜻이 아니요, 인간의 생각으로
써 인간이 용기 있게 드러내서 이를
바로잡으려 하였으나,
22 또한 그가 하던 그 역사도 너희들이
가지고 있는 성서요, 너희들이 가르치
는 그 틀을 벗어나 거기서 약간의 변
형이요, 조금의 변화는 이루었을망정,
근본의 기틀을 잡지 못했음이니라.
23 그러니 지금 내가 나의 아들을 통하여
하늘의 법도요, 하늘의 뜻을 내려보내
니,
24 너희들은 그때 역사했던 그와 같은 자
가 하늘의 뜻을 가지고 역사하고 그대
로 행했더라면 지금의 너희들은 천국
이 이루어졌을 것이니라.
25 그러나 인간이 나섰으며 인간이 생각
했으며 인간의 뜻으로 그리 역사하여
왔기 때문에, 오늘의 너희들이 진정한
하늘에 오르는 그 뜻으로 완전한 기틀
이 잡혀 있지 못했음이니라.
26 그리하여 지금 누구도 손을 대지 못하
며 누구도 역사하지 못하며 감히 거부
하지 못하는 이 대역사를 이루는 것이
나 여호와의 뜻이요, 참진리가 세상에
내려옴이니, 이보다 더 귀하고 소중한
것이 없음을 어찌하여 너희들이 그리
모르느냐?
27 그러니 나의 아들을 따르는 제자들이
요, 나의 법전을 읽고 깨우친 만백성
너희들은 그를 알라.
28 지금 나 여호와의 뜻으로 누구도 바로
잡지 못하며, 그저 썩으면 썩은 대로,
그저 왜곡되면 왜곡되는 대로 잘못 흘
러가고 그대로 깨우쳐 나가며, 그것이
진정한 길이라 하나,
29 이것을 바로잡아야 된다는 것을, 지금
의 지도자들은 천 퍼센트 이상 저희들
이 잘못되었다는 것을 알고 있음이니
라.
30 근본이 잘못되어 있는 것을 알고 있으
나, 감히 잘못 흘러가는 것을 바로잡
으려 하지 아니하며, 그를 바로 세우
려 하지 아니하니,
31 이를 보는 나 여호와의 마음이 얼마나
비통하고 가슴이 아프겠느냐?

32 잘못 가는 것을 알면서 바로잡지 않
고, 그들은 썩어지면 썩어지는 대로
그대로 흘러감이니,
33 그들도 그 속에서 벗어날 용기가 없으
며, 벗어나지 아니하며, 그저 제 목구
멍에 풀칠하며 죽을 때까지 살다 말겠
다는 생각이며,
34 '내가 무엇하러 고통의 길을 가며 어
려운 길을 가며, 예수가 죽어 간 그보
다도 더 핍박받으며 더 인간 대우를
받지 못하며 그보다 더 고통스러운 죽
음이요, 그보다 더 고통스러운 것을
겪고 갈지도 모르는 그 두려운 길을
자초해서 갈 필요가 무엇이 있느냐?'
하는 그와 같은 생각에서,
35 그들은 반기를 들고 바로 서야 된다고
들고일어나지 못하니, 그래서 그들을
잘못된 자라 말함이니라.
36 또한 그들은 잘못된 것을 바로잡고 일
어선다 해도 그 또한 인간으로서 성서
의 그 틀을 벗어나지 못하며,
37 성서에서 이리 고치고 저리 고쳐 그것
을 바로잡고자 할 것이니, 그들이 일
어선들 또 하나의 종파가 생길 것이니
라.
38 그러나 너는 내가 명한 것이요, 나 여
호와의 뜻을 이루고자 함이니, 이는
나의 참진리요, 종파가 없으며, 이게
바로 하늘에 오르는 기본이요, 근본이
요, 바로잡는 그 역사이니,
39 여기에 부름을 받은 너희들이 얼마나
소중한가를 알며, 나의 법전이 얼마나
소중하고 귀한 것인가를 알아,
40 너희들의 생명보다 더 소중히 다루지
아니하면 아니 될 것이니, 그리 알라.

9,114 번째 하나님 말씀

2004년 1월 6일 06시 28분

1 사랑하는 나의 아들아!
2 "네, 아버님! 말씀하옵소서."
3 나의 피조물 만백성 너희들이 생수를
마셔야만 살아감이니라.
4 그러나 지금 모든 종교 집단이요, 지
도자들이 어찌 가고 있느냐?
5 정녕 내가 보는 그들은 생수가 나올
수 없는 그 샘물을 파고 있는 자들이
니라.
6 그러니 물이 나오지 않는 곳에서 저희
들이 그 물이 나올 것이라 하여 지금
나의 피조물 만백성의 노동력을 착취
하여 재물을 거둬들이면서 그곳을 파
고 또 파느니라.
7 그러나 물은 결코 나오지 아니함이니,
저 자신이 죽음의 길로 가는 것이요,
8 또한 파기만 하면 생수가 나올 것이라
는 거짓된 종교 지도자의 말에 따라
그 허상에서 벗어나지 못하고 가는 백
성들도 결국은 거기서 기다리다가 죽
음이라는 것 외에는 아무것도 없음을
알라.
9 너희들이 노동력을 바치면서 물이 나
올 것이라는 것을 믿고 파고 또 파고
기다리는 자, 결국 너희들이 지금 파
는 곳에서는 생수가 나오지 아니함이
니, 너희들 또한 기다리다 그와 같이
스스로 죽어 가는 그와 같은 길을 가
고 있음을 알라.
10 이제는 지금의 종교 집단과 지도자들
이 나의 사랑하는 백성들에게 저희들
이 파는 그곳에서만 샘물이 나올 수

있으며, 파고 또 파면 생수가 나올 것
이라, 그리고 생수가 나옴으로써 너희
들은 여기서 그 물을 마셔야만 산다는
그 얄팍한 사기극을 더 이상 하지 말
며, 나의 피조물 만백성을 기만하는
행위를 하지 말라.
11 그리하여 거기서 생수가 나올 것이라,
그저 이 생수의 우물을 파고 더 넓게
더 깊이 파야 된다 하며, 부질없이 나
의 백성들로부터 재물과 노동력을 착
취하는 그 죄를 너희들이 다 어찌 갚
으려 하는가?
12 나오지 않는 우물을 너희들이 파고 판
들, 거기서 물이 나오겠느냐?
13 나 여호와가 거기를 보니 절대 나오지
않는 곳이요, 암반이요, 파기 힘들고
고통스러운 그 길을 계속 파 내려가는
것이 너희들이니,
14 그러니 종교 집단이요, 지도자 저희들
도 결국은 거기에서 모두 나오지 못하
고 죽게 되어 있으며,
15 또한 나의 사랑하는 백성, 그들의 신
도라는 자, 그리고 그들을 맹신하는
자, 광신하는 자들이 먼저 거기서 죽
어 가는 그와 같은 행위가 이루어질
것이니,
16 이제 너희 스스로 안다면 거짓된 행위
를 더 이상 하지 말며, 더 이상 이끌어
가지 말고, 모두를 중단하는 그와 같
은 현명함으로 회개와 반성을 하지 아
니하면 아니 됨이니라.
17 너희들이 회개와 반성이 무엇이더냐?
18 참진리의 길이 아닌 것을 참진리라 하
여 나의 백성들로부터 재물을 거둬들
이며 너희들이 끌고 가는 것을 중단하
는 것이 우선 회개의 근본임을 알라.
19 그러나 너희들이 지금 나오지 않는 우
물을 파고 파니, 너희들이 다 죽어 가
는 그 형국이 불쌍하여 나의 법전을
세상에 내려보냄이니라.
20 그러니 너희들이 파던 우물을 중단하
고 내가 너희들에게 새로운 생수의 샘
물을 파도록 함이니,
21 너희들이 장소를 옮겨 다시 파는 그
역사를 이루었을 때, 그곳에서 너희들
이 먹고 마셔서 생명을 유지할 수 있
는 생수가 나온다는 것을 알라.
22 그게 바로 나의 법전이니라.
23 그러니 내가 내려보내는 나의 법전을
읽고 깨우쳐 생수의 우물을 마시도록
하지 아니하면, 그 지도자 너희들 자
신은 물론 그 신도들도 모두 다 죽어
감이니,
24 이제 너희들은 스스로 죽어 갈망정 나
의 사랑하는 백성들까지 노동력이요,
재물을 갈취하며 그들이 죽어 가도록
더 이상 움켜쥐지 말라.
25 이제는 너희들이 그 모두를 풀어 줄
때가 되지 않았는가?
26 이를 풀어 주지 아니하면 너희들의 그
죄가 더 가중됨을 어찌 모르느냐?
27 이제 너희들은 내가 나의 아들을 통하
여 나의 성령이요, '하늘에 오르는 길'
이라 하여 내가 '하나님! 말씀하옵소
서.' 하는 이 법전이요, 새로운 책을
내려보내니,
28 너희들이 지금 설교하고 서 있는 그
단상에서 이 책을 높이 들어, '만백성
은 이를 보고 깨우쳐 하나님의 뜻을
따라 구원을 받도록 하라.' 그리 외치

지 아니하고,
29 '이는 사탄이요, 마귀요, 감히 사악한
자가 이와 같은 행위를 함이니, 너희
들은 이 책을 보지 말라.' 그리 말하니,
30 이것이 얼마나 역행하는 것이며, 나의
아들 예수를 죽여 만백성에게 그 생명
수를 붓지 못하도록 한 그 죄보다 마
지막 시대에 더 사악한 행위를 하고
있다는 것을 너희들은 어찌 모르는가?
31 너희들이 지금은 나의 법전을 들고 이
게 사탄이요, 이단이요, 거짓된 자가
역사하는 것이라 할 수 있으나,
32 나의 법전이 세상을 덮어 나가기 시작
해도 그때도 너희들이 그를 막을 수
있다 생각하는가?
33 홍수처럼 밀려 나가는 그 힘을 너희
자신이 막을 수 있다 생각하는가?
34 너희들은 휩쓸려 내려갈 것이며 막지
못함이니,
35 지금 너희들이 나의 법전을 읽고 깨우
쳐, 진정 네 마음이요, 너 자신에게 용
서를 빌고 진실한 네 마음을 찾으며,
36 이를 사탄이요, 이단이라 그리 말하지
말며, '하나님께서 내린 성령의 말씀
이요, 만백성을 구원하는 기본이니 이
를 읽고 따르라.' 그리 너희들이 외칠
때,
37 너희들이 그나마 용서를 받을 수 있으
며, 지옥문 앞에 가서 그 무섭고 무서
운 죄를 받는 그곳에 들어가지 아니하
려고 발버둥치지 아니할 것이니,
38 그곳에 한번 들어가면 영원히 나오지
못하고 그 고통 속에서 영원히 산다는
것을 너희들이 생각해 보도록 그리하
라.
39 그 두려움을 생각하며 그 자신을 너희
들은 알지 않는가?
40 지금의 종교 집단의 지도자요, 모든
백성들이 80퍼센트요, 90퍼센트가 잘
못되었다고 하는 이때, 너희들은 자신
이 잘못된 길을 가기 때문에 그 몇 배
로써 거짓된 행위를 한다 너희가 말할
수 있지 않으냐?
41 너희들이 잘못 가고 있기 때문에, 잘
못 가는 것을 천 퍼센트도 더 깊이 알
고 있는 너희들이 먼저 변화되며 회개
하고 용서를 받는 그 길을 선택하는
용기 있는 나의 백성으로 거듭나도록
그리하라.

9,115 번째 하나님 말씀

2004년 1월 6일 06시 34분

1 사랑하는 나의 아들아!
2 "네, 아버님! 말씀하옵소서."
3 이 아름다운 지상의 바닥은 썩을 대로
썩어져 감이니, 이 썩은 것을 다스리
고 치울 자가 없음이니라.
4 그러니 이 썩은 것을 긁어모아 모두
다 태워 버려야 되니, 그 모두를 태울
수 있는 것은 무엇이더냐?
5 나의 법전이 세상에 전해지며 만백성
이 이를 보고 깨우치는 것이니라.
6 그리했을 때 지상에 썩어져 가는 것을
모두 긁어모으고 쓸어 모아 놓고 이를
다 태울 수 있으니, 그 역사를 이루어
야 하는 것이 너희들의 운명이니라.
7 그러니 이 아름다운 지상 낙원이 썩고
썩어져 가는 그 악취가 지금 하늘까지
진동하고 있음이니, 너희들이 모두를

다 태워야 될 것이니라.
8 그러니 악이 존재하는 것이 지금 어찌
하던가?
9 너희들이 2천 년의 역사가 흐르면서
그동안 악은 지상을 다 썩게 만들었으
며, 또한 악의 불길이 세상에 있는 그
모두를 다 지금 태우며 가고 있는 것
이니라.
10 그러니 선한 것을 태우는 그 악의 불
꽃을 과연 어찌 잡겠느냐?
11 그러니 바닥은 바닥대로 썩어졌으며,
세상에 선한 것이요, 아름다운 것들은
모두 그 악의 불길에 의하여 견디지
못하고 그 악의 불길이 활활 타올라
쓰러져 감이니,
12 너희들은 썩어져 가는 것을 쓸어 태워
막아야 되는 것이며, 악의 불꽃이 세
상에 선한 모두를 태워 버리니, 태우
는 악의 불길을 또 잡아야 되는 것이
너희들의 운명이 아니더냐?
13 그러니 세상의 모두를 다 태워 버리
며, 훨훨 타오르는 지금의 그 악의 불
꽃을 잡아야 될 것이 바로 너희들이며,
14 나의 법전이 세상에 전해지는 것, 그
것만이 썩은 것을 쓸어 버리며, 악의
불씨가 선을 태워 가는 그 불길을 또
한 모두 잡을 수 있으며, 그를 정리할
수 있으니,
15 그 모두를 다스릴 수 있는 것이 나의
법전이니라.
16 그러니 너희들은 지상의 썩은 것을 쓸
어 버리며 하늘을 향하여 타는 그 악
의 불꽃을 다 잡아야 됨이니, 이것이
너희들이 가는 길이니, 얼마나 힘들고
어려운 길이더냐?
17 그러나 너희들은 이를 행하여야 되며,
이 모두를 역사하지 아니하면 그 누구
도 둘 다 잘못되어 가고 있는 이것을
바로잡을 수 있는 자가 없음을 너희들
은 알라.
18 그러니 지상이 썩어져 가는 것은 썩어
져 가는 대로 쓸어 너희들이 모두 다
태워 버리고 또 태워 버려 그 악취를
제거해야 되며, 악의 불길이 타오르는
그것 또한 너희들이 잡아야 하는 것이
니,
19 악은 악대로 성장하며, 악의 불꽃은
그 불꽃대로 성장함이니, 이 세상을
그들이 지배하고자 하여 지금 그들이
마지막 그 모두를 역사하고 있음이니
라.
20 그리고 저희들이 이번에 바로잡지 못
하여 세상을 다스리지 못하고 장악하
지 못한다면, 저희들이 이 세상에 존
재할 날이 얼마 남지 않았다는 것 또
한 그들도 앎이니,
21 그 썩어져 가는 속도를 막을 수 없으
며, 그 타오르는 악의 불길을 막을 수
있는 것이 아무것도 없음이니라.
22 오늘의 나의 피조물 만백성이 하늘에
오르는 길이요, 만백성을 구하는 진정
한 길이요, 참진리의 길로 갔다면, 오
늘의 이와 같은 형국은 되지 아니하였
으며,
23 또한 그들로 하여금 모두를 다 태우
고, 타는 불길을 잡을 수 있으나, 그들
로서는 도저히 할 수 없음이니라.
24 그들이 불꽃에 힘이 되어 주며, 썩어
져 가는 곳에 제물이 되고 있는 것이
오늘의 실정이니,

25 둘 다 이 모두를 너희들이 세상에 살
아가면서 잡아 가야 함이니, 너희들의
고통이 얼마나 힘들고 어렵겠느냐?
26 너희들을 돕는 자 없으며 도와주는 자
없어, 너희들 스스로 타는 불길을 꺼
야 되며 썩어져 가는 것을 막아야 되
는, 양손에 하나씩 견디고 살아가고
다스려야 되는 너희들의 고통이요, 그
어려움이 이루 말할 수 없음을 나 여
호와는 알고 있음이니라.
27 그러나 그 고통이요, 시련과 훈련 속
에서 너희들이 주저앉으면 아니 되며
포기하면 아니 되며 무너지고 깨져서
도 아니 되니,
28 하나로 똘똘 뭉쳐 하나가 되어 모든
것을 다스려 나가는 그와 같은 힘이
되어야 할 것이니라.
29 썩어져 가는 것을 쓸어 모을 때, 너희
들이 전광석화같이 힘을 합쳐 그를 다
쓸어 모아 태울 것이며,
30 나의 법전으로써 하늘에서 비가 쏟아
지듯이 세상에 내려보내면 하늘의 그
불길 또한 잡힐 것이니 그리 알라, 사
랑하는 나의 아들딸들아!

9,116 번째 하나님 말씀

2004년 1월 6일 06시 41분

1 사랑하는 나의 아들아!
2 "네, 아버님! 말씀하옵소서."
3 이 세상에 지상의 낙원을 이루는 것은
나의 사랑하는 피조물 만백성 너희들
을 통하여서 모두 이루어지며 역사한
다는 것을 알라.
4 나 여호와가 직접 이 세상을 통제하여
하늘과 같은 지상의 낙원을 이루고 역
사하는 것이 아니라,
5 나의 피조물 만백성 너희들을 통해서
만 모두 이루어지며, 그리 이루고자
하는 것이 나 여호와의 뜻이요, 또한
세워진 계획이라는 것을 알라.
6 그 모두는 사랑하는 나의 아들딸 너희
들로 하여금 역사함이니라.
7 모두는 나의 피조물 만백성 너희들을
통해서만 이루고자 함이니, 이를 알아
야 될 것이니라.
8 그와 같이 나의 피조물 만백성 너희들
을 통하여 하늘에서 이루어진 것같이
지상의 낙원을 이루려 하나,
9 이미 그들은 병들고 썩었으며 내 뜻을
거역하고 가는 험악한 세상으로 되었
음이니, 오늘의 백성을 가지고는 그를
이룰 수가 없음이니, 어찌하겠는가?
10 내가 새로운 백성이요, 이룰 수 있는
백성을 다스려 가꾸어 나가야 되는 것
은 당연한 것이 아니더냐?
11 그러니 그중에서 선택된 것이 나의 아
들을 따르는 제자들이요, 나의 법전을
읽고 깨우친 백성 너희들이니, 너희들
이 그 훈련 속에 다시 거듭나는 것이
얼마나 힘들고 어려운 것인지 나 여호
와 또한 아느니라.
12 모두 썩어져 냄새가 나며 그 길이 옳
다 하여 달려가는 자, 그저 제 몸을 던
져 그대로 부패하고 썩어 가다 지옥
불로 가게 되는 그와 같은 삶을 사는
자,
13 그 속에서 이것은 아니라 하여 홍수처
럼 밀려가는 그 길을 막으며 너희들이
그들에게 소리 질러 깨우쳐 주나, 그

를 듣는 자 없음이니라.
14 인간의 심리가 많은 대중이 모인 곳에
정의가 있다 생각하며 거기에 힘이 있
다 생각하니,
15 아무리 정의롭고 바른 것이라 해도 작
고 나약한 자 쪽에 손들어 주고 같이
가고자 하는 백성이 없음이니,
16 바로 너희들만 그와 같은 자를 보고
그와 같은 진리를 알며 정의를 알며,
홍수처럼 밀려드는 그 무리에 대적하
는 자들이니, 오늘의 너희들이 얼마나
어렵고 고통스러운지 아느니라.
17 그러니 나의 피조물 만백성을 통해서
모두를 역사하며 새로운 시대를 이룰
수 있고 또 볼 수 있는 이것이 너희들
을 통해서만 할 수 있음이니 어찌하겠
느냐?
18 그러니 선택된 나의 아들을 따르는 그
제자들, 그리고 법전을 읽은 너희들이
지금 기초를 다짐이니 그리 알라.
19 아무리 훌륭한 건축물을 지으며 아무
리 좋은 역사를 이룬다 해도, 기초가
잘못되면 그것은 이룰 수 없으며 역사
할 수 없는 것이 아니더냐?
20 기초가 단단히 다져지지 아니하면 무
너지며 지탱하지 못하고 깨짐이니 어
찌하겠느냐?
21 너희들이 기초가 되어야 되니, 그 기
초를 다지는 것도 중요하며, 놓이는
주춧돌이 얼마나 단단하게 버티고 견
딜 수 있느냐 하는 그것이 문제이니,
22 바로 너희들이 나의 법전을 읽고 깨우
치고 또 깨우쳐 천사와 같이 변하는
그 강도야말로 주춧돌의 강도와 같음
을 너희들은 알아야 될 것이니라, 사
랑하는 나의 아들딸들아!
23 그러니 너희가 어떻게 변화되어야 하
며 어떠한 삶을 살아가야 되는 것인가
를 깨우쳐 스스로 찾아야 될 것이며
너희들이 역사함이니라.
24 나 여호와가 너희들을 다스리고 매질
하여 가르쳐 주고 깨우쳐 줌이 아니
니, 모두는 내가 내리는 성령의 뜻을
받아 너희들이 변화되는 것은 자유의
사며 자유의지에 맡겨져 있음을 너희
들은 알아야 될 것이니라.
25 그러니 나의 아들을 따르는 너희들은
어떠한 고통과 시련과 훈련이 있다 해
도 넘고 또 넘어 너희들이 이기고 가
는 자가 되어야 한다 하지 아니하였더
냐?
26 너희들은 승자가 되어야 함이니라.
27 썩어져 있는 것을 모두 다 긁어모아
태우는 것이 너희들이요, 악의 불씨가
훨훨 타올라 세상의 선한 것을 태워
버리고 있는 그 모두를 잠재울 수 있
고 그들을 다스릴 수 있는 것은 너희
들밖에 없다 함이이라.
28 그러니 썩어져 가는 속에 뛰어들어 그
를 쓸어 태우는 고통도, 그리고 훨훨
타는 악의 불 속에 뛰어들어 그 불을
죽이는 것도, 그리고 그 불씨를 잠재
우는 것도 모두 다 너희들의 자유의사
에 의해 너희들의 뜻으로 역사하는 것
이지, 내가 너희들에게 이루게 할 수
없음을 알라.
29 다만 너희들이 바로 가고자, 그 악을
쓸어 버리고자 하는 쓸 수 있는 장비
요, 도구를 나 여호와는 너희들에게
무한정 하늘에서 지원해 줄 것이며,

30 그 불을 끄는 그와 같은 장비요, 도구를 너희들에게 무한정 지원해 주는 것이 나 여호와의 한계요, 나 여호와가 할 수 있는 길임을 알라.
31 내가 너희들에게 장비요, 모든 도구를 내려 주고 지원해 주는 것이 나와 너희들의 관계이니,
32 내가 내리는 것을 가지고 너희들이 아낌없이 그걸 다스려 끄고 쓸어 태우면 되는 것이 너희들이 하는 일이요, 그건 나 여호와가 할 수 없으며 내가 해 줄 수 없음을 알라.
33 그 또한 너희들의 선택이요, 너희들의 자유의사에 맡겼음이니,
34 이를 알고 깨우친 백성 너희들은 나의 법전을 만들어 세상을 하얀 눈처럼 덮는 것이 바닥을 쓸어 버리는 것이요, 눈과 같이 내려지는 나의 법전에 의하여 타는 악의 불씨가 꺼짐이니,
35 이를 명심하고 또 명심해야 될 것이니 그리 알라.

9,117 번째 하나님 말씀

2004년 1월 6일 06시 46분

1 사랑하는 나의 아들아!
2 "네, 아버님! 말씀하옵소서."
3 지금 2천 년 동안 흘러와 뿌리를 내린 모든 종교 집단의 우두머리요, 그리고 지도자들이요, 맹종 맹신하는 백성들이 과연 어찌하느냐?
4 저희들이 뛰어난 말재주로써 나의 피조물 만백성을 지금 이끌어 가고 있음이니라.
5 지도자들이 설교하는 그 자체가 나의 피조물 만백성을 구하는 것이 아니요, 지옥으로 이끌어 가는 것이며,
6 맹종 맹신하는 자들이 그저 저희들과 손을 잡으면 구원을 받는다 하여 악을 쓰고 대듦이니, 견디지 못하여 그리 끌려가는 그 순간에 너희들은 또한 무엇이더냐?
7 나의 피조물 사랑하는 너희들이 구원이 아니요, 지옥의 길로 떨어짐을 알라.
8 지금의 모든 종교 집단의 지도자들이 뛰어난 말재주로써 말장난으로써 나의 피조물 만백성을 물고 늘어지며 그들을 지옥으로 이끌어 가고 있음이니, 그것이 무엇인 줄 아느냐?
9 그들의 말장난이요, 뛰어난 말재주요, 그들의 간교한 말의 수단은 나의 피조물 만백성을 죽이는 살인 무기로 쓰이고 있으며, 그게 살인 무기이니라.
10 인간이 개발한 무기로써 사람을 죽이는 것보다도 더 무서운 살인 무기가 무엇인지 알겠느냐?
11 종교 지도자들의 뛰어난 말재주요, 말장난으로써 나의 피조물 만백성을 지금 수없이 죽여 감이니,
12 보이지 않는 살인 무기로써 병균이 퍼지듯이 나의 피조물 만백성을 죽임이니, 그들의 말재주보다 이 세상에 더 무서운 살인 무기가 없음을 너희들은 알아야 될 것이니라.
13 그들은 또한 어떠한 것이냐?
14 어렵고 지친 나약한 자들이요, 병들어 죽어 가는 나의 백성들을 아름답고 선하게 살아가는 그와 같은 약으로써 치료하고 다스려야 하는 것이 바로 나의

피조물 만백성의 지도자라는 너희들
이 해야 할 것이거늘,
15 지금 살인 무기를 가지고 모든 백성들
을 죽여 가는 자들이 만든 것은 무엇
인 줄 알겠느냐?
16 그들이 만들고 있는 그 비방은 바로
나의 피조물 만백성을 살리는 비약을
만드는 것이 아니라 그들을 죽이며 지
옥으로 이끌어 가는 그와 같은 비방만
만들어 냄이니라.
17 그들이 생각하고 연구하는 것, 그들의
머리로 짜내는 것, 그와 같이 연구하
여 만들고 행하는 것, 그 모두는 나의
피조물 만백성을 죽이는 비방만 만들
고 있는 것이 오늘의 종교 집단이요,
지도자들이 하고 있는 짓임을 너희들
은 알라.
18 내가 너희들에게 일찍이 성서에 기록
하여 전했느니라.
19 너희들이 매로써 다스리는 자, 주먹으
로써 다스리는 자는 너희들의 앞에 있
는 자에게 상처를 줄 수 있으나,
20 말로써 전하는 것은 수천수만 리 밖에
있는 사람도 죽이며 그를 병들게 하는
것이며, 그들을 공격할 수 있는 것이
너희들의 말이라 하지 않느냐?
21 이 세상에 가장 무서운 살인 무기는
종교 집단이요, 지도자들이 단상에 서
서 말장난으로써 너희들을 우롱하는
것, 그들의 말재주가 바로 그 무서운
살인 무기요, 그보다 더한 살인 무기
는 하늘과 땅 사이에 없다 함을 너희
들은 알라.
22 그리고 그들이 연구하고 생각하며 저
희들이 만들어 낸 것, 저희들의 머리
요, 지혜를 모으고 모아 짜낸 것, 모이
고 모여서 저희들이 연구해서 발표하
는 것은 나의 피조물 만백성을 죽이는
비방만 만들어 내며,
23 그를 가지고 나의 피조물 만백성이 아
프고 죽어 가고 병들어 가는 것을 치
료하는 것이 아니요,
24 더 죽이는 것, 병균을 더 부어 넣는
것, 그리고 빨리 부패하도록 하여 지
옥으로 끌어갈 비방만 만들어 내는 것
이 오늘의 종교 집단 그들이 생각하는
것이요, 연구하는 것이니,
25 그 모두를 내가 쓸어 버리고 태워 버
리며 단죄하고자 나의 법전이 세상에
내려가는 것임을 알라.
26 그러니 너희들이 이와 같은 이치를 듣
고 깨우쳐 보면 알 것이 아니더냐?
27 너희들 말로 90퍼센트의 나의 백성들
이 잘못 가고 있으며 잘못 깨우치고
있다 하거늘, 어찌하여 그 많은 백성
들이 이를 보고 깨우쳐 악의 불길을
태우고 선함의 새로운 불길을 지피지
못하고 그리 어리석은 삶을 사느냐?
28 이제 너희들 스스로 깨우쳐 모두를 역
사하도록 하라.
29 나의 법전을 읽고 정독하고 깨우치면
그 속에 답과 용기를 낼 수 있는 것이
다 있음이니, 그리 전하도록 하라, 사
랑하는 나의 아들아!

9,118 번째 하나님 말씀

2004년 1월 6일 06시 54분

1 사랑하는 나의 아들아!
2 "네, 아버님! 말씀하옵소서."

3 지금 2천 년 동안 흘러오는 종교 집단
이요, 믿음의 길을 가는 그들이 어떠
한 짓을 했느냐?
4 저희가 지도자라 하여 나의 사랑하는
피조물 만백성을 하늘에 인도한다 하
여 죄악이라는 그 울타리 속에 가두는
일만 했음이니라.
5 너희들이 죄악의 울타리를 쳐 놓으며
성곽을 쳐 놓고, 그곳에 한번 들어오
면 죄악에 빠져 허덕여 세상에 나갈
수 없는 그와 같은 사악한 짓만 하고
있었음이니라.
6 나의 사랑하는 백성들이 내가 내려 준
기본의 마음이요, 기본의 심성을 가지
고 살아도 지옥문에 매달리지는 아니
할 것이거늘,
7 죄악의 울타리를 쳐 놓고 그곳에 나의
피조물 만백성을 끌어들여 가둬 놓고,
그들이 나가려 해도 나갈 수 없으며
밖의 세상을 보려 해도 볼 수 없게 함
이니,
8 그들을 노예를 다스리듯이, 먹이를 주
어 부리는 짐승을 훈련시키는 것보다
도 더 사악하고 간악한 방법으로, 구
원이라는 먹이를 던져 주어,
9 그 먹이를 먹지 아니하면 정녕 너희들
의 영혼이 나에게 올 수 없다고 세뇌
시키고 가르친 것이 오늘 너희들이 하
고 있는 행위이니,
10 이를 보는 나 여호와의 아픈 가슴을
과연 알겠는가?
11 나의 사랑하는 백성들이 인간의 죄악
의 울타리를 벗어나지 못하고 그 죄악
속에 살다 정녕 나에게 오르지 못하고
지옥으로 가는 그 불쌍한 자들을 보는
것이 어떠하겠는가?
12 너희들은 육의 세상의 물질이요, 부귀
영화를 가진 자가 행복하더냐?
13 마음을 비우고 다스리는 것이 더 행복
하며 아름다운 삶이거늘,
14 어찌하여 나의 백성들이 구원이요, 하
늘에 오른다는 목표요, 그를 위하여
매진하며, 그것 외에는 바라볼 줄 모
르고 마음에 여유가 없으며, 베풂이
없는 백성으로 만들며,
15 마음을 비우고 사는 백성의 그 마음을
송두리째 다 뺏어 버려 욕심과 시기
질투 속에 살아가는 그와 같은 백성으
로 만들었느냐?
16 그러니 그 사악한 집단 속에서 그 울
타리에서 도망 나오지 않는 자, 그를
뛰어넘지 못하는 자, 정녕 구원을 받
을 수 없으며 하늘에 오르는 길을 볼
수 없는 것이 너희들임을 알라.
17 죄악의 울타리 속에서 저희들이 지시
하는 것만, 저희들이 내리는 것만 최
고요, 위대하다 함이니,
18 제 것만 생각하는 자, 욕심을 버리지
못한 자이니, 그들 자체가 잘못되었음
을 알라.
19 너희들이 구원을 받는 것이 무엇이며
하늘에 오르는 길이 무엇이더냐?
20 지금의 사악한 짓이요, 광란의 짓이
요, 그와 같은 행동으로써 너희들이
구원을 받고 하늘에 오르는 것이 아니
니라.
21 너희들 인간 세상에서 그저 스쳐 가는
말대로 간단한 것이 있지 않으냐, '미
운 녀석 떡 하나 더 준다.'는 말이 있
지 않으냐?

22 그러니 그와 같은 행위요, 그와 같은
마음을 가지고 세상을 산다면 이 지상
은 낙원이 되었을 것이니라.
23 오늘의 모든 종교 집단이요, 지도자
너희들이 사랑하고 베푸는 그와 같은
마음이요, 그것이 바로 무엇이더냐?
24 미운 녀석에게 떡 하나 더 줄 수 있는
것이 그 근본의 마음이요, 기본의 마
음이니라.
25 그러니 지금 광란의 짓을 하며 제 것
만 옳다 생각하는 자, 너희들이 사랑
을 아는가, 베풂을 아는가?
26 사랑을 모르고 베풂을 모르니, 너희들
이 떡 하나를 미워하는 백성에게 줄
수 있는 그와 같은 마음은 찾아볼 수
도 없음이니,
27 그들이 다 지옥 행이요, 나에게 오르
는 길이 아닌 길을 가고 있는 것이라
함이니라.
28 사랑하는 나의 아들을 따르는 제자 너
희들은 들으라.
29 내가 무어라 말하였느냐?
30 너희들이 미워하는 자, 싫어하는 자,
그들과 차 한 잔을 마시며 대화를 하
며, 그들과 식사를 하며, 그들과 마음
을 풀 수 있는 그것이 너희들이 나에
게 오를 수 있는 것이요, 그게 사랑이
라 하지 않았느냐?
31 좋아하는 자, 아름다운 자, 소중한 자
와 만나 차 마시며 너희들이 대화를
주고받는 것은, 그것은 사랑이 아니고
베풂이 아니라 하지 아니하였느냐?
32 이제 너희들이 그저 스쳐 가는 세상의
말의 그 의미를 알고 너희들은 그리
실천하고 행하도록 그리 명하라.
33 너희들만이라도 그리 실천하고 행했
을 때, 그 악의 불씨를 태울 수 있는
선한 불씨가 세상에 존재하고 커져 감
을 너희들은 알라.
34 미운 녀석에게 떡 하나 더 주면 되는
것이라는 그 간단한 이치, 그것이 하
늘에 오르는 길이요, 너희들의 구원의
길이요, 구원을 볼 수 있음이니, 나의
아들을 따르는 제자 너희들은 그와 같
은 마음으로 살아가라.
35 너희들이 그 마음으로 변하지 아니하
면 사랑이요, 베풂이요, 용서함이 다
말로써만 이루어지는 것이요, 진정한
행함이 없음이니, 너희들 또한 죽음의
믿음이요, 죽음을 행하는 것과 무엇이
다르겠느냐?
36 2천 년 동안 죽어져 썩어졌고 악의 불
씨가 세상을 태우는 그보다 더 험악한
세상이 될 수 있음이니라.
37 알지 못하고 행하는 자가 과연 얼마나
방대한 역사를 하겠느냐?
38 모르고 하기 때문에, 속속들이 알 수
없으며 대처할 수 없기 때문에 그는
아무리 크려 해도 크는 한계가 있음이
니라.
39 그러나 나의 법전을 읽고 깨우친 백성
너희들이 미운 녀석에게 떡 하나 더
주는 그와 같은 마음으로 살지 아니하
고, 반대급부에서 나의 아들을 공격하
며 나의 법전을 공격할 때,
40 너희들은 이 내막이요, 이 법전의 뜻
의 아름다움을 알며 행함을 앎이니,
거기에 맞추어 역행을 한다면, 역행하
는 자의 그 방대한 위력은 감히 감당
하기에 어려울 것이니라.

41 그러니 너희들이 미운 녀석 떡 하나
더 주는 그와 같은 마음으로 너희 자
신을 다스리지 아니하고 살아간다면
결국 너희들은 나의 아들의 가슴에 활
을 쏘는 그와 같은 자로 될 수도 있음
이니,
42 나의 아들의 심장부가 어디인지 잘 아
는 자가 더 무서운 적이 될 수 있으니,
43 너희들이 그와 같은 적으로서, 악의
씨로서 거듭나는 그와 같은 행위를 하
지 아니하려거든, 너희들은 미운 자를
찾아 사랑하는 마음을 갖도록 그리하
라.

9,119 번째 하나님 말씀

2004년 1월 6일 07시 04분

1 사랑하는 나의 아들아!
2 "네, 아버님! 말씀하옵소서."
3 너 또한 인간의 육을 가지고 세상에
살아왔으니 그 마음을 다스리고 넘기
가 얼마나 힘들고 어려운 길인가를 나
여호와가 알고 있음이니라.
4 그리 가는 모습을 바라보는 내 마음이
또한 그리 편치 아니하며, 또한 인간
세상에 살던 너의 제자들이 바른 뜻이
요, 나 여호와의 진리요, 그리고 한 점
의 부끄럼이 없는 그와 같은 삶을 살
아가고자 노력하는 것이 얼마나 힘들
고 어려운 길인가 나 여호와는 아느니
라.
5 그러나 너희들은 나의 백성이요, 나의
아들딸로 세상에 태어났음이니, 너희
들의 원뿌리가 무엇이더냐?
6 악이라는 것은 찾아볼 수도 없는 나
여호와의 그 아들딸이니,
7 너희들의 원뿌리는 악이라는 것은 찾
아볼 수도 없는 그와 같은 너희 아버
지가 아니더냐?
8 그러니 나의 아들딸 너희들도 그와 같
이 살아가야 되며, 그와 같이 성장해
야 되며, 그와 같이 되었을 때 너희들
이 나에게 올 수 있는 것이니, 어찌하
겠는가?
9 이게 하늘의 법도요, 하늘에서 이루고
자 하는 뜻임을 너희들은 잊어서는 아
니 될 것이니라.
10 사랑하는 나의 아들딸들아, 악의 마음
이 무엇이더냐?
11 너희들이 살아가면서 생활 속에서 그
악이요, 사악한 마음은 불꽃에 기름을
붓는 것처럼 그리 항상 활활 무섭게
타오르는 것이 악이니라.
12 너희들이 작은 불씨에 기름을 부었을
때, 기름을 받은 그 불꽃이 어찌 피어
나던가?
13 그 모두를 태울 것같이 피어나니, 악
의 마음은 그와 같이 항상 너희들 자
신에게서 튀어나올 수 있으며 너희를
무너트리고 태우고자 하는 것이 그 마
음이니라.
14 그러나 너희들이 지키고 가야 하는 그
선은 무엇이더냐?
15 너희들이 장작불에 기름을 붓는 것이
아니요, 물을 붓는 것이며, 거기에서
살아남는 그 불씨가 악을 뿌리치고 선
을 존재하게 하니, 선의 불씨는 그와
같이 어렵고 힘든 것이니라.
16 그러니 그 길을 가야 하는 것이 너희
들이라는 것을 너의 제자와 만백성에

게 그리 깨우치고 전하라.
17 너희들 마음속에 있는 악은 불꽃에 기
름을 붓는 것처럼 그저 타오르고자 함
이요, 기회만 닿으면 너희들을 무너트
리고 넘어트리는 것이요,
18 선은 그 불씨가 장작불이라 할 때 거
기에 물을 부어 끄려는 자가 수없이
물을 부어 대니, 그 속에서 살아남는
그 불씨가 바로 선의 불씨니, 얼마나
어렵고 힘들겠는가?
19 이것이 악과 선의 불씨가 크는 것이
니, 너희들이 마음을 다스리고 또 다
스리는 것이 그와 같이 어려우며, 너
희들의 마음을 비우고 비우는 것이 그
와 같은 형국이라는 그 비유의 뜻을
알 수 있게 전함이니,
20 그것이 너희들이 가야 할 길이며 역사
할 길이니라, 사랑하는 나의 아들딸들
아!
21 내가 너희들을 사랑함은 이루 말할 수
없으며, 내가 너희들을 기억함은 이루
말할 수 없음이니라.
22 그러나 너희들은 인간 세상의 모두를
다 던지며 모두를 접어 두며, 그 짧은
인생에 현혹되어 너희들이 흔들리지
아니하며 무너지지 아니하고 바로 선
다면,
23 아무리 물을 붓는다 해도 그 선한 불
씨는 절대로 꺼지지 아니하며 남을 것
이니,
24 거기에서 살아남는 그 불씨가 세상을
태우는 불씨라는 것을 잊지 말도록 하
라, 사랑하는 나의 아들딸들아!
25 너희들은 할 수 있으며 역사할 수 있
으며 갈 수 있음이니 그리 알라.
26 아무리 고통스럽고 힘이 들어도 그를
넘고 그를 지키고 가야 되는 것이 너
희들이니라.
27 아무리 견딜 수 없는 고통이 엄습한다
해도 거기에서 헤어나고 벗어나지 아
니하면 아니 됨이니라.
28 장작불 위에 물을 붓고 또 부음이니,
그 물속에서 살아남는 불씨가 얼마나
힘들고 어렵겠는가?
29 어떠한 역사가 있으며 기적이 있어야
거기에서 꺼지지 않고 살아나 이 세상
을 태우는 불씨로서 조용히 살아날 수
있겠느냐?
30 그러니 그 얼마나 어렵고 힘든 길이더
냐?
31 그것이 너희들이 가는 길이니라.
32 너희 자신을 낮추고 낮추어 바늘구멍
을 통과하는 그 고통이 아니면 너희들
이 악을 생각하지도 말며, 악의 그림
자가 없으며, 악은 근접도 못 하는 나
여호와 같은 나의 아들딸로서 거듭나
야 함이니,
33 의인 하나를 세상과 바꾸지 아니하며,
나에게 오를 수 있는 아들딸 하나가
있으면 바꾸지 않는다는 나의 그 말을
알겠느냐?
34 자기 자신을 버리는 자가 어디 있겠느
냐?
35 나 여호와가 말을 그리함은 그만큼 나
에게 오기가 힘들고 어려우니, 그 길
을 너희들이 와야 된다 함이니 그리
알라.

9,120 번째 하나님 말씀

2004년 1월 6일 07시 18분

1 사랑하는 나의 아들아!
2 "네, 아버님! 말씀하옵소서."
3 이제 너와 너의 제자들은 변명하는 삶
을 살지 않도록 그 훈련에 돌입해야
될 것이니라.
4 너희들이 변명을 한다는 것은 무엇이
더냐?
5 거짓말을 하게 되어 있음이니라.
6 거짓말은 살인과 같다 하였음이니, 너
희들이 작든 크든 거짓말을 하지 아니
하며 살인을 하지 아니하려거든 변명
하는 그와 같은 삶을 살지 말라.
7 너희들이 한 번 변명을 하면 두 번의
변명이요, 세 번의 변명을 하게 됨이
니,
8 작은 틈새로 물이 새기 시작하면 그것
이 커지고 커져 호수의 물을 다 빨아
내듯이, 그와 같이 변명은 변명의 씨
를 낳고 변명이 또 변명의 씨를 낳음
이니, 너희들이 더 험악하고 더 거칠
어짐이니라.
9 변명을 일삼으면 너희들은 바로 설 수
없으며 바른 인간으로서 설 수 없음이
니라.
10 그러니 변명은 거짓이요, 거짓은 변명
으로써 일관함이니, 나의 사랑하는 아
들딸 너희들은 그와 같은 일이 없도록
천 번 만 번 생각해서 행동하는 그와
같은 삶을 살도록 그리하라.
11 절대 너희들은 거짓말을 해서는 아니
됨이니, 남들 앞에 변명하는 그와 같
은 삶을 살아서는 아니 되는 것이 너
희들이 가야 할 길이니라.
12 내가 너희들에게 무어라 말하였느냐?
13 타는 장작불에 물을 부어 거기서 살아
나는 그 불씨가 세상을 태우는 선한
불씨라 하였으니, 너희들이 살아나야
되는 자라 하였음이니라.
14 그러니 너희들의 육신을 줄이고 줄여
서 바늘구멍을 통과할 수 있는 것이
나에게 올 수 있는 길이며 하늘에 오
를 수 있는 길이라 하였음이니,
15 너희들이 거짓말하지 아니하며 또한
변명을 하지 아니하며, 변명하는 그와
같은 삶을 살지 않는 것이 무엇이 힘
들고 어렵더냐?
16 그러니 너희들이 자신을 낮추고 낮추
어 바늘구멍을 통과하는 것이 하늘에
오르는 것이라면,
17 하늘에 오르고자 하는 자들이 나의 계
명이요, 나의 법전대로 지키고 살지
못할 것이 어디 있겠느냐?
18 간단한 이치이니, 너희들은 그리 행하
고 살도록 전하라.
19 절대 변명하는 삶을 살지 않도록 훈련
에 돌입하도록 하며,
20 너희들은 상대방이 변명을 하거든, 그
를 더 죄악으로 모는 그를 묻고 캐는
습관을 버려야 될 것이요,
21 그를 버리지 아니함은 너희들의 욕심
이요, 너희가 마음을 비운 것이 하나
도 없는 것이니라.
22 상대방이 변명을 하고 거짓말을 하면
거기서 너희는 뚜껑을 덮으며, 두 번
다시 질문을 하지 말고 그가 변명하지
않도록 하는 것이 사랑하는 마음이요,
너희 자신의 마음을 비운 것이거늘,

23 사람이 변명하는 것을 너희들이 캐고
또 캐어 알고자 하는 것, 그리고 묻고
또 묻고자 하는 것, 그것이 바로 너희
들의 욕심이요, 가장 사악한 마음의
근본을 버리지 못함이니 그리 알라.
24 인간이 인간을 믿지 못하는 것보다 더
무서운 것이 어디 있더냐?
25 '남'을 믿지 못함은 '나'를 믿지 못함이
니, 제가 살아 있어도 사는 것이 아니
요, 제가 존재해도 존재하는 것이 아
니지 않더냐?
26 사람을 보며 사람을 믿지 못하면 그를
사람으로 생각하는 것이더냐?
27 너희들은 인간이 인간을 믿지 못한다
그리 말하니, 뒤집어 말하면 인간을
인간으로 생각하지 아니한다면 너희
들은 내가 만든 창조물을 인정하지 않
는다는 것과 똑같은 무서운 행위라는
걸 어찌 모르고 함부로 말을 그리하느
냐?
28 너희는 인간이 인간을 믿지 못한다는
말을 절대 입에 담지 말라.
29 너의 제자들이 그와 같은 말을 하며
그와 같은 생각을 가지고 산다면 아니
됨이니, 그리 알라 전하라.
30 오늘의 내가 나의 아들을 통하여 내리
는 이 대목을 읽고 또 읽어 그 의미를
깨우치도록 그리하라, 사랑하는 나의
아들아!

9,121 번째 하나님 말씀

2004년 1월 7일 06시 31분

1 사랑하는 나의 아들아!
2 "네, 아버님! 말씀하옵소서."
3 모두를 시시비비하지 말며, 옳고 그름
을 따지지 말아야 되는 것이 너희들이
가야 하는 길임을 알라.
4 내가 너희들에게 성서에 기록하여 송
사하지 말라 했듯이, 그 송사라는 것
이 과연 무엇이더냐?
5 옳고 그름을 따져서 답을 얻고자 하여
서로 판결을 내려 그 대가를 치르고
받고자 하는 것이 너희들의 뜻이 아니
더냐?
6 그러니 내가 옳고 그름을 시시비비하
여 싸우지 말라 하였음이니, 송사를
하지 말라는 그 뜻이 무엇이더냐?
7 너희들이 일평생 살아가면서 옳고 그
름을 시시비비하지 말라 함이니라.
8 더욱이 너희들이 서로 살아가면서 부
닥치고 생각하는 것, 그 사람의 마음
이요, 속에 있는 그 뜻을 완벽하게 알
지 못하며, 그가 하고자 하는 그 의도
가 무엇인지 모르며, 그 진정한 마음
을 모르면서 너희들이 사람을 평가하
고 시시비비하는 것이 송사하는 것보
다도 더하기 때문이니라.
9 그러니 내가 너희들에게 시시비비하
지 말며, 따지지 말며, 그 답을 찾고자
무엇을 알고자 하지 말라 함이니라.
10 모두 다 사랑으로 덮으며, 사랑으로
용서하는 마음이 있다면 갈 수 있는
것이니라.
11 꼭 송사를 해서 제가 결백하다는 것,
제가 옳다는 것을 증명하고자 싸우는
것이 너희들은 바른길이며 옳다 생각
하나, 내가 너희들에게 무어라 하였느
냐?
12 한 번 잘못 가고 한 번 단추를 잘못 끼

우면 그 모두가 다 잘못 끼워짐이니,
그를 바로잡아 처음에 잘못 끼웠을 때
그를 보고 탓하고 탓하면 아니 됨이라
하였음이니라.
13 그러니 너희들이 작은 잘못을 시작할
때 그를 탓하고 탓하다 보면 더 큰 것
을 실수할 수 있음이니, 그리하여 내
가 너희들에게 인간 세상에 살면서 시
시비비하지 말라 함이며,
14 옳고 그름을 따지고자 하여 제가 옳다
하여 그를 주장하며 밝히고자 하는 그
와 같은 마음을 갖는 것, 그것이 너희
들이 송사를 하는 것과 무엇이 다르더
냐?
15 그러니 송사하는 마음을 갖지 말라는
그 뜻을 알면, 너희들이 남들과 세상
에 살아가면서 옳고 그름을 시시비비
하지 아니하며, 알고도 넘어가 주며,
16 또한 상대방의 마음의 깊이를 모름이
니, 거기에서 너희들이 또 오해가 생
길 수 있으며, 너희들이 알지 못하는
부분이 있음을 알아야 될 것이니라.
17 일찍이 내가 너희들에게 가르쳐 준 말
중에 무엇이 있느냐?
18 너희들이 세속에서 하는 말에, '뛰지
못하는 우렁이라는 것이 논두렁을 넘
으려 대들며 그를 넘어간다.'는 말이
있지 않더냐?
19 그러니 너희들이 그와 같은 이치를 알
때, 상대방의 속이요, 상대방이 생각
하는 것을 알지 못하면서 그를 시시비
비하며 그를 가지고 송사하듯이 옳고
그름을 밝히려 하지 말라.
20 그것이 다 너희들의 욕심이요, 부질없
는 것이라는 것을 어찌 모르는가?
21 그것이 너희들이 사랑이 없고 베풂이
없음이며, 네 마음을 비우지 못한 증
거임을 너희들은 알아야 될 것이니라.

9,122 번째 하나님 말씀

2004년 1월 7일 06시 36분

1 사랑하는 나의 아들아!
2 "네, 아버님! 말씀하옵소서."
3 인간 세상에 너희들이 작은 것을 이루
며 네 뜻을 이루고 소원하는 것을 이
루는 것도 노력 없이 이루어지는 것이
없음을 안다면,
4 너희들은 나의 법전을 가지고 만백성
을 구하는 그 역사를 함에 얼마만큼
노력을 해야 되며 얼마만큼 최선을 다
해야 되는 것인가 이를 너의 제자들이
스스로 알아야 될 것이니라.
5 너희들이 인간 세상에서 일을 하며 그
역사를 함에 손에 들어오는 이해관계
가 있으면 고달픈지 모르며,
6 너희들이 노력한 만큼 분배의 원칙에
의해 너희 손에 들어오는 그 즐거움을
위하여 너희들은 몸이 부서지라 일을
하며 노력하는 것이 아니더냐?
7 그러나 너희들이 역사하는 것이 보이
지 않는 것이요, 이익이 손에 없다 하
여도, 나의 법전이 너희들의 손에 이
익이 있는 것보다 얼마나 위대하고 큰
역사인 줄 너희들은 아느냐?
8 그와 같은 이치를 안다면 지금 분배의
이익이요, 너희 손에 들어오는 것, 네
손에 잡히는 것이 없다 하여, 보이는
것이 없다 하여 너희들이 나의 법전을
만드는 생활에 소홀히 하며 그를 역사

함에 소홀히 하면 아니 됨을 알라.
9 세상에 나의 법전을 접하고 가는 그
백성 너희들은 더 구할 것이 없으며
더 얻을 것이 없는 것이 너희들이 아
니더냐?
10 이 세상의 모든 백성들이 재물이요,
권력이요, 그와 같은 것 앞에 저 자신
을 다 던져 버리며 무너지는 이와 같
은 세상이 몇천 년이 흘러왔기 때문
에, 진정한 참진리요, 내 뜻에 따라 연
구하며 하늘에 오르는 백성이 없다 하
였거늘,
11 너희들이야말로 그중에서 참진리요,
창조주 나 여호와의 뜻이 무엇인지 알
며, 내가 원하는 길을 가며, 내가 불러
초청한 자요, 쓰는 자이거늘,
12 너희들은 그것보다 더 위대하고 소중
한 것이 없다는 마음을 어찌 그리 강
하게 갖지 못하는가?
13 그 마음의 믿음이요, 그를 강하게 갖
는 자, 세상에 너희들이 노력한 만큼
손에 들어오는 그 분배의 원칙에 의하
여 이익이 배당되는 그것보다도 몇천
배 상상할 수 없는 위대한 것이거늘,
14 어찌하여 작은 이익의 분배를 위하여
너희들이 나의 법전을 만들며 나의 아
들을 따라 역사하는 것을 소홀히 하며
게을리할 수 있단 말이던가?
15 그와 같은 마음의 자세로 행해서는 아
니 될 것이니 그리 알라 전하라.
16 그러니 너희들이 얼마나 어리석은 백
성이더냐?
17 오늘의 현세에 보이는 것만 위하여 쫓
아가는 그와 같은 삶을 살지 말며, 보
이지 않는 미래의 위대한 그 삶을 위
하여 너희들의 모두를 다 바치라 하였
거늘,
18 그를 수천수만 번 듣고 듣고 강론을
수없이 들은 너희들이 아직도 마음이
다스려지지 아니하였기 때문에 노력
하는 만큼 그 대가를 원하며 거기에서
얻어지는 걸 원함이니, 이것이 다름이
니라.
19 너희들은 알아야 될 것이니라.
20 나의 아들을 따르는 제자들의 변화되
는 그 모습이요, 너희들이 이루고 못
이루는 그와 같은 마음은 너희들이 얼
마만큼 너희 자신을 버렸으며, 나로부
터 부름을 받은 것이 얼마나 위대한
것인지 알아,
21 너희들이 인간이 수고한 만큼 이익의
배당을 받고 그 품삯을 받는 그와 같
은 마음을 버리고,
22 너희들이 얼마나 노력하고 책무를 다
했는가 이것으로써 나는 알고 있음이
니,
23 너희들이 아무리 마음을 속이고 거짓
된 모습으로 속인다 해도, 거기에 대
한 기대를 가지며 거기에 대한 것을
바라며,
24 그 대가가 있을 때 다음날 즐거운 마
음으로 나의 법전이요, 내가 역사하는
그 길을 가는 마음을 가진 자,
25 그것으로써 네 공이요, 상은 다 받고
이룸이니 하늘에 와 받을 것이 아무것
도 없음이니,
26 이와 같은 것으로써 너의 제자들이 가
면 아니 되거늘, 너의 제자들 또한 인
간 세상에서 얻고 잃는 것을 버리지
못하며, 이익의 분배에 눈이 어두워

그와 같은 삶을 삶이니, 거기서 무엇
을 얻으며 그것이 무엇을 이루겠느냐?
27 그것이 봉사며 베풂이며 사랑이더냐?
28 더군다나 너희들이 나의 법전을 읽어
남들 앞에 부끄럼이 없으며 남들 앞에
당당히 말할 수 있으며 가르치는 지도
자로서 손색이 없이 살아간다면서,
29 아직도 분배의 이익이요, 손에 들어오
는 것, 또 가식적으로 보이는 것, 이익
에 의하여 너희 마음을 돌리지 못하며
비우지 못했다면, 과연 너희들은 어떠
한 백성들이더냐?
30 너희들은 나로부터 모두를 다 계산하
는 자요, 계산을 받은 자이니, 내가 너
희들의 이름을 더 이상 기억할 것도
없음이니 그리 알라.

9,123 번째 하나님 말씀

2004년 1월 7일 06시 41분

1 사랑하는 나의 아들아!
2 "네, 아버님! 말씀하옵소서."
3 내가 너를 통하여 너의 제자에게 그리
말하였느니라.
4 이 세상에 구원의 빛이요, 마지막 너
희들을 구원하는 나의 법전이요, 새로
운 성경이 내려감이니,
5 믿음을 가졌다는 백성, 그리고 믿지
않는 백성, 모두가 이를 보고 하늘에
오르는 길을 깨우쳐 나 여호와에게 감
사하며,
6 이를 만드는 너의 제자들 또한 나에게
감사하는 그와 같은 마음을 갖고 살아
도 저희들이 그 은혜에 보답이요, 감
사함을 다할 길이 없거늘, 너희들이
살아가면서 어찌하는가?
7 이를 태워 버리고 찢어 버리며, 사탄
이요, 이단이요, 사악한 자요, 정녕 종
말의 시대에 세상을 혼란케 하는 자라
너희들이 그리 말하느니라.
8 그러나 너의 그 제자의 어머니가 무어
라 말하였느냐?
9 그 아들에게 그가 성전을 가며 선지자
를 만나기를 잘했으며, 나의 법전을
만나기를 참 잘했노라 그리 칭찬함이
니, 그 마음이 무엇이더냐?
10 인간 세상에서 너희들이 생각할 때는
바로 그것이 그 아들을 칭찬하며 나의
아들을 칭찬함이요, 나의 법전을 칭찬
하는 것이요,
11 그것을 읽고 깨달음이 그 가슴에 와
닿아 그는 순수하게 그에 대한 기쁨을
표시하는 것이라 하나, 그는 아니니라.
12 하늘에서 보는 나 여호와는 어떠한 것
이더냐?
13 그 여인의 마음이요, 그 여인의 말 한
마디가 나 여호와를 경배하며 나를 믿
으며 나를 기쁘게 하는 마음이 누구보
다도 강한 자이니, 나를 가장 기쁘게
하는 자라 내가 그리 말하지 아니하였
느냐?
14 그러니라, 나의 아들아!
15 나에게 사랑을 받는 것, 나에게 오를
수 있는 것, 내가 기억할 수 있는 것은
무엇이라 말하였느냐?
16 재물도 아니요, 금은보화도 아니요,
그를 쌓아 나에게 바치는 것도 아니요,
17 다만 너희들의 변하는 마음이요, 아름
답게 가는 마음이요, 너희들의 고운
심성을 나에게 바치는 것이 가장 기쁜

다 하였으니,
18 그 아들이 나를 찾으며, 나의 법전을
접하고 공부하며, 나의 아들 너의 강
론을 듣고, 나의 성전에 오며 그를 알
았음이니, 그 기쁨이 나로부터 한량없
다 그리 말함은 무엇이더냐?
19 정녕 그는 진정한 아버지를 찾았으며
하나님을 찾았으며 바른길을 간다 그
리 말하니, 그 말은 곧 나를 기쁘게 하
며 그 이상 내가 기쁨이 없음이니,
20 그 순수한 마음이요, 그 아름다운 마
음, 그것이 바로 내가 원하는 마음이
요, 그는 내가 기억하게 될 것이니라.
21 그리하여 내가 너에게 무어라 말하였
느냐?
22 하늘의 법도요, 나 여호와밖에 이룰
수 없는 그 부모의 생명을 연장해 주
며 그 어미의 생명을 연장해 주며 그
기쁨을 내가 배로 준다 하지 아니하였
더냐?
23 이것이 너희들이 나에게 받을 수 있는
상이니라.
24 말 한마디로써 너희들이 받을 수 있는
상이 그리 크거늘,
25 어찌하여 너희들이 그 마음을 비우지
못하며, 세상사의 이치요, 지금까지
살아온 반대 방향에서 바라보는 아름
다운 그와 같은 마음을 모른단 말이더
냐?
26 나의 법전을 높이 들고 이를 따르라
하는 자가 무엇이더냐?
27 나를 기쁘게 하며, 나를 즐겁게 하며,
나 여호와를 믿으며, 나의 성령을 믿
어 만백성을 구할 수 있는 마음이 있
으니, 그 마음을 내가 사랑함이니라.
28 그러니 너의 제자들끼리 이 법전을 만
드는 데 모두를 바치며, 저 자신이 희
생을 하며, 제가 어떠한 이익의 분배
에 의하여 제 앞에 돌아오는 이익이
요, 돌아오는 것을 원하지 아니하며,
모두를 바쳐 역사하는 그 제자, 내가
그들을 얼마나 사랑하며 그들을 보기
에 내 기쁨이 얼마나 크겠는가?
29 그와 같은 제자들을 핍박하지 말며,
그를 흔들지 말며, 그가 가는 길에 감
히 시시비비하지 말라.
30 너희들이 옳고 그름을 시시비비하며
인간의 생각으로써 나의 성전에 와 그
와 같은 제자들에게 이렇다저렇다 따
지지 말라.
31 그들이 가다가 쓰러지면 어떠하며, 그
들이 시궁창에서 떨어진 음식을 주워
먹으면 어떠하며, 거기에서 가서 그들
이 목욕을 하면 어떠하며, 거기서 그
들이 뒹굴면 어떻단 말이더냐?
32 너희들은 감히 그와 같은 자들이라 시
시비비하지 말라.
33 그가 나의 법전을 만드는 데 모두를
다 바치며, 이를 위하여 제가 다른 생
각을 하지 아니하며, 이익의 분배를
원하지 아니하며, 그가 그와 같이 달
려간다면 나는 그를 사랑함이니,
34 너희들이 아무리 곱게 단장했으며 재
물이 있으며 능력이 있다 해도, 그를
시시비비하지 말며 함부로 탓하지 말
라.
35 자격이 없는 것이 바로 그와 같은 자
들임을 알라.

9,124 번째 하나님 말씀

2004년 1월 7일 06시 48분

1 사랑하는 나의 아들아!
2 "네, 아버님! 말씀하옵소서."
3 너희들이 지금 '대전'이라는 그곳에
성전을 차림이니, 그 모두를 차리는
경비요, 거기에 들어가는 금화와 은화
가 1억이라는 재물이 들어감이니, 내
가 그 모두를 다 준비하였으나, 내가
너에게 넷을 주지 아니하며 여섯만 주
었음이니라.
4 그 의미가 무엇인 줄 알겠느냐?
5 너의 제자들이 지금 '서울'에서 나의
강론을 들으며 나의 법전을 읽고 깨우
치며 그들이 나의 성전을 그득히 채우
는 기간을 50일을 주었음이니라.
6 그러니 그들이 50일 동안에 나의 성
전을 그득히 채우며 나머지 넷을 역사
하는 그 기적을 여기에서 이루든,
7 그렇지 아니하면 내가 너를 통하여 대
전이라는 곳에 이제 성전을 차리니
50일 동안에 거기에 있는 백성들이
모여 깨우침을 얻어 그 넷이라는 걸
스스로 그들의 가슴에 안든,
8 나는 너희들에게 이와 같은 것이 결정
이 나기를 바라며 50일의 기간을 준
것이니 그를 알라.
9 내가 미리 50일이라는 날짜를 너에게
못을 박았으며, 그리고 내가 너에게
대전에 성전을 차리는 그 기금은 그
후에 주었음이니라.
10 그리하여 50일이라는 의미를 내가 오
늘 너에게 알려 줌이니,
11 이제 이와 같은 역사를 이루는 것은
너희들이 대전에 지금 차리는 성전에
있는 백성들이 그 모두를 이끌어 나갈
것인가, 서울에서 몇 년 동안 나의 아
들을 통하여 무상으로 강론을 들었으
며 깨우침을 얻은 너희들이 그와 같은
역사를 만들어 낼 것인가?
12 그것은 내가 오늘 1월 7일 너에게 그
를 명함이니, 너희들이 누가 이루든
그것은 너희 스스로 자리 잡도록 그리
하라.
13 서울이라는 곳에서 지금까지 몇 년 동
안 공부를 한 그 제자들이 정녕 여기
를 그득히 채우지 못한다면 나의 성전
을 닫을 것이라 그리하였음이니라.
14 그리하여 내가 재물은 따로 내리되,
대전이라는 곳에서 그들이 그와 같은
역사를 할 때, 거기에서 내가 모두 역
사할 것이며 여기의 문을 닫을 것이
니, 그 의미가 거기 있음이니라.
15 내가 50일이라 하였음이니, 너는 알
고 있을 것이니라.
16 그리고 그 의미요, 뜻이 무엇인지 너
는 알고 있을 것이며, 너의 제자들 또
한 그를 알고 있을 것이니라.
17 내가 너에게 마지막 네 개를 만드는
것은 내가 너에게 50일을 주었음이니,
너희들이 서울에서 역사하지 못하며
대전에서 역사하지 못할 때, 내가 너
에게 따로 상을 줄 것이니라.
18 너희들에게 내가 재물을 거두라 하는
것이 아니요, 서울의 성전에 너희들이
그득히 사람을 채우라 하였음이니,
19 그것도 역사하지 못하며, 너희들에게
재물을 구하라는 것도 아니거늘 너희
들이 그 역사를 하지 못할 때, 너희들

의 문을 닫을 것이며,
20 너희들이 그리하여 여기서 50일의 역
사를 이루지 못할 때, 대전이라는 곳
에서 그 50명 이상이요, 거기 성전을
그득히 채우는 역사를 이룰 것이며,
21 그 모두는 거기서 역사하며 다시 시작
한다는 것을 너희들은 잊지 말라.
22 그러니 너희들이 지금까지 역사한 그
깨달음이요, 얻음이요, 그 모두를 가
지고 너희들이 그만큼 역사를 하며 그
만큼 나의 성전을 그득히 채우는 일은
너희들이 해야 할 일이며 너희들의 몫
이니라.
23 그를 말하는 나 여호와가 너희들에게
무리한 것을 요구하는 것이 아니요,
욕심으로 원하는 것이 아니요,
24 다만 내가 넷이라는 것을 주지 아니한
것은 이미 50일 동안의 기한을 주었
음이니라.
25 그것을 너희들은 모르고 있으나, 나의
아들과 그 아들을 따라 모두를 계산하
며 정리하는 자는 이제 50일의 그 의
미를 알 것이니,
26 그와 더불어 너희들이 나의 성전을 그
득히 채우든, 그렇지 아니하면 이 성
전의 문을 닫게 하여 내가 대전에서
이루는 그 성전에서 모두를 역사하게
할 것이니, 너희들은 그리 알라.

9,125 번째 하나님 말씀

2004년 1월 7일 06시 54분

1 사랑하는 나의 아들아!
2 "네, 아버님! 말씀하옵소서."
3 '오른손이 하는 일을 왼손이 모르게
하라.' 함이 나 여호와의 뜻이요, 그
모두는 너희들이 알고 있느니라.
4 그러나 너희들이 어찌 살아가는가?
5 너희들이 평생을 살며 나로부터 모든
은혜요, 영광의 축복을 받아 이 세상
의 모두를 노력하는 만큼 거둬들이며
살 수 있도록 내가 다 준 그와 같은 은
혜를 받은 백성들이 어쩌다 선한 일이
요, 착한 일이요, 그와 같은 것을 하나
했을 때 너희들은 어찌하는가?
6 입에 침이 마르도록 자랑하며, 그를
남들에게 보이는 것이 너희들이 지금
하는 것이 아니더냐?
7 이것이 너희들의 정신 자세며 너희들
의 마음이니라.
8 그러니 너희들이 살아가며 어쩌다 선
하고 아름다운 일을 한 번 행했다 해
도 나에게 받을 공이 하나도 없다 함
이니라.
9 천만금을 내놓아도 너희들이 지상에
서 칭송받으면 하늘에서 아무것도 이
루어지고 얻는 것이 없다 하였거늘,
10 어쩌다가 좋은 일 하나 하고 그걸 자
랑하며 떠벌리며 이웃에게 그를 선전
하는 그와 같은 행위를 함이니,
11 너희들이 어쩌다 나에게 받을 수 있는
상이요, 내가 너희들을 기억할 수 있
는 그와 같은 공도 너희들은 입으로
다 모두를 무너트리며 다 버리는 그와
같은 삶을 살고 있는 것이 너희들임을
아느냐?
12 정녕 너희들은 알라, 남에게 베풀며
남을 돕고 사랑하는 자는 아무런 조건
이 없으며 그는 흔적이 없음이니라.
13 그저 말없이 선행을 베풀고 말없이 역

사하는 그 백성은 믿고 안 믿는 것과
관계없이, 어떠한 형태로 살아가든 그
는 내가 기억한다는 것을 알라.
14 너희들이 믿음이라는 것을 가지고 하
늘에 오르는 것에 특별히 선택된 백성
이요, 너희들만 나를 찾으며 나의 아
들 예수의 은혜로써 보혈을 받았다는
착각이요, 환상 속에서 허덕이는 그
백성들,
15 너희들이 한 가지 선한 일을 하며 너
희들이 헌 옷가지를 들고 먹다 남은
것을 가지고 남들에게 주면서 자랑하
는 것은 없는가 한번 들여다보라.
16 그리고 내가 너희들에게 준 것을 가지
고 베풀고 나누며 내 것을 가지고 하
면서 너희들의 이름 석 자 앞에 그 공
명을 얻으려 하며,
17 너희들의 교회라 하는 곳, 성당이라
하는 곳, 그리고 성전이라 하는 곳에
서 그 지도자들의 이름을 위하며 너희
자신들의 이름을 띄우기 위해서 공명
심에서 너희들이 하는 짓은 없는가 한
번 알아보라.
18 내 것을 가지고 심부름하는 자가 정녕
제가 주인의 역할을 하며, 제가 중간
에서 그 모든 공을 가로채는 그와 같
은 사악한 짓을 하지 않는가?
19 그것도 너희들이 쓰고 먹다 남은 것,
그리고 너희들이 다 버릴 것들, 그리
하여 있으나 마나 한 것들을 가지고
과연 생색을 내지 아니하는가?
20 그리고 금화와 은화를 너희들이 거둬
들이는 만큼 거기에 쓰지 아니하며,
인간적으로 지도자라는 자들이 착복
하며 너희 임의대로 사용하는 것은 아
닌가?
21 그리고 너희들이 천이라는 것을 얻었
을 때, 귀하고 좋은 것은 다 너희들의
창고에 그득히 쌓아 놓으며,
22 소수의 한두 개를 명분을 위하여, 바
친 자들에게 눈가림을 하기 위하여,
그리고 몸과 마음을 다 바쳐 정성을
다한 자들을 속이기 위하여 베푸는 그
와 같은 행위를 하지는 않는가?
23 종교 집단의 지도자 너희들 스스로 가
슴에 손을 얹고 보면, 너희가 과연 구
원을 받을 수 있는 백성이요, 지도자
로서 자격이 있는가 하는 것을 너희들
은 알 것이니라.
24 나 여호와는 모두를 기억한다는 것을
너희들은 알라.
25 너희들이 어쩌다가 한 좋은 일, 선한
일, 아름다운 것, 남을 돕는 일, 그와
같은 것을 자랑하기에 바쁘다면, 너희
들은 나에게 와 아무것도 받을 것이
없음을 알라.
26 진정한 선행이요, 베푸는 것은 바라는
것이 없으며 기대가 없으며 계산하는
것이 없으며,
27 그와 같은 마음으로 나의 피조물 만백
성에게 베풀고 살아가는 자, 내가 그
를 기억한다는 이 무서운 사실을 잠시
도 너희들은 잊어서는 아니 될 것이니
그리 알라.

9,126 번째 하나님 말씀

2004년 1월 7일 06시 57분

1 사랑하는 나의 아들아!
2 "네, 아버님! 말씀하옵소서."

3 내가 이루고자 하는 세상이요, 내가 존재하는 세상이요, 바른 세상이라는 것은 무엇인 줄 알겠느냐, 사랑하는 나의 아들아!

4 있는 자가 베푸는 것이며, 여유 있는 자가 베풀며, 덕을 베풀 수 있는 자가 그저 한없이 끝도 없이 베풀며 나누고 사는 것이 하늘의 세상이니라.

5 그러니 바른 세상은 무엇이더냐?

6 너희들이 그와 같이 어려운 자를 돕고 서로 의지하며 살아가는 것이 바른 세상이요, 내가 원하는 세상이니라.

7 그러나 지금의 세상은 어떤 세상이더냐?

8 있는 자에게 바치는 그와 같은 형국으로 되어 있느니라.

9 창고에 그득히 쌓인 자에게 가난한 자가 바치며, 권력 있는 자에게 없는 자가 바치는 것이 세상의 삶이니,

10 이것이 바로 하늘에서 바라보는 기현상이 이루어지는 이 세상이니라.

11 그러니 이와 같은 세상을 누가 만들었단 말이더냐?

12 있는 자, 능력 있는 자가 베풀고 사는 것이 나 여호와의 뜻이요, 하늘의 법도이거늘, 너희들은 거꾸로 없고 가난한 자, 힘없는 자가 갖다 바치는 그와 같은 세상이 되었으니, 그것이 어찌 되었는지 알겠느냐?

13 그와 같은 세상을 누가 만들고 그리 역사했는지 돌이켜 생각해 보라.

14 저 자신만 생각하며 남을 생각할 줄 모르는 신앙의 생활을 하고 있는 너희들이니라.

15 그리고 하늘에 오르는 길이요, 구원을 받았다 말하는 너희들이 그렇게 만들었음을 잊지 말라.

16 종교 지도자 그들이 뭐라 하느냐?

17 권력 있는 자의 앞에 가서 하는 기도가 다르며, 가난한 자 앞에 가서 하는 것이 다르며, 힘없는 백성 앞에 가서 하는 것이 다르며, 헌금을 많이 내는 자 앞에서 기도하는 것이 다르며, 부잣집에 가서 기도하는 것이 다른 그와 같은 방법으로써 지금까지 왔으며,

18 너희들은 기회와 어떠한 여건에 따라서 더 거둬들이고 갈취하는 방법으로, 그 수단과 방법을 가리지 아니하고 너희들이 그와 같은 비굴하고 간악한 방법으로 살아왔기 때문에,

19 나의 피조물 만백성들이 비열해졌으며, 있는 자와 없는 자가 아부의 근성에 서로 엇갈려 있는 이와 같은 세상이 되었느니라.

20 가난한 자가 얻기 위하여 비굴한 짓을 하며, 권력 있는 자에게 힘없는 백성이 아부하는 이것이 바로 너희들이 하는 행위에서 너희들이 그와 같이 만든 자요, 모든 죄악의 근본의 뿌리는 너희들이라는 걸 절대 잊지 말라.

21 이것이 잘못되었으며, 이로 인하여 이 세상이 험악하게 되었으며, 아름다움이요, 베풀고 사는 그 아름다움의 씨앗을 찾아볼 수 없는 그와 같은 세상이 되었느니라.

22 지도자가 존재하는 이유가 과연 어디에 있느냐?

23 너희들은 나의 참진리요, 진정한 길이요, 바로 가지 못하는 백성을 바로 가르치고 다스려야 되는 것이거늘,

24 너희들은 있는 자 앞에 가서 기도하는
것이 다르며, 권력 있는 자 앞에 가서
기도하는 그 순간에 너희들은 존재 가
치를 잃어버렸으며, 만백성을 지도하
는 자로서 모든 자격이 박탈된 자들
이라는 걸 너희들은 알아야 될 것이니
라.
25 그리하여 내가 그와 같은 마음을 버릴
수 있으며 바로 다스릴 수 있는 지도
자가 세상에 나와 진정한 믿음으로
가는 그와 같은 역사를 하기 위하여
오늘의 어렵고 힘든 이 길을 가고 있
음을 알아야 될 것이니라.

9,127 번째 하나님 말씀

2004년 1월 8일 07시 28분

1 "너는 나 외에는 다른 신들을 네게 있
게 말지니라.
2 너를 위하여 새긴 우상을 만들지 말
고, 또 위로 하늘에 있는 것이나 아래
로 땅에 있는 것이나 땅 아래 물속에
있는 것의 아무 형상이든지 만들지 말
며, 그것들에게 절하지 말며 그것들을
섬기지 말라.
3 너는 너의 하나님 여호와의 이름을 망
령되이 일컫지 말라.
4 안식일을 기억하여 거룩히 지키라.
5 네 부모를 공경하라.
6 살인하지 말지니라.
7 간음하지 말지니라.
8 도적질하지 말지니라.
9 네 이웃에 대하여 거짓 증거하지 말지
니라.
10 네 이웃의 집을 탐내지 말지니라.
11 나 여호와가 존재함을 믿는 그 자체가
구원의 길에 들어서는 기본이요 근본
이며, 나의 법전을 가슴에 안고 정독
하는 자, 반석 위에 서서 하늘에 오르
는 찬란한 빛을 보게 되는 영광을 얻
게 됨이니라."
12 사랑하는 나의 아들아!
13 "네, 아버님! 말씀하옵소서."
14 너와 너의 제자들은 지키고 넘어가야
할 길이 있느니라.
15 내가 너희들에게 무어라 말하였느냐?
16 '작은 거짓말도 살인과 같다.' 하였음
이니, 너희들은 작은 거짓말도 해서는
아니 됨이니라.
17 너희들이 작은 거짓말을 하여 남에게
피해를 입히며, 남의 모든 계획을 무
너트리며, 그가 또한 거짓된 자를 만
드는 것이니, 그리하여 너희들에게 거
짓말을 하지 말라 하였으나,
18 또한 너희들은 이를 깨달아야 될 것이
니라.
19 너와 너의 제자들이 작은 거짓말을 할
때 너희 주변의 가장 가까운 사람이
요, 사랑하는 사람들을 잃게 되며, 그
들이 너희들을 신뢰하지 못하면 결국
무엇이더냐?
20 밑에 있는 제자들이요, 그 백성들이
지도자인 너희들을 신뢰하지 못할 때,
결국 그들의 마음에 남는 것은 무엇인
줄 알겠느냐?
21 모두가 떠나는 것뿐이니라.
22 그러니 너희들이 그들이 신뢰하지 못
하도록 행동하는 것은 너희들을 가장
믿었던 사람들, 가까운 사람들이 스스
로 눈물을 머금고 떠나가기를 바라는

것이며 떠나도록 하는 것이니,
23 너희들에게서 모두 떠나면 남는 자가
누가 있단 말이더냐?
24 너희들이 '자신을 다스리고 가정을 다
스리고 너희 주변의 모두를 다스릴
때, 세상을 바라볼 수 있으며 세상을
다 얻는다.'는 말이 있지 않더냐, 사랑
하는 나의 아들딸들아!
25 그러니 너희들의 가장 가까운 사람이
요, 믿었던 사람이 신뢰하지 아니함이
니, 그는 무엇이더냐?
26 마음이 떠나는 것이며, 생각이 떠나는
것이며, 너희들을 따르고자 하는 발길
이 멈추는 것이며, 존경하는 마음이
다 지워짐이니,
27 가장 가까이 있는 한 사람이 떠남으로
써 너희들은 무엇이더냐?
28 너희 자신을 속였으니, 너를 버리는
것이요, 네 주변의 가장 가까이에서
너와 더불어 할 수 있는 사람을 버리
는 사람이요, 그러니 너희들이 어찌
세상을 얻을 수 있단 말이더냐?
29 지금 너희들이 인간 세상에서 세상을
얻고자 하여 나의 법전을 만들어 만백
성에게 전하는 그 역사를 하고 있느냐?
30 만백성을 구하고자 나 여호와의 뜻이
요, 하늘에서 이루어진 것같이 이 지
상에 낙원을 이루어, 여기에 너희들이
대대손손 살다 나에게 오르는 그 길을
위하여 나 여호와가 모두를 너희들에
게 주거늘,
31 어찌하여 너희들이 거기에서 작은 거
짓말을 한단 말이더냐?
32 그것은 나의 피조물 만백성이 너희들
에게서 등을 돌리며 떠남이니, 나 여
호와를 떠나게 만드는 것이요, 나 여
호와를 욕되게 하는 것이니라.
33 나의 법전을 듣고 기쁨을 맞이하는
자, 나의 법전을 듣고 이는 창조주의
말씀이라 하는 자, 그 모두는 나 여호
와를 기쁘게 하며 내 뜻을 따르는 것
이라 하였으니,
34 너희들이 나의 백성들로 하여금 등지
고 떠나게 하는 것은 무엇이더냐?
35 나를 욕되게 하며 나를 믿지 못하게
함이니, 그 많은 백성들을 너희들이
죽음으로 인도하는 자들이기 때문이
니 이 무서운 사실을 알라.
36 그와 같은 이치를 깨달았다면 너희들
은 작은 거짓말도 절대 해서는 안 되
며,
37 작은 거짓말을 해서 너희들을 따르는
제자들이요, 가장 가까이에 있던 사람
이 믿지 못하며 불신하며 그가 떠나는
그와 같은 일이 있어서는 아니 될 것
이니 그리 알라.
38 그들이 떠나는 것은 모두를 다 버리는
것이며, 그들이 참진리의 길에 왔다가
너희들이 잘못함으로 인하여 그 모두
를 버리고 떠남이니, 그들이 또한 어
디로 가겠느냐?
39 그러니 그 책임을 면치 못한다는 것을
너의 제자들과 너는 가슴에 깊이 심어
야 될 것이니 그리 알라.

9,128 번째 하나님 말씀

2004년 1월 8일 07시 34분

1 사랑하는 나의 아들아!
2 "네, 아버님! 말씀하옵소서."

3 내가 너희들에게 무어라 가르쳤느냐?
4 너희들이 정녕 자연을 보호하는 환경
운동을 한다면, 그 환경 운동이라는
것을 내세워 옳고 그름을 시시비비하
지 말며,
5 그와 같은 일을 너희들이 묵묵히 행하
고 실천해 갈 때, 그것이 더 아름다운
환경 운동이요, 그 운동을 부르짖고
떠드는 것보다 더 큰 역사를 이룰 수
있다 하였음이니라.
6 이제 모든 사람들이 나의 법전을 읽고
깨우쳐 너를 찾아 너의 강론을 듣고자
하며 네가 설명하는 것을 듣고자 할
때,
7 너는 나 여호와를 강조하며 믿음을 위
하여 너희들이 가는 것을 너무 강조하
지 말라, 사랑하는 나의 아들아!
8 나의 법전이 진정한 나 여호와의 뜻이
요, 내가 내린 것임을 알고 있는 너희
들이 그를 너무 강요할 필요가 없느니
라.
9 진정한 보석을 가지고 있는 자가 그
보석을 내놓고 이게 보석이라 말한들
무엇하겠느냐?
10 그 보석의 찬란한 빛이요, 그 보석이
가지고 있는 특성이요, 그 보석을 너
희들이 보고 느꼈던 것을 그대로 설명
하면 그들은 진짜 보석에 매력을 가질
것이며 그를 보고자 하지 않겠느냐?
11 그러니 네가 노인들에게 가서 강론할
때는 노인들이요, 젊은이들에 대해서
는 젊은이요, 회사에는 회사원에 대하
여 해야지, 종교에 의한 강론이 아니
라 하여 가지 아니하고 그리하지 말라.
12 그저 너희들은 때와 장소에 따라서 그
사람들의 가슴에 와 닿는 아름다운 이
야기를 가르쳐 주며 세상의 이치를 가
르쳐 주면, 그들은 너를 보고자 할 것
이며 내가 내린 나의 법전을 보고자
할 것이니 그리 알라.
13 너희가 나의 법전을 높이 들고 '이것
이 하나님께서 내린 말씀이요, 이를
읽어야만 깨우친다.' 그리 강요하는
것보다도, 그들이 나의 법전을 읽고
깨우치도록 할 수 있는 것은 무엇이더
냐?
14 법전에는 이러이러한 것이 기록되어
있는 것이라 하여 너희들이 그를 발췌
하여 그들에게 가르치는 것처럼 말하
지 말고,
15 너희들이 느끼고 깨우친 그 환경에 따
라서 대화하는 사람의 수준에 따라서
그가 알아듣도록 그저 네가 고운 말을
함으로써,
16 선생은 어디서 그리 배웠으며 선생은
어찌 그리 알고 있느냐 물었을 때,
17 나 여호와가 내린 이와 같은 법전을
한 권 읽었노라, 마지막으로 너희들이
그를 이야기 할 때, 그들이 나의 법전
을 보고자 하며, 그들은 법전을 선택
하여 보게 될 것이 아니더냐?
18 어찌하여 너희들은 그 단순한 이치를
모르면서 그저 돌진이요, 돌진밖에 모
른단 말이더냐?
19 돌아가고 우회하여 가는 그 길이 편안
하고 또 평탄한 길이 있다 하지 아니
하였느냐?
20 그러니 나의 아들아, 그와 같은 방법
으로 살아 너는 나로부터 명받은 자
요, 하나님의 아들이기에 네가 이렇게

살며 이리 가야 된다 그리 말하지 말
며,
21 그것보다도 네가 바르고 곧게 살아갈
때, 선생은 어찌하여 그렇게 곧고 바
르게 살아가느냐 하고 물을 때,
22 너는 '이렇게 주셨기 때문에 그를 듣
고 기록하다 보니 이리 가게 되었습니
다.' 하는 것이 모든 사람을 깨우치는
데 빠른 길이 됨을 잊지 말라, 사랑하
는 나의 아들아!

9,129 번째 하나님 말씀

2004년 1월 9일 0시 23분

1 사랑하는 나의 아들아!
2 "네, 아버님! 말씀하옵소서."
3 너의 제자들은 혼자 저 자신을 다스려
가면 되느니라.
4 그러나 너는 너 자신을 다스리며, 또
한 너의 많은 제자들을 다스리며, 그
많은 끈을 잡고 조종하며 이끌어 가야
하니,
5 너의 제자들은 감히 네 마음을 알 수
없을 것이며, 네가 가는 그 길을 알 수
없을 것이며, 네가 행동하는 것, 네가
이끌어 가는 것을 그들은 모르느니라.
6 각자는 다 제가 잡고 있는 그 끈 하나
만 보며 한 줄만 보기 때문이니, 제가
볼 때는 한 줄이나, 나의 아들 네가 보
기에는 네가 잡고 있는 줄은 얼마나
많은 너의 제자들의 그 줄을 가지고
있는가?
7 그러니 많은 줄을 가지고 있어서 그를
조종하며 다스려 가는 너와, 한 줄만
보고 가는 그 제자들과 차이가 있으
니, 이것이 바로 그들이 너를 알지 못
하며 너를 이해하지 못하는 것이니라.
8 그러니 그것은 너만 아느니라.
9 그러나 너는 모두가 다 보는 눈과 그
들이 바라보는 것, 거기에서 한 치의
오차도 없이 다스려 나가야 되는 것이
네가 가야 하는 길임을 알아야 될 것
이니라.
10 복잡한 여러 줄을 이끌고 조종하며 다
스리는 것이 힘들고 어렵다고 하나,
모두 다 만족할 수 있는 그 길을 가고
그들이 깨달을 수 있는 그 길을 가야
되는 것이니,
11 바로 네가 얼마나 심지가 굳어야 되며
네가 얼마나 강하게 너 자신을 굳혀
가야 되는 것인가 그것을 너는 알아야
될 것이니라.
12 절대 흔들리지 않는 마음이요, 절대
동요되지 않는 마음이요, 그와 같은
마음 자세로써 네가 바로 서는 것, 그
것만이 네가 너의 제자들을 이끌어 갈
수 있는 길이요, 그들이 너를 따를 수
있는 길이요, 만백성이 너를 따를 수
있는 길임을 알아야 될 것이니라.
13 하나가 당긴다 하여 끌려가며, 또 이
쪽에서 당긴다 하여 흔들리고 끌려가
며, 좌우에서 당길 때마다 네가 흔들
리는 그와 같은 줄이 되어서는 아니
되느니라.
14 제가 당길 때 제 쪽으로 흔들려 주고
움직여 주는 것은 그 본인은 좋으나,
열 명 중에서 아홉은 너에게 섭섭함을
가질 것이니,
15 그러니 어떠한 줄에도 흔들리지 아니
하며 굳건히 서는 그와 같은 자세, 그

것이 네가 가야 할 길이고 네가 지켜
야 할 길이니, 너는 이제 그 모든 마음
을 다스려 그와 같이 가야 될 것이니
라.
16 이제 너의 제자들도 깨달을 만큼 올라
왔으며 알아들을 만큼 성장했으며 그
들도 스스로 판단할 수 있을 만큼 성
장했음이니, 이제 네 자리에 뿌리를
내리도록 그리하라.
17 지금은 네가 흔들리는 것처럼 좌우로
흔들리며 또한 앞뒤로 흔들려 주었으
나,
18 이제는 네가 원심의 마음으로 뿌리를
굳게 박아 흔들리지 않는 모습을 그들
에게 보여 주어야 될 것이며,
19 네 아름다운 참모습을 이제 보여 주도
록 그리하라, 사랑하는 나의 아들아!
20 이제는 네가 역사할 때가 되었으며 너
를 보여 줄 때가 되었음이니라.
21 너의 제자들이 항상 아이들이 아니요,
인간 세상의 마음을 가지고 거기서 벗
어나지 못하는 제자들이 아니니라.
22 그를 벗어나려 하며 거기에서 이제 탈
피하려 하며, 인간 세상의 작은 욕심
에서 모두 벗어나려고 몸부림을 치고
있음이니,
23 이제는 네가 그들이 당긴다 하여 끌려
가지 아니해도, 끌어당기는 것이 제가
부끄러운 것이며 잘못된 것임을 그들
이 아느니라.
24 지금은 저희들이 끌어당기며 제 앞으
로 흔들리며 제 앞으로 움직여 주지
않을 때 그들은 섭섭하고 아쉬운 마음
이 있으나, 이제 너의 제자들 또한 그
경지를 넘었음이니 그리 알라.
25 네가 그와 같은 원심의 마음 자세로써
굳게 흔들리지 말며 그리 가라, 사랑
하는 나의 아들아!

9,130 번째 하나님 말씀

2004년 1월 9일 0시 29분

1 사랑하는 나의 아들아!
2 "네, 아버님! 말씀하옵소서."
3 유업을 받음이 무엇인 줄 너희들은 알
겠느냐?
4 유업을 받는 자, 유산을 받는 자라는
것은 그 부모요, 주인의 자식이 아니
더냐?
5 주인의 자식으로서 그 주인의 역할을
함이니, 그가 어렸을 때는 성장하는
과정에서 어떻게 가느냐?
6 어려서부터 많은 사람들에게 도움을
받고 성장하느니라.
7 저희 집에서 부리는 종이요, 그리고
저희 집에서 부리는 모든 사람들에게
그는 보살핌과 도움을 받으며 사랑을
받으며, 성장하는 과정에서 그 그늘
속에서 같이 성장하며 자라느니라.
8 씨 뿌리는 종의 도움을 받으며, 그 외
에 속해 있는 모든 사람들의 사랑과
도움 속에 그들의 보살핌 속에서 그는
성장하지 아니할 수 없음이니라.
9 그러니 어렸을 때는 그와 같은 도움을
받으며 성장하느니라.
10 그러나 그가 성장하면 어찌 되는가?
11 그는 곧 주인이니라.
12 그러니 유산을 받고 유업을 이어받는
자는 또한 그들을 부리고 다스릴 때가
있게 됨이니라.

13 그러니 지금 나의 아들 또한 어떠하더
냐?
14 나의 아들은 지금 성장하는 과정이니,
어린아이가 성장하듯이 그 주인집의
아들을 보살피는 종이요, 부림을 받는
자들의 정성과 사랑 속에서 커 가듯
이, 나의 아들 또한 이 세상에 모든 세
파요, 모든 얽히고설킨 속에서 살아가
느니라.
15 그러니 너희들은 그를 알아야 될 것이
며, 또한 나의 아들을 따르는 제자 너
희들도 그러하니라.
16 너희들이 지금은 다 어린아이이니, 걸음
마도 제대로 하지 못하는 자이니,
17 너희들이 이다음에 부릴 자요, 종으로
서 다스릴 자, 그와 같은 백성들의 도
움이 필요하며 그들의 사랑이 필요하
며, 그들과 더불어 그들의 그늘 아래
너희들이 지금은 존재하며 살아가는
것이니,
18 세상만사 이것저것 다 부닥치고 얽히
고설킨 그와 같은 삶을 살게 되는 것
이니라.
19 그러나 너희들이 나의 법전을 읽고 깨
우쳐 서서히 성장하면 그는 곧 창조주
나 여호와로부터 유업을 받는 자요,
나의 아들딸로서 거듭남이니,
20 너희들이 만인을 다스리는 그와 같은
자가 되는 것이니라.
21 그러니 한 가정에 주인의 어린 아들과
어린 딸도 부림을 받는 종으로부터 사
랑과 보살핌 속에서 성장하여 그 모두
를 이 다음에 유업으로 받아 다스리는
그와 같은 주인으로 군림하듯이,
22 너희들이 그와 같은 과정을 지금 겪고
있으며, 그와 같은 과정을 지나지 아
니하면 아니 되는 것이니,
23 오늘의 너희들이 얽히고설키고 부닥
치고 힘들고 어려운 모든 삶이 하나의
과정을 거치는 것이라 그리 알면 될
것이니라.
24 또한 나의 아들이 지금 그러하니라.
25 제대로 걸음마를 하지 못하며 제가 마
음대로 행동하지 못함이니, 제 밑에
부릴 자요, 제 종이라 하는 자, 나의
아들보다 깨우침이 없는 자, 관계없는
자, 그리고 인연이 없는 자, 또한 나의
아들을 끝까지 다스릴 수 없는 자, 그
리고 인도할 수 없는 자, 그 모든 사람
들의 도움을 받고 듣고 깨우쳐 나의
아들이 서서히 성장함이니 너는 그리
알아야 될 것이며,
26 모든 백성이요, 너를 따르는 제자들이
그리 알아야 될 것이라 전하라.

9,131 번째 하나님 말씀

2004년 1월 9일 0시 35분

1 사랑하는 나의 아들아!
2 "네, 아버님! 말씀하옵소서."
3 이 세상에 살아가는 너희들의 인간관
계는 무엇이더냐?
4 의리라는 것이 있으며, 정의로움이 있
으며, 인간관계의 맺음을 함부로 소홀
히 하지 않는 백성이 있음이니라.
5 그러니 제 몸의 일부를 바쳐서라도 저
희들이 의리를 지키며 신의를 지키는
자가 있는가 하면, 더러는 또 생명을
바쳐서라도 그를 버리지 아니하고 정
의로운 길을 가는 자들이 있음이니라.

6 그러니 지금 나의 아들을 따르는 제자
들이요, 나의 법전을 읽고 깨우친 만
백성 너희들은 어떠한 길을 가며 누구
를 따라가느냐?
7 이 세상의 창조주 나 여호와의 명에
따라서 나에게 오르고자 하는 것이며,
만백성을 구원할 수 있는 참진리의 길
을 가며 만백성을 나에게 인도하는 그
와 같은 길을 너희들이 가고 있는 것
이 아니더냐?
8 그와 같은 너희들이 무엇이 두려우며
무엇이 겁이 나 주저하는가?
9 인간 세상의 인간도 의리를 위하여 정
의를 위하여 모두를 바치며, 제 몸의
일부분이요, 때로는 제 생명까지 바치
는 그와 같은 역사를 이루거늘,
10 어찌하여 나의 법전을 만들며 만백성
을 구하는 대역사를 하는 너희들이 무
엇이 무섭고 두려워 자신 있게 그리
가지 못하며,
11 의리요, 신의를 지키는 인간 세상의
그들만도 못한 마음으로써 지금 흔들
리고 가고 있는가?
12 과연 너희들이 무엇이더냐?
13 너희들의 오늘의 삶이요, 나의 법전을
위하여 역사하는 것, 너희들이 나의
아들을 따라서 무엇을 이루고자 하는
그 마음이 과연 어디까지 가고 있으며,
14 어디까지가 진실한 마음이며 진실한
믿음이요, 너희들이 어디까지 희생을
하여 나의 법전을 만들어 만백성에게
전하는 데 최선을 다할 수 있는 백성
들인가?
15 어찌하여 너희들은 그와 같은 생각을
하지 못하는가?
16 너희들은 지금의 삶이요, 계산된 속에
서 벗어나지 아니하면 아니 됨을 알아
야 될 것이니라.
17 또한 너희들은 어떠한 백성인 줄 알겠
느냐?
18 나로부터 선택된 백성 너희들은 모든
백성들을 후견인으로 그 속에서 성장
하며 자라게 되어 있음이니라.
19 그러니 너희들은 그 모두를 배우고 깨
우쳐 그 속에서 성장하며 너희들을 돕
는 자가 수없이 있음이니라.
20 그러니 돕는 자들이 바라는 것이 무엇
이던가?
21 너희들이 변하기를 바라며, 너희들이
천사와 같은 사람으로서 변하게 하기
위하여, 나 여호와가 그들로 하여금
너희들의 후견인이 되도록 그리 만들
고 있음이니라.
22 그러나 과연 너희들은 어찌하는가?
23 너희들이 후견인의 은혜를 받으며 성
장한다면, 결국 너희들은 죽을 때까지
항상 후견인만 생각하며 그와 같이 돕
는 자가 있기를 바라며 편안하게 가고
자 한다면, 결코 너희들은 아무것도
얻을 수 없는 것이 아니더냐?
24 그것이 또한 나의 아들을 따르는 제자
들이 가야 할 길임을 너희들은 알아야
될 것이니라.
25 모두를 바쳐 의리요, 신의를 지키는
인간 세상의 그들보다 열배 백배 더
강한 마음으로써 너희들은 지금 내 뜻
에 따라 역사해야 됨이, 더욱이 내가
후견인으로 하여금 너희들을 받쳐 주
고 있다 하지 아니하였느냐?
26 그러니 너희들이 지금 후견인 속에서

성장하면서 너희 자신을 다스려 가는
그와 같은 훈련을 하지 아니하면 아니
될 것이니라.
27 너희들이 후견인만 생각하는 그와 같
은 훈련이요, 그 마음이라면, 너희들
은 정녕 편안한 길이요, 안일한 길만
가며 벗어나지 못하는 자들이니,
28 벗어나지 못하는 자, 성장할 수 없음
이니, 너희들이 어찌 모두를 바쳐 나
의 뜻을 역사할 수 있다 하느냐?
29 너희들은 나약한 백성으로서 거듭나
지 못하는 것이니라.
30 2천 년 동안 흘러오는 그 속에서 믿음
이요, 종교 집단이요, 그 백성들이 무
엇인 줄 알겠느냐?
31 그들이 성장하는 곳에서 저희들이 지
난 것을 버리지 못하며, 성장하는 데
서 탈바꿈을 하지 못하며, 변하지 못
하는 자들이요, 진실한 믿음이요, 진
정한 믿음이 없느니라.
32 제 모두를 다 바쳐 역사할 수 있는 그
와 같은 마음의 자세가 안 되어 있음
이니라.
33 인간관계에서 상하의 의리요, 정에 의
하여 자기 자신을 희생하는 그와 같은
마음의 자세도 안 되어 있는 것이 2천
년 동안 흘러오는 속에서 믿음을 가져
온 백성들이니라.
34 그러니 지금 나의 아들을 따르는 너희
들도 또한 그와 같은 마음의 자세로써
한평생 살다 나에게 올 수 있다 생각
하는가?
35 절대 너희들은 그와 같은 생각을 가져
서는 아니 될 것이니라.
36 모두를 다 바쳐 역사하는 것이요, 또
한 그 역사함에서 내가 후견인으로 하
여금 너희들을 받쳐 주게 함이니, 그
후견인의 받침만 평생 생각하며 그 속
에서 살아가려 하는 그와 같은 안일한
마음으로써, 변화되지 아니하며 변화
되는 역사의 소용돌이 속에서 싸워 이
기는 백성이 되지 아니하면 아니 됨을
너희들은 알아야 될 것이니라.

9,132 번째 하나님 말씀

2004년 1월 9일 0시 43분

1 사랑하는 나의 아들아!
2 "네, 아버님! 말씀하옵소서."
3 내가 성서에 일찍이 기록하여 전한 부
분과 그리고 오늘에 내가 나의 아들을
통하여 명한 그 가르침이 하나일 것이
니,
4 너희들은 그러면서도 어찌하여 나 여
호와의 뜻이요, 나의 법전이라 믿지
못하며, 지금 나의 아들이 나의 아들
이라 함을 믿지 못하는가?
5 나로부터 선택된 나의 아들이요, 목자
요, 만백성을 구하는 나의 아들을 믿
지 못하며 너희들이 나의 법전을 믿지
못함이니,
6 나 여호와가 몇천 년 전에 성서에 기
록한 그 내용이요, 오늘의 내가 나의
아들을 통하여 내리는 그 뜻이 일치되
는 부분을 알면서도,
7 어찌하여 너희들은 이를 믿으려 하지
아니하며, 나 여호와의 뜻이라 하지
아니하고, 그리하여 부정하며 오늘의
것은 사탄이라 그리 말하느냐?
8 내가 성서에 기록하여 너희들에게 무

어라 전했던가?
9 나는 이리 말하였느니라, 부분적인 아
주 미약한 예언이요, 깨달음이요, 그
와 같이 한 발 앞에 가는 백성이요, 가
르침들이 있을 것이며, 그와 같은 깨
우침으로써 역사하는 선생과 같은 자
들이 있을 것이라 그리 말하였음이니
라.
10 그러나 너희들이 조금 깨우친 것이요,
미약한 예언이요, 미약한 진리를 가르
치는 자, 온전한 깨우침이요, 참진리
가 세상에 온다면 부분적으로 알고 있
는 그 모두는 다 폐해야 될 것이며, 너
희들 자신을 버리고 따라야 하는 것이
며, 그 변화의 역사 속에 합류한다 기
록하여 내가 너희들에게 전하지 아니
하였던가?
11 내가 2천 년 전에 나의 아들을 통하여
성서에 일찍이 그리 전했음이니라.
12 너희들이 그리 행하지 아니하는 오늘
의 이와 같은 역사가 있을 것을 대비
하여 내가 미리 기록하였으며, 또한
나의 아들에게 그 뜻을 전했음이니라.
13 이 세상에 은혜를 받았다, 나로부터
깨달음을 받았다, 그리고 나에게 예언
의 능력을 받았다, 병을 고치는 은사
를 받았다는 한 발짝 앞에 가는 그와
같은 깨달음을 안 백성 너희들은 알아
야 될 것이니라.
14 너희들은 미약한 것이며, 아주 작은
것이니라.
15 그리고 너희들이 알고 있는 것은 부분
적인 것이요, 그것도 부분 중에 아주
작은 부분임을 너희들은 어찌 모르는
가?
16 이제 내가 나의 아들을 통하여 완전한
나의 법전이요, 하늘의 뜻이요, 진리
를 내려보냄이니,
17 너희들이 다 여기에 와 합류하며 너희
들 자신을 버려야 될 것이며, 너희들
의 권위요, 너희들이 여태껏 이루었던
그 모두를 다 손을 놓는 그와 같은 용
기 있는 자세가 되어야 되거늘,
18 어찌하여 너희들이 제왕이요, 대장이
요, 이 세상을 이끌어 가는 자라 중구
난방으로 그리 나서는가?
19 너희들이 160권 이상의 하늘의 뜻을
기록하여 전하는 자, 그리고 이를 전
할 수 있는 자라면, 너희들이 이 세상
을 지배하는 온전한 모든 것을 가지고
온 자라, 그리고 나로부터 명받은 자
요, 나의 목자라 그리 말하라.
20 그러니 너희들이 과연 법전으로써 책
으로써 무엇을 기록했으며 내 뜻을 전
했느냐?
21 160권을 기록하는 나의 아들의 역사
요, 그가 죽을 때까지 만백성 너희들
을 위하여 기록하여 남기는 새로운 성
경의 그 가르침을 너희들이 감히 따라
올 수 있으며 그를 넘을 수 있다 생각
하는가?
22 그 누구도 이를 넘을 수 없으며 이와
같은 역사를 할 수 없는 것이니라.
23 그렇다면 너희들이 가지고 있는 것이
미약하고 부분적인 것이더냐,
24 그렇지 아니하면 나의 아들이 가지고
있는 것이 너희들보다 더 부분적인 깨
우침이요, 가르침이요, 미약한 예언으
로 역사한다 생각하느냐?
25 너희들은 내가 성경에 기록한 그 내용

을 알며, 나의 아들을 통하여 오늘 나
의 새로운 성경이 세상에 내려감이니,
26 부분적인 것을 깨우친 자, 너희들이
고개 숙여 나의 아들을 따르며, 너희
들은 이 변화 속에 합류하는 그와 같
은 것이 너희들이 가야 할 길이요,
27 그리하여 내가 조금의 지혜요, 예언의
능력을 주었거늘, 오만하여 너희들 것
이 최고며 너희가 대장이요, 제왕이라
는 그와 같은 생각을 갖는 자,
28 너희가 나로부터 은혜로 받은 것을 써
야 될 곳에 쓰지 아니함이니, 너희들
이 나에게 와 얼마만큼 그 대가를 무
섭게 치를지 알게 될 것이니라.
29 내가 성서에 기록했음이니라.
30 너희들이 나의 아들이 죽을 때까지 법
전이요, 책으로 만들어 성경을 기록하
여 전하는 것보다 더 능가하고 더 많
이 역사할 수 있는 자 있거든, 그리고
하늘의 뜻을 그와 같이 가르치고 전할
수 있는 자 있거든,
31 너희들이 제왕이요, 온 세상의 온전한
것을 가지고 온 자라, 완전한 것을 가
지고 온 자라, 너희들이 대표자라 그
리 말하라.
32 그러나 그와 같이 못 하는 자, 너희들
은 고개 숙여 나의 법전 앞에 그 속을
열고 깨우쳐 깨달음을 얻어야 될 것이
며,
33 너희들이 더 나가지 못하는 그 깨달
음, 제자리를 돌고 있는 그곳에서 헤
어나 하늘에 오르는 길을 볼 수 있도
록 그리하라.
34 내가 성경에 기록하여 너희들에게 전
하지 아니하였느냐?
35 부분적인 아주 미약한 예언이요, 가르
침이요, 깨우침이 있음이니,
36 세상에 온전한 깨우침이요, 진리가 올
때, 그 부분적인 것은 모두 폐하며, 온
전한 것에 합류하는 것이라 내가 기록
하였음이니, 오늘의 이때를 위하여 기
록한 내용임을 너희들이 알며,
37 지금 내가 나의 아들을 통하여 이 시
대에 왔음이니, 모두가 여기에 합류하
라는 것, 그리고 너희 자신을 버리고
이를 따르라 하는 나 여호와의 뜻을
너희들이 거역해서는 아니 될 것이거
늘,
38 어찌하여 너희들이 그를 거역하며 그
리 방자하고 오만한 자세로써 버티는
가?
39 과연 너희들이 법전의 내용을 몇 권이
나 알고 있으며 몇 권이나 써서 전할
수 있는 자들이더냐?
40 너희들은 깨우쳐야 될 것이니 그리 알
라.

9,133 번째 하나님 말씀

2004년 1월 9일 0시 51분

1 사랑하는 나의 아들아!
2 "네, 아버님! 말씀하옵소서."
3 나 여호와가 성서에 기록하여 예수를
통하여 너희들에게 전하기를, '내가
어렸을 때는 말하는 것이 어린아이와
같고, 깨닫는 것이 어린아이와 같고,
생각하는 것이 어린아이와 같으나, 장
성한 사람이 되어서는 어린아이의 일
을 버렸노라.'
4 그와 같이 전하고 깨우쳐 준 대목을

너희들은 과연 어찌 생각하느냐?
5 너희들의 믿음이요, 깨달음이 이와 같
이 변화되는 것이 아니면 아니 됨을
너희들은 여기서 알아야 될 것이니라.
6 그러나 지금 나의 피조물 만백성을 구
한다는 자, 너희들이 그저 제자리에서
돌고 도는 것이요, 한 발짝도 앞으로
나가지 못함이니,
7 너희들은 모든 백성을 가르치는 것이
재탕이요, 또 재탕이요, 그저 가르친
것을 변형시켜서 또 가르치는 그와
같은 행위만 지금 역사하고 있음이니,
8 예수를 통해 너희들에게 기록하여 전
한, '내가 어렸을 때 말하는 것이 어린
아이와 같았고 깨닫는 것이 어린아이
같았으며 생각하는 것이 어린아이와
같았으나, 장성한 사람이 되어서는 어
린아이와 같은 것을 모두 다 버렸다.'
하는 것,
9 지금 어린 시절의 기초적인 믿음을 벗
어나지 못하며 제자리를 돌고 있는
백성 너희들은 이 대목을 읽고 깨우쳐
스스로 변화되는 믿음의 신앙생활을
하지 아니하면 절대 나를 볼 수 없다
는 것을 알라.
10 내가 너희들이 행하지 못하며 깨우치
지 못하는 것을 지적하여 나의 법전에
기록하여 너희들을 다스려 깨우치고
자 함이니, 이보다 더 큰 은혜요, 영광
이 과연 어디 있는가?
11 너희들이 죽어 나에게 와 심판을 받을
때는 그와 같은 기회가 없거늘, 지금
너희들의 삶이 얼마나 소중하고 귀한
것인가를 모르고, 너희들이 어찌하여
변하는 삶을 살지 않는 것이더냐?
12 마지막 나의 법전이요, 성령이요, 새
로운 성경이 지금 세상에 내려옴이 무
엇이더냐?
13 사랑하는 나의 아들아, 나 여호와가
어찌하여 이 모두를 내리는지 너는 알
고 있느냐?
14 "네, 아버님! 알고 있사옵나이다.
15 지금까지 수천 년 동안 흘러오는 그
종교 집단이요, 지도자들이요, 그리고
구원을 받았다는 그 백성들이요, 감히
아버님의 고유의 권한인 천국의 문을
열고 올 수 있다고 하는 백성들, 그들
이 어린아이의 초등 학문을 벗어나지
못함이니,
16 지각이 없으며 분수를 모르며 세상 흐
름을 모르며 법도를 모르며, 어떠한
것인가를 아직 분별하지 못하는 자,
17 남의 것, 제 것, 악하고 선한 것을 구
분하지 못하는 어린아이와 같은 기초
적인 학문이요, 믿음이요, 깨달음에서
벗어나지 못하는 자, 그 불쌍한 백성
들을 깨어나게 하고자 하시는 것이며,
18 또 거기에서 깨어났다 하여 가는 백성
들이 잘못 배우고 잘못 살아가니, 바
로 서지 못하는 그와 같은 백성들을
깨우쳐 성년으로서 바로 세워 쓰고자
하며,
19 아버님의 뜻에 의해 역사하여 그 임
무를 수행하여 만백성을 구하여 하늘
에 오르는 그 길로 올 수 있는 그와 같
은 백성으로서 성장하기를 바라시는
것이며,
20 그와 같이 그들이 변화되어 아버님의
뜻에 따라 법전을 읽고 깨우쳐 만백
성을 구하는 것이요, 스스로 구원을

받을 수 있는 그 길을 가게 하기 위하
여 아버님께서 지금 법전을 내리시는
것이라 저는 그리 알고 있으며 그리
깨닫고 있사옵나이다."
21 그러니라, 사랑하는 나의 아들아!
22 어릴 적의 것을 모두 버리고 변화되도
록 하라 하였음이니, 너희들이 성장하
면서 그 옷도 변화되며 더 큰 옷이요,
단단한 옷이요, 또한 그 체격에 맞는
것이요, 사회의 환경에 맞게 너희들이
갈아입고 성장하듯이, 모든 믿음이요,
신앙의 역사함도 그와 같은 것이거늘,
23 그리 벗지 아니하고 탈바꿈하지 못하
고, 너희들이 어렸을 때 입은 옷을 그
대로 입고 있으며 그것을 걸치고 있는
형국이라면, 너희들이 얼마나 기형의
형상이며 보기에 안타까운 줄 알겠느
냐?
24 어린아이가 입었던 그 옷만 끼고 살
수 있다며 지금 발버둥치는 것보다도
더 어리석고 불쌍한 모습이 너희들의
차림임을 알아야 될 것이니라.
25 네 말대로 그들을 깨우쳐 주고자, 바
로 세워 하늘에 오르는 그 길을 갈 수
있도록 하기 위해 내가 밤과 낮을 가
리지 아니하며 너를 통하여 나의 성령
을 내려보내는 것을 네가 알았으면,
26 이를 가지고 나 여호와의 뜻이요, 나
여호와가 명하는 것이라는 것을 네가
알며 너의 제자들이 알았다면,
27 이를 전하고 전하는 데 주저하지 말며
게을리하지 말라 전하라.

9,134 번째 하나님 말씀

2004년 1월 9일 08시 54분

1 사랑하는 나의 아들아!
2 "네, 아버님! 말씀하옵소서."
3 나 여호와가 너의 제자들에게 무어라
말하였느냐?
4 나의 아들이 바로 가며, 나의 아들이
곧게 서며, 나의 아들이 한 점의 부끄
럼이 없는 그와 같은 삶을 살아가는
데 너희들이 버팀목이요, 디딤돌이라
하였음이니라.
5 그러니 너희들에게 무어라 말하였느
냐?
6 너희들이 스승이라 그리 말하였음이
니, 너희들이 가지고 있는 하나하나의
장점을 나의 아들이 보고 깨우치며 어
린아이가 성장하듯이 그리 성장한다
하였음이니라.
7 창조주 나 여호와가 너희들을 나의 아
들의 스승이요, 선생이라 그리하였다
면, 너희들은 과연 어떠한 마음으로
가야 되겠느냐?
8 너희들이 부모와 같은 마음으로써, 그
리고 자애로운 마음으로써, 사랑하는
마음으로써 모두를 다스리고 깨우쳐
가는 것이 선생의 도리가 아니더냐?
9 너희들에게 그와 같은 명을 내가 주었
거늘, 어찌하여 너희 형제들끼리 시시
비비하며, 그리고 나의 아들이 가는
그 길에 대해 자애로운 모습으로써,
자애로운 눈길로써, 자애로운 손길로
써 그를 다스려 주고 깨우쳐 너희들이
더불어 가는 그와 같은 선생의 자리를
지키지 못하며,

10 서로 시기하고 질투하며 남의 잘못을 험담하는 그와 같은 마음의 자세로 가는가?

11 너희들이 그리 가서는 아니 됨이니라.

12 내가 너희들에게 나의 아들의 선생이 되라 하였음은, 선생과 같은 마음이요, 부모와 같은 마음으로 너희들 자신을 스스로 다스려 가도록 내가 너희들에게 명한 것이니라.

13 너희들이 선생과 같은 마음이요, 부모와 같은 마음을 갖지 못하며 그와 같은 마음을 가지고 살아가지 못하기에,

14 내가 너희들을 깨우치고 다스리기 위하여 너희들을 나의 아들의 선생이요, 스승이라 그리하였음을 어찌 모르는가?

15 이제 나의 아들을 따르는 제자 너희들은 알아야 될 것이니라.

16 너희들이 선생과 스승의 마음으로 나의 아들을 보며, 나의 법전을 읽고 깨우치면서 훈련하고 깨달아야 너희들이 만백성의 지도자로서 역사할 수 있는 것이 아니더냐?

17 그리하여 너희들이 나의 아들과 더불어 가며, 나의 아들이 잘못 가는 것, 흔들리는 것, 그와 같은 것을 보고 너희들이 자애로운 모습으로 지도하며 깨우쳐 주며 가르쳐 주며 인도하는 그와 같은 선생이요, 부모와 같은 부드럽고 아름다운 마음으로 너희들을 성장시키고 변하기를 내가 바라며,

18 그리하여 감히 너희들을 나의 아들의 선생이요, 지도자요, 지도할 수 있는 자요, 매를 들라 그리하였거늘,

19 과연 너희들이 그와 같은 자리에서 나의 아들을 봤으며, 나의 성령이 역사하는 나의 아들의 그 모습이요, 그가 가는 길을 그와 같이 사랑하는 마음으로 보았는가?

20 너희들은 형제지간에도 너희들의 마음에 들지 않는 것, 마음에 차지 않는 것은 가차 없이 시시비비하는 것이 아니더냐?

21 그러니 너희들이 과연 선생과 부모 마음으로 나의 아들을 바라보았는가?

22 너희들이 적대시하는 마음으로써 나의 아들을 바라보았으며, 그에게 무엇을 원하고 요구하지 아니하였는가, 그리고 너희들이 적대시하는 마음에서 바로 서기를 바라지 아니했는가?

23 과연 사랑으로써 다스리며, 너희들이 부모와 스승과 같은 마음으로 다스려 잘 가도록 그에게 모두를 공급하며 가르침을 주었는가?

24 너희들이 어떠한 마음으로 섰는가 너희들 자신을 돌아다보라.

25 나는 너희들 자신이 바로 서고 너희들이 인자한 모습으로 변하도록 하기 위해 그와 같은 임무를 준 것이지,

26 결코 나의 아들이 가지 못하기 때문에 너희들의 손길이 필요해서 내가 명한 것이 아님을, 어찌하여 이 어리석은 백성 너희들은 모른단 말이더냐?

27 나의 아들은 내가 다스려 감이니라.

28 그러니 너희들이 그와 같은 마음으로 오늘부터 나의 아들을 다시 보며, 너희들의 형제를 다시 보며, 살아가는 생활에 그와 같이 하지 아니하면 아니 될 것이니 그리 알라.

9,135 번째 하나님 말씀

2004년 1월 9일 09시 06분

1 사랑하는 나의 아들아!
2 "네, 아버님! 말씀하옵소서."
3 나의 사랑하는 아들딸, 만백성 너희들
의 그 소원이 무엇이더냐?
4 너희들이 갈구하며 애달파하는 마음
이 무엇이며, 꼭 이루고자 하는 것, 너
희들의 가장 큰 소원이 무엇이더냐?
5 너희들이 그리 원하고 갈구하는 것은
너희가 나에게 오르고자 함이며, 너희
들이 나로부터 구원을 받는 것이며,
거듭남이요, 하늘에 오르는 그 길이라
말하지 않겠느냐?
6 그것보다도 더 소중하고 귀한 역사는
없을 것이니라.
7 내가 너희들을 구원하며 그 뜻을 들어
주기 위하여 세상에 빛을 내려보내고
있음이니라.
8 그러니 내가 너희들을 구원하고자 세
상에 빛을 내려보내니, 이를 어찌하여
버려두며 그것을 받아 보지 아니하며,
그 빛을 봐 광명의 세상을 찾으려 하
지 아니하느냐?
9 너희들이 그리 갈구하고 원하기에 하
늘의 빛을 내려보내거늘, 너희들은 그
를 보고 따라 깨우쳐 하늘에 오르는
길을 오지 아니하며, 그를 벗어 버리
며 던져 버리니,
10 그를 보는 나의 가슴이 얼마나 아픈지
너는 아느냐, 사랑하는 나의 아들아!
11 "네, 아버님! 아버님께서 저희들에게
내리는 그 사랑과 은혜가 무엇이며,
또한 아버님의 가슴 아픈 것이 무엇인
지 저는 조금은 느끼고 있사옵나이다.
12 이 세상이 선이요, 아름다움으로 되어
야 될 것이거늘, 악으로 변함이 많으
며 악으로 다 변했으니, 사랑의 빛을
보지 못하며 그 은혜의 빛을 보지 못
하는 것이라 그리 깨닫고 있사옵나이
다.
13 선은 없고 악만 세상을 덮으며 악이
세상을 다 지배하니, 그 눈이 무디어
져 진정한 하늘에 오르는 길이요, 하
늘에 오르는 찬란한 그 빛이 역사하는
것, 아버님께서 내려 준 은혜와 축복
의 사랑과 그 빛을 보지 못하고 있는
것이 오늘의 저희들이라 그리 생각되
옵나이다.
14 사랑하는 나의 아들아, 그와 같은 자
들을 깨우치며, 그 백성들이 눈을 뜨
며 사랑의 빛을 보며 저희들이 하늘에
오르는 그 빛을 볼 수 있는 것은 그 마
음을 모두 다 비우며, 악으로 차 있는,
욕심으로 차 있는 그 마음을 비우도록
해야 됨이니,
15 그것은 하루아침에 뽑아낼 수가 없으
며 하루아침에 역사할 수 없는 것이니
라.
16 그리하여 내가 하늘의 빛이요, 나 여
호와의 뜻을 책으로 만들어 그들에게
내려보내거늘,
17 그들이 책으로 내려보내는 나의 뜻이
얼마나 위대한 빛이며 영광된 빛인 줄
모르고 있음이니,
18 너희들은 나의 법전을 만들어 전하고
또 전해 그 역사를 이루도록 그리하
라, 사랑하는 나의 아들아!

9,136 번째 하나님 말씀

2004년 1월 9일 23시 09분

1 사랑하는 나의 아들아!
2 "네, 아버님! 말씀하옵소서."
3 나의 피조물 만백성이 그들의 미래를
알며 내일에 이루어질 것을 아는 백성
이 있다면 과연 그들은 얼마나 행복하
며 얼마나 선택된 백성이더냐?
4 그러니 남들보다 미래를 보며 앞을 내
다보고 있는 네가 차분히 모두를 처리
하지 못하며,
5 남들에게 하나서부터 백 가지에 이르
기까지 모범이 되지 못한 행동을 하
며, 모범이 되도록 정답으로써 모두를
결정하지 못하며, 정답으로써 네가 재
판하지 못하고 결정하지 못한다면, 너
는 정녕 얼마나 어리석고 불쌍한 백성
이더냐?
6 그러니 미래를 모르고 캄캄한 앞길을
보고 살아가는 백성들에 비하여, 가는
길을 훤히 알며 미래를 보며 앞을 바
라보면서 가는 백성들이 얼마나 차이
가 있는 것이며 얼마나 위대한 것이더
냐?
7 그러나 앞을 못 보고 헤매는 그와 같
은 사람이 가는 길과 달리 앞을 훤히
보면서 가는 네가 그들과 똑같이 캄캄
한 밤길을 걸어가는 것처럼 흔들리고
중심을 잡지 못한다면 과연 너는 무엇
이더냐?
8 그러니 너는 이와 같은 이치를 깨달아
야 될 것이니라.
9 앞을 못 보는 백성들은 앞을 보기 위
하여 노력할 것이며, 그리고 보이지
않는 앞을 헤쳐 나가기 위하여 얼마나
그들이 갈팡질팡하며 우왕좌왕하겠
느냐?
10 보이지 아니하고 알지 못하기에 그들
은 흔들리고 우왕좌왕할 것이니라.
11 그와 같은 것이 앞을 못 보고 살아가
는 나의 백성들의 그 삶이 아니더냐?
12 미래를 알며 앞으로 다가올 일을 알며
역사할 것을 안다면, 그들이 어찌 살
아가겠는가?
13 그러나 캄캄한 밤길에 보이지 않는 쪽
에서 헤매는 그 백성들과 달리,
14 내가 비춰 주는 그 빛을 보고 그 빛을
따라 바른길을 올 수 있으며 곧바로
나에게 올 수 있는 빛을 보고 따라오
는 네가 캄캄한 밤길에 보이지 않는
백성처럼 흔들리며 헛발을 디디며 비
틀거리고 온다면,
15 과연 이를 나 여호와가 어찌 받아들이
며 어찌 너를 사랑하는 아들이라 하여
기다리고 용서할 수 있겠느냐?
16 그러니 너는 그와 같은 이치를 깨달아
네가 바르고 곧게 살아가야 됨을 오늘
너를 통하여 나의 뜻을 한 토막 전함
이니,
17 너는 이를 깊이 깨달아 너 자신이 바
로 오도록 그리하라.
18 앞을 못 보며 미래를 모르는 백성들은
정녕 너희들이 보다시피 앞을 보지 못
하고 걸어가는 자이니라.
19 그러나 미래를 보고 미래의 모두를 아
는 너는 앞을 보고 걷는 자이니,
20 앞을 보고 걷는 자가 앞을 보지 못하
고 걷는 자보다 방탕하며 흔들리며 못
된 짓을 하며 남의 눈살을 찌푸리게

하는 짓을 하며,
21 남들에게 질서를 파괴시키며 그리고
남들에게 혐오감을 줄 수 있는 그와
같은 행동을 하며 그와 같은 길을 걸
어간다면 어떠하더냐?
22 앞을 본다 하여 너희들이 깡통을 차고
돌멩이를 차 앞사람을 다치게 하며 피
해를 입히며, 남의 재물을 발길로 차
부수고 가는 그와 같은 행위를 한다
면, 차라리 앞을 보지 못하는 자만 못
한 것이 아니더냐, 사랑하는 나의 아
들아!
23 미래를 보며 앞날을 알며 모두를 아는
나의 아들 네가, 그리고 내가 너에게
그만큼 은혜를 주어 모두를 아는 네가
그와 같이 바로 가지 못하는 것은 무
엇이더냐?
24 너희들이 남의 물건을 발길로 차 부수
며, 그리고 깡통을 차고 돌멩이를 차
남을 다치게 하는 자가 아니더냐?
25 그러면서 오물을 발길로 차 엎어 남에
게 혐오감을 남기며 남에게 피해를 주
는 그와 같은 자와 무엇이 다르겠느냐?
26 그러니 쓸데없는 자식이요, 짐승만도
못한 자라는 소리를 들을 수 있는 것
이 너임을 알라, 사랑하는 나의 아들
아!
27 앞을 못 보는 백성들 속에서 오로지
앞을 보고 바로 보며 갈 수 있는 네가
잘못 가며 그들보다도 더 흐트러진 자
세로 간다면, 인간 같지 못한 자요, 인
간만도 못하다는 말을 들을 것이니,
28 나 여호와의 아들이요, 나의 명을 받
아 만백성을 구하는 네가 인간 같지
못하다는 소리를 들으면 과연 나 여호
와가 어떠하겠는가?
29 네가 칭찬을 듣는 것, 네가 격려를 듣
는 것, 너를 보기를 즐거워하는 백성
들이 늘어나는 것, 이와 같은 것을 보
는 것이 나에게 기쁨이요,
30 내가 이 세상에 나의 피조물 만백성을
만들어 존재하게 한 그 기쁨을 너로
하여금 얻을 수 있는 것이거늘,
31 네가 그와 같은 기쁨을 먼저 저버리는
행위를 하지 말라.
32 사랑하는 나의 아들아, 조용히 그리고
차분히 모두가 순간순간에 묵상하고
기도해서 생각해서 하라.
33 너는 내가 내리지 아니할까, 내가 너
에게 주지 아니할까 하여 두려워하고
겁을 먹음이니, 그와 같은 마음을 지
우라.
34 대화를 하면서 내 뜻을 살피며, 대화
를 하면서 내 뜻을 받으며, 대화를 하
면서 네가 나와의 창구를 열어 놓고
항상 있으라.
35 그러면 내가 모두를 다 줄 것이니라,
사랑하는 나의 아들아!
36 그보다도 더 큰 영광이요, 그보다 더
큰 은혜의 축복이 어디 있겠느냐?
37 앞을 훤히 보며 내가 밝혀 주는 그 빛
을 보고 따라오면 될 것을, 네가 훼방
하며 비뚤어지며 흐트러진 자세로 와
서는 아니 되는 것이 아니더냐?
38 이를 네가 명심하고 또 명심하여, 오
늘 이 순간부터 바르게 가도록 그리하
라.
39 앞 못 보는 백성들 중에서 네가 앞을
보는 자이며 인도자이니, 네가 잘못
가면 앞을 못 보는 사람들이 얼마나

고통과 시련을 겪겠느냐?
40 네가 앞을 못 보는 자들을 골탕 먹이
기 위하여 개울로 강으로 계곡으로 끌
고 다니면, 그들은 앞을 못 보니 그게
옳은 길인 줄 알고 끌려오지 않겠느냐?
41 그와 같은 인도자가 네가 되어서는 아
니 되느니라, 사랑하는 나의 아들아!
42 모든 사람들이 너의 끈을 잡아야 되
며, 하늘에 오르는 길을 네가 먼저 밟
고 와야 된다 하지 아니하였더냐?
43 그 의미를 네가 안다면 너만 인도할
수 있음을 알며, 네가 앞에서 인도하
는 자이니, 네가 어찌 가느냐에 따라
서 만백성이 고통과 시련을 겪고 안
겪는 것이니라.
44 네가 눈을 뜬 것이라 하여 자만하여
이리 끌고 저리 끌고 그들을 골탕을
먹인다면, 네가 과연 나의 아들로서
역사하는 자요, 내 앞에 와서 네가 나
로부터 상을 받을 수 있겠느냐?
45 그들도 내 아들딸이요, 그들을 사랑함
이니, 그와 같은 행위를 하지 말라, 사
랑하는 나의 아들아!
46 네가 알든 알지 못하든 바로 가지 못
하는 그것이, 네가 바로 가지 못하면
너를 따라오는 자들이 그 발자취를 따
라 지치고 힘든 길을 올 것이며, 네가
바르고 곧은 길로 오면 그들은 편안한
길로 곧게 올 것이니,
47 이를 명심하고 명심하라, 사랑하는 나
의 아들아! 나의 이 뜻을 알았느냐?
48 "네, 아버님! 아버님께서 말씀하신 그
모든 뜻을 알겠사옵나이다,
49 제가 바르게 간다면서 흐트러지며 바
로 가지 못하는 것, 그것이 저 하나만
무너지고 저 하나만 쓰러지는 것이
아니라,
50 저를 보고 오는 모든 백성들이 그 고
통과 시련을 겪는다는 것,
51 그리고 제가 잘못 감으로써 그들이 얼
마나 말없이 고통을 당하는 것인가를,
52 인도자요, 안내자가 잘못함으로써 따
르는 자들이 얼마나 고통이 심한 길을
가야 되는가를,
53 앞을 보는 저는 즐거움으로 가나, 그
들이 제 장난이요, 제가 잘못된 마음
이요, 오만한 마음으로 잘못 인도하고
좌우로 끌고 다닐 때, 앞을 못 보는 사
람들이 그 계곡이요, 둔덕이요, 언덕
을 넘을 때 얼마나 그들이 고통스럽고
심하고 어려운 것인가를,
54 때로는 생명을 잃을 수 있다는 것을
이제야 깨달았사옵나이다, 아버님!
55 그와 같은 것이 제 중책이요, 제가 가
는 길이 그와 같은 길에 영향이 있다
하시오니,
56 제가 바로 서도록 노력을 다할 것이
며, 그와 같이 헛발을 디디며 장난하
지 아니하며, 좌우로 끌고 가는 그런
일이 없도록 명심하고 또 명심하겠사
옵나이다, 아버님!
57 저의 죄를 용서하여 주옵소서."

9,137 번째 하나님 말씀

2004년 1월 9일 23시 14분

1 사랑하는 나의 아들아!
2 "네, 아버님! 말씀하옵소서."
3 나의 피조물 만백성 너희들이 믿음의
길이요, 신앙의 길이요, 너희들이 목

숨을 바쳐 달려가는 그 길이 과연 무
엇 때문이며, 무엇을 위하여 너희들이
그리 가느냐?
4 너희들은 나에게 오르고자 하며 거듭
나는 그와 같은 영광을 얻기 위하여
신앙의 생활이요, 믿음의 그 길을 가
고 있지 않으냐?
5 그런데 너희들이 가고 있는 그 믿음이
요, 신앙의 길이 창조주 나 여호와의
뜻이 아닌 다른 길이요,
6 내 마음의 길이 아니요, 내가 역사하
는 길이 아니요, 나를 따르는 믿음이
아니라면, 과연 너희들은 어찌하겠느
냐?
7 그것은 나와 어떤 관계이더냐?
8 그러니 내가 너희들을 알지 못한다는
자들이며, 네가 너희들을 기억을 못
하는 백성이라 말할 수 있음이니, 이
것이 바로 얼마나 무섭고 두려운 것인
지를 알아야 될 것이니라.
9 너희들이 목숨을 바쳐 구원을 받고자
믿음이요, 신앙의 길을 가나, 너희들
이 나 여호와의 뜻에 의한 믿음이 아
니라면 결코 너희들은 나의 아들딸이
아니요, 나와 관계없는 그와 같은 백
성이니, 내가 너희들을 알지 못한다
함이라 하였음이니,
10 너희들이 지금 가는 그 믿음이 나 여
호와의 뜻이요, 창조주 너희 아버지의
뜻이며 내가 역사하는 그 길인가를 너
희들이 두드려 보고 또 두드려 봐야
할 것이니 그리 알라.
11 정녕 너희들이 오늘의 그 믿음에서 불
안과 초조를 가지면서도 어쩔 수 없이
그 믿음의 길을 벗어나지 못하고 간다
면,
12 너희들이 잠시 발길을 멈추고 나의 법
전을 정독하여 너희들이 깨우침을 얻
어 평가하라.
13 그러면 너희들이 스스로 어떤 것이 진
정한 길이며, 창조주 나 여호와의 뜻
이 무엇인가를 알게 될 것이니, 그때
너희 스스로 판단하여 선택해도 늦지
아니하거늘,
14 어찌하여 달려가는 그 길만 하늘에 오
르는 길이라 하여 지옥의 낭떠러지를
모르고 너희들이 그리 달려가느냐?
15 그러니 가던 발길을 멈춰 나의 법전을
들고 깨우치고 읽어 너희들 스스로 판
단할 수 있는 그와 같은 짧은 기회를
어찌하여 갖지 못한단 말이더냐?
16 너희들이 평생을 바쳐 믿음의 길을 가
면서 나의 법전 몇 권을 읽는 그 시간
이요, 단 며칠도 바치지 못함이니,
17 며칠의 시간을 내어 너희들이 나의 법
전을 정독했을 때, 진정한 참진리의
길이요, 하늘의 길을 볼 수 있고 얻는
다면 그보다 더 위대한 것이 없거늘,
18 어찌하여 그 며칠이요, 몇 시간을 투
자하지 못하는 어리석은 너희들이란
말이더냐?
19 그러니 너희들이 나와 관계가 없는 것
이 아니더냐?
20 내 뜻을 따르지 아니하며 그를 역사하
지 아니함이니, 너희들은 관계없는 백
성들이니라.
21 그러니 나 여호와의 뜻이 아니요, 나
와 관계없는 백성이라면, 과연 너희들
은 무엇이더냐?
22 바로 사탄의 후예요, 사탄의 자식으로

전락된 자들이 아니더냐?
23 그러니 나의 백성이 아니요, 사탄의
백성이라는 것을 너희들은 알아야 될
것이거늘, 어찌하여 너희들이 그를 알
지 못하고 지금 가고 있단 말이더냐?
24 너희들이 나의 백성으로서 거듭나는
그와 같은 영광이요, 그와 같은 노력
이 없이는 나를 바라볼 수 없으며 나
를 볼 수 없는 것이 아니더냐?
25 그러니 너희들이 나를 보지 못함이며,
나를 바로 보지 못함이니, 그러므로
나를 알지 못함이요, 내 뜻을 알지 못
하고 가는 백성들이 아니더냐?
26 이제는 너희들이 가던 발길을 멈추고,
며칠이요, 몇 시간이라도 내가 내린
법전을 읽고 깨우쳐, 너희들이 오늘의
가는 그 믿음의 생활과 비교하여 거기
서 진리를 찾고자 한다면,
27 너희들의 모든 마음이 열려 어떤 것이
하늘에 오르는 길이요, 나 여호와의
뜻인지를 알 것이거늘,
28 나 여호와의 뜻을 모르며 내가 원하는
것을 모르고 너희들이 어찌 나에게 온
다 감히 그리하느냐?
29 그러니 너희들은 나의 뜻을 먼저 알아
야 함이니라.
30 나의 뜻을 알지 못하고 있음이니, 너
희들이 어찌하여 나에게 오른단 말이
더냐?
31 나의 뜻을 모르는 자에게 너희들이 배
우며 거기서 깨달음을 받으니, 그리고
거기서만 구원을 받고자 함이니, 너희
들이 무엇을 알겠느냐?
32 그러니 이제 나의 아들을 따르는 제자
너희들은 모든 백성들에게 이를 깨우
쳐 주라.
33 이를 깨우쳐 주어 그들이 바로 서지
아니하면 절대 모름이니라.
34 나 여호와에게 오른다면서 내 뜻이 아
니며 내가 원하는 길이 아닌 곳으로
가는 자는 나의 백성이 아니요, 나의
아들딸이 아니요,
35 이미 너희들이 사탄의 자식이요, 사탄
의 후예로서 역사한다는 그 무서움과
두려움을 그들에게 깨우쳐 주라, 사랑
하는 나의 아들아!

9,138 번째 하나님 말씀

2004년 1월 9일 23시 18분

1 사랑하는 나의 아들아!
2 "네, 아버님! 말씀하옵소서."
3 너희들의 마음이 과연 어떠하더냐?
4 너희들의 마음이 선보다는 악을 더 좋
아하는 나의 백성들이라면 과연 너희
들은 믿겠느냐?
5 너희들은 믿지 않으려 할 것이니라.
6 그러나 너희들은 그러하니라.
7 선하고 아름다운 마음보다도 악한 마
음을 더 좋아하며, 사랑하는 것보다
미워함을 더 즐겨 하며 그것을 더 큰
행복이라 생각하는 것이 너희들의 삶
이 아니더냐?
8 그것이 너희들의 마음이니라.
9 그러니 너희가 사랑의 빛이요, 참진리
요, 나 여호와의 음성을 들을 수 없으
며 나를 볼 수 없는 것임을 너희들은
알아야 될 것이니라.
10 너희들 마음이 사랑하는 마음보다는
미워하는 마음이요, 선함을 행하는 것

보다는 악함을 행함을 더 좋아하는 마
음이니, 너희들이 사랑의 빛이요, 나
에게 오는 그 길을 좇는 것이 아니라
너희들은 악한 것을 좇고 악함만 좇아
가는 그와 같은 삶을 사는 것이 너희
들이니라.
11 명성을 얻은 모든 기능을 가진 자도
노력하지 아니하며 훈련하지 아니하
고 연습하지 아니한다면 그는 무엇이
더냐?
12 저 자신이 가지고 있는 그 특성을 다
잃어버림이니, 평민과 무엇이 다르단
말이더냐?
13 그와 같이 너희들이 선을 행하고자 사
랑의 빛을 보고 노력하고 달려가는 그
와 같은 삶을 살지 아니한다면 그나마
가지고 있는 선함이요, 너희들이 가지
고 있던 사랑하는 마음도 다 퇴색되
며, 사탄이요, 사악한 마음에 잠식되
게 되어 있는 것이 인간의 마음이니라.
14 그러니 너희들이 쉬지 않고 노력하는
그 마음, 그것만이 너희 자신을 지킬
수 있다는 것을 절대 잊어서는 아니
됨이니 그리 알라.
15 너희들의 마음이 선한 것보다는 악한
것을 좇으며 더 좋아하는 그런 마음이
니, 어찌하여 그와 같은 마음을 가지
고 구원의 길을 볼 수 있으며 나에게
오를 수 있다 그리 말하며, 감히 구원
을 받았다 말하느냐?
16 내가 이제 나의 아들을 통하여 너희들
에게 전함이니, 나의 품에서 너희들이
행하고 존재하며 살고자 노력하는 것,
그 길을 위하여 모두를 다 바치는 삶
을 사는 그것만이 악이 너희들을 지배
할 수 없는 것이며, 너희들의 마음속
에서 악이 살아갈 수 없다는 것을 알
아야 될 것이니라.
17 나 여호와의 품에서 내가 내린 계명이
요, 내가 내린 법전대로 너희들이 살
아가며 그대로 행하고자 노력할 때만
사악한 마음이 너희들을 지배하지 못
하며, 너희들 마음속에서 악의 씨가
살아날 수 없다는 것을 너희들은 알아
야 될 것이니라.
18 나를 믿지 못하며 내 품에서 살겠다는
너희들의 그 마음의 자세요, 그리고
계명이요, 나의 법전대로 지킨다는 그
와 같은 마음을 갖지 아니하고는 결코
너희들이 스스로 다스릴 수 없으며 스
스로 일어날 수 없다는 것을 명심하고
또 명심하도록 그들에게 전하라.

9,139 번째 하나님 말씀

2003년 1월 9일 23시 26분

1 사랑하는 나의 아들아!
2 "네, 아버님! 말씀하옵소서."
3 이 세상에 내려져 있는 것이 나의 진
리요, 하늘에 오르는 그 모두가 다 세
상에 내려와 있음이니라.
4 너희들이 숨을 쉬고 사는 그 자체도
진리요, 하늘에 오르는 길이요, 나 여
호와가 너희들에게 모두 내려 준 것이
라면,
5 너희들이 참진리를 깨우쳐 하늘에 오
를 수 있는 모든 여건을 내가 세상에
내려보내지 아니한 게 무엇이 있단 말
이더냐?
6 너희들이 생활 속에서 그 모두를 욕심

을 버리고 움직이고 행한다면 그것이
참진리요, 하늘에 오르는 길이라는 것
을 너희들이 어찌 모르더냐?
7 그러니 거기서 악행이요, 사악한 짓을
하는 것은 너희들이 하늘에 오르는 길
이 아니요, 지옥으로 가는 것이니라.
8 너희들이 인간 세속에 살아가면서 욕
심 때문에 인간의 삶의 지혜는 끝없이
발달하며 행하여 전진하나, 너희들은
어찌하여 사후 세계의 그 역사함이요,
거듭나는 그와 같은 삶에 대해서 투자
하고 생각하는 것에는 그리도 아둔하
고 어리석기가 끝이 없단 말이더냐?
9 인간 너희들은 지혜가 높으며 이 세상
의 모든 것을 다스리는 제왕이라 하는
너희들이 어찌하여 사후 세계에 거듭
나는 그와 같은 것에 투자하고 그 길
을 가는 데는 동물이나 미물만도 못하
니,
10 너희들은 어찌하여 그리 단순하며 어
리석은 백성이란 말이더냐?
11 동물이요, 미물들은 듣지도 못하느니
라.
12 그러나 너희들은 그들보다 듣는 것도
많으며 스승으로부터 배우는 것도 많
으며 부모로부터 배우는 것도 많으며
이웃의 형제로부터 배우는 것도 많으
니, 보고 듣는 것이 많지 않더냐?
13 또 살아가면서 행하며 실패를 거듭하
며 또 실패하고 다시 일어설 수 있으
며 다시 생각하고 역사할 수 있는 그
모든 기회를 가지고 있는 것이 나의
백성들이 아니더냐?
14 더욱이 너희들은 자유로이 너희들 마
음대로 생각하고, 생각하는 지혜에 따
라서 모든 역사를 할 수 있는 것이거
늘,
15 그러면서도 너희들은 어찌하여 동물
들이 생각하는 것, 미물들이 살아가는
것보다도 아둔하고 미련한 그와 같은
삶을 산단 말이더냐?
16 너희들이 그들과 다른 것은, 오늘의
육의 세상이요, 육이 존재하는 삶보다
도 다음의 세상에 거듭나는 그 역사를
위하여 투자하고 그를 대비하여 천사
와 같이 아름다운 마음으로 살아가는
것은 너희들의 지혜로써 깨닫고도 남
을 것이거늘,
17 그를 알면서 행하지도 못함이니, 너희
들은 미물이요, 동물보다도 아둔하고
어리석은 백성이라 내가 너희들에게
경고함이니 그리 알라.
18 너희들은 사탄과 천사들과 견주어서
부족함이 없을 만큼 내가 모두를 다
역사하여 너희들에게 내려 주었다 하
지 아니하였더냐?
19 그러한 모든 은혜를 받고 그 은혜 속
에서 사는 너희들이 욕심 때문에 어찌
그리도 아둔하기 짝이 없단 말이더냐?
20 들어도 모르며 만져도 모르며 보아도
모르는 너희들이 되어 버렸음이니, 이
세상에서 아무것도 보고 듣는 것이 없
음이니라.
21 너희들은 들을 수 있으며 만져 볼 수
있으며 모두 역사할 수 있으며 배울
수 있으며 깨달음의 길을 갈 수 있는
것이거늘, 어찌하여 너희들은 보지도
못하며 듣지도 못하며 깨달음도 없는
그와 같은 삶을 살아간단 말이더냐?
22 그것이 너희들이 어리석은 백성이라

내가 함이니라.
23 나 여호와가 이미 이 세상에 와 있으며 세상에 내려와 너희들과 같이 더불어 있다는 것을 어찌 모른단 말이더냐?
24 그러니 너희들이 욕심이라는 것 때문에 나를 보지 못하며 나를 찾지 못하며 내가 역사하는 것을 알지 못하는 것이 너희들이라는 것을 알라.
25 어찌하여 그리도 아둔하고 불쌍한 백성들이란 말이더냐?
26 마음을 비우고 욕심을 비우고 보면 이 세상의 모두는 하늘에 오르는 길이요, 참진리로써 다 덮여 있으며,
27 더욱이 지금은 마지막 시대요, 심판의 시대이니, 내가 나의 성령을 태워 모두 내려보내니, 나의 법전과 더불어 내가 세상에 존재한다 하지 않았더냐?
28 나 여호와가 세상에 내려와 있음을 어찌하여 너희들이 모른단 말이더냐?
29 아둔하고 어리석은 너희들의 모습을 볼 때 나의 마음이 얼마나 답답하고 아픈지 알겠느냐?
30 이 세상의 모두가 다 진리이니라.
31 그리고 모두가 하늘에 오르는 길이니라.
32 그리고 나 여호와가 너희들과 항상 같이하고 있다 함을 알라.
33 번갯불보다 더 빨리 지나간 너희들의 행동도 그 모두를 다 보고 있는 나 여호와라 하였음이니, 너희들과 항상 같이하고 있다는 뜻이 아니더냐?
34 너희들은 그 의미를 그대로만 알아듣지 말라.
35 번개보다도 빨리 스쳐 가듯 너희들이 역사하는 삶을 살아도, 나 여호와가 하나도 잊어버리지 아니하며 놓치지 아니한다는 것은 무엇이더냐?
36 내가 너희들과 항시 같이하고 있으며, 잠시도 떠나 있지 아니한다는 의미니라.
37 너희들은 하던 일도 잠깐 고개를 돌리며 딴생각을 하면 그를 잊어버림이니, 그를 기억하지 못하지 않더냐?
38 그러나 번갯불보다 더 빨리 역사하는 악하고 선한 행위요, 너희들이 살아가는 모두를 내가 본다 했으니,
39 항상 너희들과 같이 있으며 내가 너희들이며 너희들이 나라는 것, 더불어 가고 있다는 것을 모르느니라.
40 그것이 어리석은 나의 백성들이니라.
41 그러니 너희들이 바로 서고 바로 깨우쳐, 오로지 하늘에 오르는 그 길만을 위하여 달려오는 삶을 살라.
42 '나 자신'은 존재하지 아니하며 '나'를 의식하지 않는 그 마음임을 잊지 말라.
43 욕심을 지우라.

9,140 번째 하나님 말씀

2004년 1월 9일 23시 43분

1 사랑하는 나의 아들아!
2 "네, 아버님! 말씀하옵소서."
3 너를 따르는 백성들이요, 네 제자요, 그리고 나의 법전을 읽고 깨우친 백성 그들이 바로 무엇이더냐?
4 그들은 창조주 나 여호와의 뜻에 따라 저희들이 모두 다 역사할 자들이니라.
5 그리고 쓰임이 있어서 불려 온 자들이요, 내가 부른 자들이 아니더냐?
6 그와 같이 너를 따르는 제자요, 지금

나의 법전을 읽은 백성 너희들은 머지
않아서 세월이 흐른 다음에 나의 피조
물 만백성을 깨우치고 지도하는 선생
으로서 그 임무를 행하게 될 것이며,
그 자리를 굳건히 지키고 가야 되는
것이 너희들이 아니더냐?
7 지금 창조주 나 여호와의 뜻이 세상에
내려감이니라.
8 그러니 그 뜻이 내려가는 것을 오로지
나의 아들을 통하여서만 역사함이니,
9 나의 아들을 통하여 역사하는 그것은
바로 나의 아들을 따르는 그 제자들이
요, 나의 법전을 읽고 깨우친 너희들
이 아니고 누가 머지않아 그 지도자가
된단 말이더냐?
10 그러니 나의 아들을 따르는 너희들은
세월이 흐른 뒤에는 반드시 만백성을
깨우치고 인도하는 지도자로서 그 책
무를 수행하는 것은 당연한 것이며,
너희들이 그 임무를 역사하는 자들이
라는 걸 어찌 모르느냐?
11 세월이 조금 흐른 다음에는 너희들이
하기 싫어도, 역사하지 아니하려 하여
도, 너희들이 깨우침을 얻은 그 모두
요, 나의 아들로부터 들은 모든 가르
침의 그 형태로써 너희들이 선생으로
서 그 자리를 당당히 지키게 된다는
것은 당연한 이치이거늘,
12 어찌하여 오늘의 선생의 자질이요, 선
생으로서 커 가는 데 너희들이 그와
같은 소중함을 모르며, 그릇을 키우는
데 태만히 하는가?
13 너희들의 모든 마음을 다 비우라 함이
여기 있음이니라.
14 너희들은 선생으로서 자연적으로 서
게 되는 자들이니라.
15 나 여호와의 뜻이 아닌 너희들의 머릿
속에 들어 있는 그 생각, 지금까지 잘
못 갔던 그 믿음이요, 그리고 지금까
지 잘못 온 신앙생활이요, 그리고 너
희들의 머리로써 판단하며 머리로써
생각하는 그 모두를 지워 버리지 아니
하면 아니 됨이니라.
16 참진리요, 하늘에 오르는 길은 나의
법전이요, 나의 아들을 통하여서 내림
이니, 너희들이 다른 곳에서 배우고
다른 곳에 깨우쳤던 그것은 진정한 진
리의 원본이 아님이니,
17 너희들이 그 모두를 머릿속에 안고 있
다면 잃는 것이 더 큼을 잊어서는 아
니 될 것이니라.
18 그러니 너희들 머릿속에 두고 있는 것
을 모두 비우라 그리 전하라.
19 그리 비우지 아니하면 아니 되느니라.
20 그러니 너희들이 비진리의 가르침에
서 아직도 헤어나지 못하고 있으며,
너희들이 어디 있는지 그를 모르며 못
보는 것이 너희들이니라.
21 그러니 너희들의 머릿속에 들어 있는
지금까지 배운 그 모든 내용을 다 지
우며 생활 습관을 모두 너희들의 머릿
속에서 지우는 그와 같은 삶으로써 변
화되지 아니하면 아니 되니, 어찌해야
된단 말이더냐?
22 지도자는 나 여호와를 바로 알아야 되
며, 내 뜻을 바로 알아야 되며, 내가
가르치고자 하는 것을 바로 알아야 되
며, 내가 원하는 것을 바로 알아야 됨
이니, 너희들이 바로 알지 못하면 절
대로 지도자로서 역사할 수 없음이니

라.
23 그러니 지금까지 너희들이 배우고 깨
우쳐 온 것은 참진리가 아니요, 나 여
호와의 뜻이 아니요, 인간의 가르침이
요, 인간의 생각에서 너희들이 성장했
기 때문에,
24 나 여호와의 백성이요, 나의 백성이
요, 내가 명한 지도자로서, 선생으로
서 역사한다면, 너희들이 육의 세상에
서 살아왔던 그 모두는 다 지워 버리
고 던져 버리고 비워 버리는 것이 상
식적인 문제가 아니더냐?
25 그러니 너희들이 모두를 비워야만 창
조주 나 여호와의 뜻을 알 것이며, 내
가 역사하는 걸 알 것이며, 내가 가르
치고자 하는 것을 너희들이 깨달음이
니,
26 그리했을 때 너희들이 바로 알고 바로
서 모든 백성들의 진정한 스승으로서
한 점의 부끄럼이 없는 그와 같은 삶
을 살아갈 수 있다는 걸 절대 잊지 말
라.
27 지금까지 너희들이 배워 온 것, 깨달
았다는 그 깨달음 속에서 그저 모두를
다 지워 버리며 나의 법전을 보고 배
워 너희들이 초보 교육서부터 시작하
여 성년이 되도록 다시 태어나지 아니
하며 거듭나지 아니하면 아니 됨이니,
이를 명심하고 명심하라 그리 전하라.
28 지금까지 왔던 믿음이요, 신앙생활에
서 듣고 배운 것, 그 모두를 다 너희들
이 덮어야 될 것이니라.
29 그리고 거기에 연연해서도 아니 됨을
알라.
30 이제 너희들이 초보적인 교육서부터
다시 시작하여 성년에 이르기까지 너
희들은 나의 법전을 읽고 나의 아들을
통하여 내린 강론을 듣고 성장해야만
모두를 소화시킬 수 있는 바른 선생이
된다는 걸 절대 잊지 말라, 사랑하는
나의 아들딸들아!

9,141 번째 하나님 말씀

2004년 1월 9일 23시 47분

1 사랑하는 나의 아들아!
2 이제 만백성 그들에게 전해야 될 것이
며, 너를 따르는 제자들 또한 알아야
될 것이니라.
3 이제는 너희들이 어떠한 길을 가야 되
는지를 알 수 있으며 어떠한 것으로써
역사해야 되는지를 너의 제자들은 깨
우칠 것이니라.
4 그러나 지금 믿음의 길이요, 하늘에
오르는 길이라 하여 달려가는 백성 그
들은 어떠한 길을 가야 되며 어찌 역
사해야 하는지를 모르느니라.
5 그러니 그들이 어떠한 선생에게서 어
떠한 가르침을 받아야 할 것인가를 알
겠느냐?
6 그것이 얼마나 소중하고 귀한 줄 알겠
느냐?
7 나의 아들을 따르는 제자 너희들은 선
생인 나의 아들에게 배우며 가르침을
받으며 깨우침이니, 너희들이 바로 선
것이요, 바로 선택하여 그 소중하고
귀한 것을 모르느니라.
8 그러니 이제 모든 백성 그들에게 전하
라.
9 너희들이 하늘에 오르는 길이요, 나에

게 오고자 한다면, 너희들이 어떠한
선생에게서 어떠한 가르침을 어떠한
방향으로 받아야 되는 것인가를 먼저
깨우치도록 그리하라.
10 그걸 알지 못하면 아니 됨이니라.
11 바른 선생을 선택하는 그것이 얼마나
중요한 것인지 알겠느냐?
12 어떠한 성경을 갖고 창조주 내가 역사
하는 그 말이요, 가르침이요, 그 전함
을 바로 이해하며 바로 깨닫고 그 의
미를 아는 백성들이 있단 말이더냐?
13 그것을 모르는 자들이라면 너희들은
선생을 잘못 선택한 것이며, 너희들이
잘못된 선생에게서 가르침의 길을 가
게 된다는 것을 절대 잊지 말라.
14 그리된다면 너희들이 구원을 받을 수
없으며 나에게 오를 수 없으며, 아무
것도 역사할 수 없다는 것을 알라.
15 이제 사랑하는 나의 아들을 따르는 제
자들이요, 나의 법전을 읽고 깨우친
만백성, 그리고 이제 이를 접하지 아
니하는 백성 너희들도 또한 들어야 될
것이며, 오늘의 믿음에 의해 구원을
받았다며 오만 방자한 너희들은 더욱
이 귀를 열고 들어야 될 것이니라.
16 너희들이 어떠한 선생 밑에서 어떠한
가르침의 길을 가야 되는지 이것부터
너희들이 깨우치라.
17 그리고 그것부터 선택을 다시 하라.
18 다시 시작하지 아니하면 너희들이 절
대 거듭날 수 없다 함을 명심하라.

9,142 번째 하나님 말씀

2004년 1월 10일 07시 44분

1 사랑하는 나의 아들아!
2 "네, 아버님! 말씀하옵소서."
3 너희가 육의 부모에게 잘하는 것, 부
모의 마음을 기쁘게 하는 것, 그것이
너희 부모에게 기쁨이요, 효도를 하는
것이 아니니라.
4 그를 바라보는 그 기쁨이야말로 나 여
호와의 기쁨이요, 내가 기뻐하는 것이
니, 나를 기쁘게 할 수 있게 최대의 정
성을 다하라.
5 그것이 나를 믿는 아들딸이요, 그리고
나의 아들을 따르는 너희들의 기본자
세이니라.
6 그것 하나로써 너희들이 그 모든 백성
들과 차별화하여 역사를 이룰 수 있으
며 변화된 모습을 볼 수 있는 것이니
라.
7 나는 너희들에게 말했느니라.
8 일찍이 성서에 기록하여 너희들이 가
난하고 불쌍한 자에게 잘하는 그것이
곧 너희들이 나를 위하는 길이며 나에
게 하는 길이라 하였느니라.
9 그러니 네 부모를 공경하는 것, 네 부
모를 기쁘게 하는 것이야말로 그것이
바로 무엇이더냐?
10 나 여호와를 기쁘게 하는 것이며 나를
즐겁게 하는 것이며 나를 행복하게 하
는 것이니라.
11 그러니 사랑하는 나의 아들 네가 그
모두를 실천하며 또한 너는 그와 같은
것을 모두에게 보여 주어야 될 것이니
라.

12 그리고 그와 같이 하는 것이 사랑하는
것이요, 그게 너희들이 나에게 하는
길이라는 것을 너의 제자들은 몸소 실
천하며 그리 행하도록 하고, 모든 백
성들에게 그리 전하라.
13 너희들이 나에게 오르고자 하는 것은,
나는 보이지 아니하며 만질 수 없는
아버지에게 할 수 없으니, 볼 수 있는
어머니요, 만질 수 있는 부모에게 그
리하라.
14 그러면 하늘에서 그를 보는 나 여호와
의 기쁨이요, 그게 나에게 하는 것이
며 내가 그를 받음이니, 그보다 더 행
복하고 기쁨이 없느니라, 사랑하는 나
의 아들아!

9,143 번째 하나님 말씀

2004년 1월 11일 06시 09분

1 사랑하는 나의 아들아!
2 **"네, 아버님! 말씀하옵소서."**
3 너를 따르는 제자와 나의 법전을 읽고
깨우친 만백성, 그리고 나의 법전을
읽지 않는 백성이요, 저희만 구원의
길이라 하는 그 백성 너희들은 알라.
4 나 여호와가 성령이요, 새로운 성경인
나의 법전에 무어라 기록하였느냐?
5 너희들의 삶을 반대로 사는 것이 하늘
에 오르는 길을 볼 수 있다는 그 가르
침을 어찌하여 그리 소홀히 들으며 그
리 행하지 아니하는가?
6 너희들은 알아야 될 것이니라.
7 모든 믿음의 길을 가는 백성들이요,
지금까지 몇천 년 동안 하늘에 오르는
길을 온 그 백성들이 무어라 말하느냐?
8 인간의 노력으로는 절대 구원을 받을
수 없음이니, 지금 인간의 노력으로써
구원을 받는다 말하는 나의 아들을 사
탄이요, 이단이요, 마귀의 자식이라
그리 말하지 않는가?
9 그러니 여기에서 너희들은 이제 부르
짖어야 될 것이니라.
10 나 여호와가 너희들을 구원하는 것이
아니요, 너희들의 노력으로써 너희들
의 행함으로써 모두를 구하는 것이라
는 것을 역으로 가르치고 깨우쳐 주어
야 됨이니,
11 이게 바로 그들과 너희들과 가장 크게
부딪치는 장벽임을 알라.
12 그 모든 백성들은 그저 믿기만 하면
저희들이 구원을 받는 것이요, 다 구
원을 받은 자라 그리 말하느니라.
13 그러면서 믿음에 의해서 아름답게 살
고 착하게 살고 변해 가는 것으로써
너희들이 그리 가는 것이지,
14 완벽한 인간으로서 인간의 행함으로
써 구원을 받고자 하는 것은 오만이
요, 교만이라 너희들이 그리 말함이
니, 이게 잘못되었음을 알라.
15 모든 것은 행위로써 그 결과가 나오
며, 모두는 행위로써 심판을 받음을
너희들은 알아야 될 것이니라.
16 그리하여 이 벽을 넘지 못하는 것이
오늘의 믿음의 길을 가는 그 백성들일
것이니라.
17 그들은 절대 그를 받아들이지 아니하
며 이해하지 않으려 함이니, 결국 마
지막 너희들이 부닥치는 그 결론을 가
지고 어찌하는가?
18 인간 세상에 사는 너희들이 이웃집과

언쟁하는 것도 뜻이 다르며 이해하지
못할 때, 결국 그것 가지고 시시비비
하며 제 것이 옳고 그르다 너희들은
처음에 그렇게 시작하나,
19 그것이 언성이 높아지고 고성이 지나
면 너희들은 주먹질을 하게 되어 멱살
을 잡고 흔드는 그와 같은 형국으로
발전되는 것이니라.
20 그러니 모든 종교 집단이요, 믿음의
길을 가는 백성들과 너희들이 넘지 못
할 그 벽은, 너희들은 인간이 행함으
로써 모두 역사할 수 있으며, 자기 자
신이 행함으로써 구원을 받고 못 받는
다 그리 말할 것이니, 이를 가지고 너
희들에게 시시비비할 것이니라.
21 너희들에게 내가 가르쳐 말하기를, 하
늘에 오르는 길이요, 너희들이 마음을
여는 길이요, 마음을 다스리는 것은,
그 고리는 너희들 가슴 안에 있으므로
너희들 안에서만 열고 닫을 수 있다
하였음이니라.
22 그와 같은 가르침은 그들이 맞다고 다
고개를 끄덕거릴 것이며 그는 진리라
그리 말할 것이니라.
23 그러나 99개가 다 맞으나 하나가 틀
림이니, 그것은 저희가 절대 따를 수
도 없으며 믿어서도 아니 된다 그리
가르칠 것이니라.
24 그러면서 그들은 무엇이냐?
25 인간으로서 구원을 받는다는 자는 사
탄이요, 인간은 스스로 노력해서 구원
을 받을 수 없으며,
26 창조주 나를 찾으며 나의 아들 예수를
찾고 부르짖는 그것으로써 저희들은
이미 구원을 받은 자들이라 그리 말함
이니,
27 이게 바로 2천 년 전에 나의 아들 예
수를 죽게 한 행위이니라.
28 나의 아들 예수를 죽게 했던 것이 무
엇이더냐?
29 안식일을 지키지 아니하며 임의대로
행한다 하여 그를 죽이도록 하지 아니
하였더냐?
30 그리고 인간의 왕으로 왔다 하여 인간
의 왕의 분노를 사게 하여 너희들이
그와 같은 방법으로 죽게 했으니, 결
국은 무엇이더냐?
31 안식일에 일하는 자는 나 여호와의 아
들이 아니라 그리 말해서 그를 죽게
하지 아니하였던가?
32 나의 아들은 부르짖었느니라.
33 내 아버지가 쉬지 아니하고 일을 하고
있으니, 내가 일하는 것은 당연한 것
이라 그리 말하였음이니라.
34 지금의 나의 아들도 그리 말할 것이니
라.
35 아버님께서 내린 성령이요, 새로운 법
전에 말씀을 전하시기를, 너희들이 하
늘에 오르는 길이요, 역사한 것은 어
떠한 안식일에도 쉬지 말며 일하라 그
리 또 가르칠 것이며, 그리고 오늘의
삶을 반대 방향으로 살라 함이니,
36 이를 받아들이지 못하는 자들이 그와
같이 사악하고 험악한 행위로써 또 그
일을 저지를 것이니라.
37 그러나 이 벽을 넘어야 될 것이며, 너
희들은 여기서 주저해서는 아니 될 것
이니라.
38 모두를 다 잃는다 해도 너희들은 인간
의 행위로써 모든 심판의 기준이 된다

전하라.
39 인간 세상에 살아가는 너희들도 무엇
으로써 심판의 기준을 하느냐?
40 너희들이 어찌 행동을 하며 어찌 행하
느냐에 따라서 그 심판을 받으니, 하
늘의 뜻과 여기 지상의 뜻이 그리 이
루어짐을 알라.
41 내가 너에게 무어라 하였느냐?
42 네 부모요, 너희들을 길러 준 부모에
게 효도를 다하는 것, 그것이 너희들
이 나에게 또한 기쁨을 주는 길이라
하지 아니하였더냐?
43 그와 같은 이치를 너희들이 생각해 본
다면, 하늘의 이치요, 땅의 이치가 같
이 연결되어 모두 흘러감이라는 것을
잊지 말라, 사랑하는 나의 아들딸들아!

9,144 번째 하나님 말씀

2004년 1월 11일 06시 17분

1 사랑하는 나의 아들아!
2 "네, 아버님! 말씀하옵소서."
3 나 여호와가 나의 아들 예수를 통하여
너희들에게 전하였느니라.
4 '혼인집 손님들이 신랑과 함께 있을
때 금식할 수 있느냐? 신랑과 함께 있
을 동안은 금식을 할 수 없다.' 그리
말하지 아니하였던가?
5 그러니 너희들이 세상사에 살아가는
것을 한 가지로써 고집을 피우며 그것
이 맞다 하는 너희들의 머릿속에 박힌
의식이 변하지 못하는 어리석은 오늘
의 그 믿음을 위하여 내가 너희들에게
전하였느니라.
6 내가 나의 아들을 통하여 너희들에게
무어라 전하였느냐?
7 내가 너희들에게 어떤 과일을 먹지 말
라 하였음이니라.
8 사과를 먹지 말라 하였다 하자.
9 그러나 나 여호와가 또한 사람에 따라
서 그를 치료하며 그 생명을 구하며
그에게 필요하기에 그에게 사과를 먹
으라 할 수 있다 하였음이니라.
10 그러니 그와 같은 융통성이요, 그와
같은 변화의 그 길이 진리요, 하늘에
오르는 길임을 너희들은 알아야 될 것
이니,
11 하나를 갖다가 그것으로써 고집하며
그것은 불변이라 그리 말하는 자, 그
것이 바로 너희들이 미래를 보지 못하
며, 초등 학문에서 고등 학문으로 변
하는 그 길을 가지 못하는 자임을 너
희들은 알라.
12 너희들은 큰 뜻으로, 하늘의 넓고 높
고 깊은 뜻으로써 모두를 보고 가야
함을 알라.
13 또한 나의 아들이 가는 것, 나의 아들
이 행하는 것 하나를 보고 인간 세상
에 붙여 그것이 잘못된 것이며 잘된
것이라 시시비비해서는 아니 될 것이
니라.
14 그는 그대로 나의 뜻을 받아 임하니,
너희들이 그를 믿고 따라야 될 것이니
라.
15 내가 무어라 말하였느냐?
16 나의 아들은 죽은 자 가운데 산 자니,
그가 임의로 하는 것이 없으며 내 뜻
에 의하여 모두를 역사한다는 그 의미
를 너희들은 또한 알아야 될 것이니라.
17 그러니 너희들은 지금의 오늘의 성서

에 기록되어 있는 것을 보고 그것만으
로써 너희들이 가야 한다는 것, 그것
이 얼마나 어리석은 길인가 알아야 할
것이니라.
18 지금 너희들은 무엇이더냐?
19 하지 말라 했다 하여 그것을 죽을 때
까지 하지 아니하는 것이 아니요, 그
것 또한 내가 명하여 역사할 때는 그
를 하게 할 수 있다 하였음이니, 내가
무어라 말하였느냐?
20 마지막에 내리는 나의 성경이요, 내가
너희들에게 전하는 것이 가장 소중하
다 하였음이니, 구약의 역사도 소중한
것이며 신약의 역사도 소중함이니라.
21 그러나 지금 나의 아들을 통하여 내리
는 나의 성령이요, 내 뜻이 가장 소중
하고 귀한 것임을 알아야 될 것이니라.
22 너희들이 인간 세상에 살아가면서 세
월 속에 변화되며, 과학이라는 것이
발달되고 변화되며 너희들을 깨우쳐
주듯이, 너희들의 믿음 또한 그러하니
라.
23 구약의 시대에 너희들에게 역사했던
것과 나의 아들 예수를 통하여 역사한
것과 지금의 나의 아들을 통하여 이루
는 그 역사함이 모두 다르다는 것을
너희들은 어찌 모르느냐?
24 나의 아들 예수를 통하여 역사하는 것
만 하늘에 오르는 길이요, 위대한 길
이라 그리 말하지 말라.
25 구약의 시대는 누구를 통하여 역사했
느냐?
26 모세를 통하여 그 모두를 역사하였음
이니, 모세를 통하여 역사한 것이 무
엇이더냐?
27 그 백성을 구하기 위하여 내가 그와
같이 한 행위가 아니더냐?
28 그러니 모세를 통하여 역사한 것은 그
시대에 그 백성을 구하기 위한 역사함
이요,
29 신약의 시대는 또한 신약의 시대에 너
희들에게 사랑이 무엇인가를 깨우쳐
주기 위하여 그와 같은 역사를 내가
했음이니라.
30 그 모두가 구분되어 있음을 알라.
31 지금의 마지막 시대는 무엇인 줄 알겠
느냐?
32 나 여호와가 나의 성령이요, 법의 기
준을 내려보내, 너희들이 이를 보고
구할 자와 구하지 못할 자, 또 내가 기
억하는 자, 기억하지 못하는 자,
33 너희 스스로 나에게 올 수 있는 길을
오고 못 오는 것을 깨우쳐 주기 위한
그와 같은 시대의 가르침이 다름을 알
아야 될 것이니라.
34 시대의 가르침이 다름이니, 그것이 무
엇이더냐?
35 마지막 시대는 구원의 시대요, 심판의
시대이니,
36 지금 나의 아들을 통하여 내리는 나의
성령이요, 새로운 성경이요, 여기에
너희들이 모두를 다 바치고 가야 됨이
니,
37 단계적으로 그 시대에 그때에 따라서
역사하고 기록하는 그것을 안다면, 나
여호와가 지금 역사함을 너희들은 알
아야 될 것이니라.
38 그러니 너희들이 이를 본다면, 혼인집
손님들이 신랑과 함께 있을 때는 금식
할 수 없다는 그 말을 알겠느냐?

39 그 의미를 안다면, 너희들이 오늘의
나의 아들을 통하여 새로운 성경이요,
새로운 법전을 내려보낸 그 의미 또한
알 것이니,
40 그때는 그때요, 지금은 지금의 시대가
이루어진다는 것을 너희들은 알아야
될 것이니라.

9,145 번째 하나님 말씀

2004년 1월 11일 06시 28분

1 사랑하는 나의 아들아!
2 "네, 아버님! 말씀하옵소서."
3 신약의 시대에 성서에 기록하여 전한
대목이 있음이니라.
4 '안식일은 사람을 위하여 있는 것이
요, 사람이 안식일을 위하여 있는 것
이 아니다.' 그리 말하였으니, 그 앞에
너희들은 이와 같은 단어를 넣어 깨우
쳐야 될 것이니라.
5 너희들이 지금 안식일이라 하여 지키
는 그것은 너희들이 일상생활을 살아
가면서 지치고 힘든 몸을 재충전하며
미래를 위하여 쉬는 것이라 나의 아들
예수는 그리 가르치고자 하였음이니
라.
6 그러나 너희들은 그와 같은 뜻을 모두
삭제하였음이니라.
7 그리하여 안식일은 사람을 위하여 있
는 것이요, 사람이 안식일을 위하여
있는 것이 아님이라 나의 아들이 이야
기한 그것을 너희들이 그리 기록하여
그것만 전함이니, 이는 무엇이더냐?
8 너희들이 안식일이라 지키는 그것은
바로 인간 너희들이 만든 것이요, 하
늘의 뜻이 아니요, 그러하기 때문에
인간을 위하여 쉬는 시간이요, 인간을
위하여 쉬는 시간이기 때문에 그것은
너희들이 주인이요, 나 여호와가 주인
이 아니라 그리 말하지 아니하였던가?
9 내가 하는 안식일이라 하는 것은 주인
인 내가 역사하는 것이 아니더냐?
10 그러니 이와 같이 기록된 부분을 너희
들이 삭제할 것 삭제하며 너희들의 뜻
에 맞도록 너희들의 입맛에 맞도록 너
희들을 위하여 가장 중요한 대목들을
삭제하였음이니, 오늘의 안식일이 어
떠한 것인가, 거기에 너희들이 매달려
있지 않으냐?
11 나의 아들 예수를 통하여 내가 전한
것은, 너희들이 지금 지키고 있는 그
안식일이라 하는 것은 사람을 위하여
사람이 쉬고 재충전하기 위하여 그것
이 필요한 것이지, 하늘의 안식일이
아니기 때문에,
12 안식일은 사람을 위하여 있는 것이요,
사람이 안식일을 위하여 존재하는 것
이 아니라 나의 아들 예수가 가르쳤던
그 의미를 너희들이 깨우쳐야 될 것이
니라.
13 그러면서 나의 아들은 거기에 무어라
기록하여 전하였느냐?
14 인자는 그래서 안식일의 주인이라 그
리 말하였음이니,
15 주일이라 너희들이 말하는 날에 인자
는 쉬지 아니하며 나 여호와는 쉬지
아니하고 일을 하고 있음이니, 주인은
너희들이라 함을 절대 잊어서는 아니
될 것이니라.
16 그리하여 나의 아들 예수는 너희들에

게 전하였느니라.
17 너희들은 성서에 단순히 이것만 기록
하였느니라.
18 '안식일에 선행을 하는 것과 악행하는
것, 생명을 구하는 것과 죽이는 것은
어떤 것이 옳으냐?' 그리 물음이니,
19 여기에서 그와 같은 의미 또한 너희들
이 앞에 기록되는 모든 대목들을 삭제
하고 지워 버렸음이니 그리 알라.
20 그러니 너희들이 이와 같이 성서를 변
조하여 기록하였기 때문에 오늘의 너
희들이 성서의 의미를 모르며 그 뜻을
모른다 함을 알라.
21 그리하여 나의 법전을 읽고 깨우치는
자만 그를 알게 될 것이니라.
22 그러니 나의 법전을 읽는 자만 성서를
열 수 있는 열쇠를 가지며 그래서 그
를 열 수 있다는 것을 너희들은 알아
야 될 것이니라.
23 그러니 지금 내가 천 년에 걸쳐 모든
역사를 이루는 것, 그와 같은 안식일
의 역사함을 너희들은 알아야 될 것이
니라.
24 다만 너희들이 쉬는 날 그것이 안식일
이 아니요, 오로지 그것은 인간을 위
하여 피로하고 지친 마음을 다스리고
쉬는 것이라는 이와 같은 개념의 깨달
음을 알고 살아가는 것이 내 뜻에 따
라서 역사하는 것임을 너희들은 알아
야 될 것이니라.
25 그러니 안식일이라 하여 너희들이 전
한 그날에 선행을 하는 것, 그리고 생
명을 살리는 그와 같은 것을 행하는
것이 옳으냐 그리 물었으니,
26 죽어 가는 자를 살리는 것, 그리고 생
명이 끝나는 것을 구제하는 것, 그와
같은 모든 역사요, 너희들이 남에게
부채가 있어 갚을 자, 그리고 남에게
빚이 있는 자, 이와 같은 자는 그와 같
은 날에 쉬지 말며 일하여 그에게 먼
저 인간의 도리를 다하는 것이 소중하
다 하였음이니,
27 그러니 그것이 인간 너희들이 만든 휴
식의 날이요, 나 여호와가 만든 안식
일이 아니니, 주인이 너희들이라 함을
알아야 될 것이니라.
28 오늘의 쉬는 날은 너희들 것이니, 그
날 너희들의 어떤 법도요, 노력에 의
하여 너희들의 습관에 의하여 구원을
받는 길이요, 하늘의 안식일처럼 너희
들이 그 시간을 낭비하고 바꾸는 어리
석은 그와 같은 삶에서,
29 그것은 너희들이 주인이니 너희들이
그날도 쓰고, 휴식하는 자 휴식하고,
남에게 역사할 수 있는 자는 그걸 중
단하지 말고 일을 하여 그 모두를 처
리하는 것이 옳은 길이라 함이니,
30 또한 나도 하늘에서 일을 하고 있으며
나의 아들도 그날 너희들에게 쉬지 않
고 일을 하라 하였음이니라.
31 그리하여 나의 아들을 죽게 한 그 역
사의 전철을 다시 살리려 하지 말며,
그대로 행하려 하는 그 사악한 행위를
중단하도록 전하라.

9,146 번째 하나님 말씀

2004년 1월 11일 06시 34분

1 사랑하는 나의 아들아!
2 "네, 아버님! 말씀하옵소서."

3 내가 나의 성경에 기록하여 전하기를,
'한 집안에도 스스로 분쟁을 하면 그
집안이 일어설 수 없으며 화목하게 역
사할 수 없으며 그 자식 또한 모두 다
그 뜻을 이룰 수 없으며 한 뜻을 이루
어 목표를 이룰 수 없다.' 내가 그리
말하여 가르쳤음이니라.
4 그러니 만백성을 구하는, 나로부터 초
청받은 자요, 부름을 받은 나의 사랑
하는 백성 너희들이 나의 성전에서 나
의 아들을 놓고 분쟁을 하며 서로 시
시비비하는 그와 같은 일이 있어서는
아무것도 이룰 수 없음이니라.
5 너희들이 분쟁하는 마음, 시기하는 마
음, 질투하는 마음, 그 욕심의 마음을
모두 다 버리며, 안에서만 열 수 있는
너희들의 마음의 고리를 열었을 때만
모두 다 역사할 수 있을 것이니라.
6 내가 나의 성전을 그득히 채우라 하였
음이니, 그것 또한 너희들의 마음속에
스스로 분쟁하는 마음이 있어서는 절
대 그 역사를 이룰 수 없다는 것을 너
희들은 알라.
7 내가 성서에 기록하여 말하기를, '너
희들이 나라를 다스리는 것 또한 내분
이 나며 스스로 물고 뜯는다면 그는
바로 갈 수 없다.' 하지 않더냐?
8 그러니 그와 같은 분쟁이 바로 패망의
길이요, 너희들이 설 수 없는 그와 같
은 역사를 함을 알아야 될 것이니라.
9 또한 내가 무어라 말하였느냐?
10 세상에 사탄을 쫓아낼 수 없으며, 사
탄은 사탄끼리 다스릴 수 없는 것이
저희들이라 그리 말하지 아니하였더
냐?
11 그러니 욕심이요, 그 사탄의 마음을
다스리는 것은, 사탄이요, 욕심의 마
음은 그 사탄을 더 크게 만들었으며
그를 비대하게 하며 그에게 힘을 실어
주는 것이니, 그것을 쫓아내고 다스릴
수 있는 것은 무엇이더냐?
12 선한 마음뿐이며 선한 행위를 하는 것
뿐이니라.
13 그러니 너희들의 마음속에 있는 모두
를 다스리는 건 선한 마음이요, 선한
행위만 사탄이요, 그 욕심을 다스릴
수 있는 것이라 하였음을 너희들은 어
찌 모르느냐?
14 이와 같은 의미를 너희들이 안다면,
내가 너희들에게 모두를 역사해 주는
것이 아니요, 내가 너희들의 가슴속에
있는 사탄을 모두 쫓아내 주고 몰아내
주는 것이 아니요,
15 너희들이 행함으로써 모두를 다스려
이겨서 나에게 올 수 있는 백성으로
선택받는 것이 너희들이라 하였음이
니라.
16 그러니 내가 모두를 용서해 주며 그저
사랑으로 감싸는 자라면, 너희들이 사
악한 죄를 짓고 덜 짓는 그 기준을 어
찌하며,
17 큰 죄를 짓고 용서받지 못할 죄를 지
은 것을 다 용서해 주고 너희들의 작
은 것도 용서해 주고 그리한다면 내가
공의의 하나님이라 할 수 있느냐?
18 나는 공의의 하나님이요, 너희들을 심
판하는 나 여호와이니, 어찌 심판관이
그것을 이리하라 저리하라 가르쳐 줄
수 있단 말이더냐?
19 그와 같은 의미를 너희들이 안다면 함

부로 너희들이 나를 찾는 것만으로 구
원을 받는다 그리 말하지 말라.
20 너희들이 행함에 있음을 알아야 될 것
이니라.
21 너희들이 인간 세상에서 시험을 봄이
니, 시험을 보는 자를 감독관이 구원
해 주며 답안을 가르쳐 주며 답안지를
전해 준다 그리 믿고 따르는 어리석은
백성들과 똑같으니라.
22 공부를 하지 아니하고 시험장에만 들
어가면 그 시험을 감독하는 자가 너희
들에게 모든 답을 가르쳐 줄 것이라
그리 말함이니,
23 이것이 바로 오늘의 믿음의 길을 가는
종교 집단이요, 지도자들이 예수를 찾
으며 나를 찾으면 하늘에 오를 수 있
다 그리 말하는 어리석은 백성임을 알
라.
24 시험의 감독관은 무엇이더냐?
25 너희들이 부정하는 것, 옆 사람의 것
을 보지 못하도록 감시하는 것이 그
감독관이 아니더냐?
26 너희들을 구원하고 구원하지 못하는
판결을 하는 자요, 심판하는 나 여호
와가, 그와 같은 시험관보다도 더 엄
하고 엄격하게 자리를 지키고 존재하
는 나 여호와가 어찌하여 너희들에게
그 답안지를 가르쳐 주며 시험지를 가
르쳐 준다 그리 말하느냐?
27 너희들이 정녕 시험장에 와 그 감독관
에게 쫓겨나지 아니하는 자가 되려면,
너희들이 피나는 노력으로써 역사하
여 거둬들여야 됨이니라.
28 그와 같은 자만 그 시험의 답안지를
쓸 수 있는 것이요, 좌우를 봐도 아니
되는 것이요, 더욱이 시험관은 절대
가르쳐 줄 수 없음이니라.
29 인간 세상에서 물질이요, 금화와 은화
로 거래하는 자들이 죄짓는 행위로써
그와 같은 것을 할 수도 있으나, 하늘
의 법도는 그것이 있을 수 없으며, 나
여호와 앞에서는 그게 통할 수 없음이
니,
30 나 여호와는 작게 말하면 한 시험장의
시험관이며 감독관임을 알라.
31 감독관이 답을 가르쳐 준다는 것이 오
늘의 종교 집단의 어리석은 자들이니,
32 행위가 중요함을 잊지 말라 그리 전하
라, 사랑하는 나의 아들아!
33 모든 백성들이 그걸 믿고 가고 있음이
니라.
34 시험장에 들어가기만 하면 시험 감독
관이 그 답을 알게 모르게 다 가르쳐
준다 하니, 얼마나 너희들이 방탕한
생활을 하며 마음대로 놀고먹고 즐기
겠느냐?
35 그저 젊음을 그대로 소비함이니, 너희
들이 마지막 시험장에 왔을 때, 시험
관은 그를 가르쳐 주지 아니하며, 옆
사람 것도 볼 수 없으며, 장막이 쳐져
일대일로 시험관 앞에서 시험을 본다
는 그 무서운 사실을 너희들은 알라.
36 그를 모르는 자, 지금의 믿음의 길을
가는 모든 백성들에게 이 무섭고 두려
운 것을 깨우쳐 주도록 그리하라.
37 나 여호와는 절대 너희들에게 답을 가
르쳐 주는 아버지가 아니요, 심판하는
아버지이니 그리 알라.
38 너희들이 지금 지상에 살았을 때 내가
사랑하는 것이며, 너희들이 나를 아버

지라 부르라 하였음이니,
39 시험장에 들어가면 네가 평소에 얼마
나 공부를 하고 살아왔느냐를 내가 심
판함이니, 그때는 너희들이 나를 아버
지라 부를 수 없으며 한 치의 용서함
도 없음을 알라.

9,147 번째 하나님 말씀

2004년 1월 11일 06시 50분

1 사랑하는 나의 아들아!
2 "네, 아버님! 말씀하옵소서."
3 나 여호와가 너희들로 하여금 새로운
시대요, 새 역사를 이루어간다는 것,
그것이 얼마나 소중한 것이며 어떠한
의미인 줄 너희들이 아느냐?
4 나 여호와가 이 세상에 모든 참진리를
내려보냈으며 모두가 너희들이 그저
듣고 깨닫는다면 그를 알 수 있도록
세상에 다 내려와 있음이니라.
5 그러나 하늘나라의 비밀을 내가 너희
들에게 모두 읽고 깨우칠 수 있도록
해 줄 수 없으니, 너희들이 그를 알지
못하며 듣지 못함이니, 이것이 무엇이
더냐?
6 곧 모두 다 비유로써 내가 너희들에게
명하여 내렸기 때문이니라.
7 그 비유의 뜻을 아는 자, 그를 들여다
보는 자만 구원을 받을 수 있으며 나
여호와의 뜻을 알 수 있기 때문이니라.
8 그러니 그 비유의 뜻을 알지 못하는
자는 바로 무엇이더냐?
9 너희들의 죄가 무엇이며 선함이 무엇
이며 행하는 것이 무엇인지 모름이니,
10 그 자체를 모르는 자가 어찌 그리 갈
구하는 구원의 역사를 얻을 수 있으며
구원의 길을 갈 수 있다 하더냐?
11 내가 비유로써 기록한 나의 성령이요,
내 뜻을 아는 자만 죄 사함을 받을 수
있으며, 죄 사함을 받는 자만 하늘에
오르는 길을 알 수 있음이니라.
12 그러니 내 뜻을 행하고 역사하는 자만
그를 알 수 있거늘 그를 알지 못하니,
13 지금의 모든 백성들이 구원을 받았다
울부짖으나, 비유의 뜻을 알지 못하는
자, 구원을 받지 못했으며 구원이 무
엇인지 모르는 자들이니라.
14 그러나 지금 나의 아들을 통하여 내리
는 나의 성경을 읽고 접한 백성 너희
들은 그 비유의 뜻으로써 내가 역사함
이 아니요, 그 비유의 뜻을 너희들이
들여다보고 깨달을 수 있는 그 열쇠를
지금 내려 주고 너희들의 손에 쥐여
줌이니,
15 열어 보고 듣기만 하면 그를 알 수 있
는 것이 너희들이니라.
16 그러니 그게 바로 무엇이더냐?
17 죄를 사할 수 있는 그 길을 가는 백성
들이요, 죄를 사하는 길을 가는 백성
들이니, 너희들이 구원을 받을 수 있
는 자들이 아니더냐?
18 이것이 소중함을 알아야 될 것이니라.
19 지금 너희들이 나로부터 선택된 백성
이요, 그리고 마음을 비우지 아니한
자는 아무리 성서를 본다 해도 모르
며, 들어도 듣지 못하며 깨달으려 해
도 깨닫지 못하는 것이 그들이니라.
20 모두가 비유로 되어 있기 때문이니라.
21 그러니 그 비유로 되어 있는 성서의
의미 그 자체를 깨닫지 못하며, 더욱

이 저희들이 공부하는 길을 모르며 그
걸 들여다보는 길을 모르는 어리석은
백성들이니, 거기에서 무엇이 이루어
지겠느냐?
22 그리하여 이제 내가 너희들에게 그 모
두를 내림이니, 나의 법전을 너희들이
정독하고 정독해도 성서에 기록된 내
용의 비유의 뜻이요, 그리고 기록해
놓은 것을 인간 너희들이 마음대로 삭
제한 것을 구분할 수 없거든, 너희들
은 나의 법전을 믿지 아니해도 될 것
이니라.
23 그러나 너희들이 나의 법전을 정독하
고 또 성서를 들여다볼 때, 무엇이 너
희들에게 원하는 것이며 너희들이 무
엇을 어찌해야 될 것인가 알게 됨이니,
24 그때는 지금까지는 보아도 몰랐던 것
을 너희들이 보면서 알 것이며, 들어
도 몰랐던 그 내용들을 너희들이 들으
면 알게 되는 그와 같은 위대한 변화
가 있게 되며,
25 그리하여 나의 법전이 너희들에게 모
든 성서의 그 비유의 뜻을 열 수 있는
열쇠라 함이 여기 있음이니라.
26 그러니 지금의 모든 백성들은 하늘의
비밀을 내가 그들에게 주었으나 알지
못했으며, 깨닫지 못했으며, 그를 들
여다보지 못한 것이 오늘의 종교 집단
의 지도자들이니라.
27 그러나 너희들은 나의 아들을 따르며
나의 법전을 읽는 순간에 하늘의 비밀
을 알며 그 뜻을 알게 됨이니,
28 너희들로서 만백성을 구하는 그 역사
가 시작된다는 것, 그리하여 너희들이
귀하고 소중한 백성들이라는 것을 잊
지 말라, 사랑하는 나의 아들딸들아!

9,148 번째 하나님 말씀

2004년 1월 11일 11시 42분

1 사랑하는 나의 아들아!
2 "네, 아버님! 말씀하옵소서."
3 지상에서 달리는 훌륭한 기계가 있음
이니라.
4 소위 너희들이 말하는 자동차라는 그
와 같은 기계가 있음이니, 그러나 사
람이 아무리 못났든 잘났든 앉아서 운
전하며 그를 인도해야만 그게 가지 않
느냐?
5 하늘을 나는 비행기라는 과학의 문명
도 있음이니라.
6 그것도 과연 누가 있어야 되느냐?
7 인간이 있어야 그 모두를 통제하고 다
스려 가지 않더냐?
8 사랑하는 나의 아들아, 나의 법전이
세상에 내려와 만백성을 구하는 그 역
사를 이룬다 하여도 정녕 그와 같은
이치임을 너는 알라.
9 참진리요, 아름다운 내 뜻이 세상에
내려감이니, 이를 받아들여 소화시키
며 인도하고 이끌어 가는 자가 있어야
될 것이니, 그것이 바로 너의 제자요,
나로부터 선택된 백성들임을 알아야
될 것이니라.
10 너희들은 이제 가슴에 새기고 돌아가
라.
11 내가 나의 아들을 통하여 이 성전을
그득히 채우라 함은, 그것이 무엇인
줄 알겠느냐?
12 너희들 스스로 너희 자신이 어찌하여

이와 같은 축복의 영광을 받았으며 선
택의 영광을 받았는가 의혹하며 의심
하는 그와 같은 마음이 있을 것이니라.
13 아무것도 가진 것이 없으며 역사한 것
이 없으며 하나도 내놓을 것이 없으며
삶을 바르게 살지도 못한 제가 어찌하
여 이와 같은 은혜의 영광을 받을 수
있단 말이던가 하여 너희 자신을 돌이
켜 보며,
14 성전에 와 나의 강론을 들으며, 나의
아들을 통하여 내리는 기도 소리를 들
을 때 너희 자신이 의구심이 들며 의
문이 갈 것이니라.
15 그것부터 너희들이 지워 버리고 털어
버리도록 그리하라.
16 너희들이 기계를 운영하는 그 모두도
처음서부터 그를 잘하는 자 없음이니,
배우고 다스려서 가는 것이니라.
17 그리하여 너희들이 배우고 다스려 감
이니, 내가 오늘 나의 아들을 통하여
너희들에게 훈련을 함이 무엇인 줄 알
겠느냐?
18 너희들이 정녕 내놓을 것이 없으며 아
름답게 살지 못했으며 남에게 지도자
의 역할이 될 수 없는 자를, 창조주 나
여호와가 너희를 불렀음이니,
19 너희들이 첫 번째는 그 은혜에 보답하
는 길이 무엇인가 생각해 봐야 될 것
이니라.
20 두 번째는 무엇인 줄 알겠느냐?
21 나의 아들을 통하여 내리는 강론을 수
없이 들었으며 나의 법전을 듣고 깨우
쳤음이니, 이 세상 어떠한 백성도 너
희들만큼 아는 자가 없으며 너희들만
큼 참진리를 들은 자가 없다 함이니라.
22 너희들은 나의 아들을 통하여 내리는
내가 전하는 모든 것이 참진리요, 나
여호와의 뜻이요, 하늘의 뜻이니, 과
연 나의 아들을 통하여 내리는 것을
들은 자가 너희들 말고 누가 있단 말
이더냐?
23 그러니 너희들이 그리 나약해서는 아
니 됨이니라.
24 그리하여 내가 너희들을 훈련시키고
자 하여 나의 성전을 채우라는 것이
니, 너희들이 자신 있는 모습으로 변
하며 탈바꿈할 수 있는 용기를 갖지
아니하면 만백성을 구할 수 없음을 알
라.
25 너희들은 자신을 나약한 자요, 내놓을
것이 없는 자요, 보일 것이 없는 자라
그리 말하지 말라.
26 이 세상의 재물은 다 부서지고 깨지며
주인이 바뀔 수 있으며 또 무너지고
그 형태가 부서지나, 참진리요, 나 여
호와의 뜻은 변하지 아니하며 불변이
니라.
27 불변이요, 변하지 않는 것을 너희들
가슴속에 안고 있으며, 너희들 마음에
그득히 채워지는 그 위대한 영광을 얻
은 너희들보다 더 위대하고 소중하며
귀한 자가 없음이니라.
28 변하지 않는 것을 가슴에 안고 있는
너희들이니, 내가 나의 성전을 그득히
채우라 하는 것은 너희들이 얼마나 위
대한 자들이요, 나의 아들을 통하여
내리는 강론을 들은 너희들은 이 세상
의 백성들과 얼마나 차별화될 수 있는
가?
29 너희들이 용기를 갖는 그 훈련을 시키

자는 것이 나의 뜻이니,
30 너희들은 아무것도 아니요, 가진 것도
없으며 부족한 자가 나에게 구원을 받
으며 이 법전을 접한 그 은혜를 의혹
한다면 이번에 그를 씻어 버리는 계기
가 되도록 그리하라.
31 그리하여 너희들이 무엇인가를 보여
줄 때, 나로부터 내린 강론을 듣고 법
전을 읽고 깨우친 것이 만백성과 대화
할 때 너희들이 얼마나 높이 와 있는
지 알 것이며,
32 그와 같은 자신과 체험과 용기를 가졌
을 때, 이제 나가서 만백성을 구하는
그 역사를 이룰 수 있는 지도자로서
탈바꿈해야 되기 때문이니, 그 모두는
너희들이 벗어나야 될 것이니라.
33 하나의 나비가 알을 까니, 그가 애벌
레에서 나비로 변신하는 것은 그가 그
속에서 변화되어 그리 뚫고 나오는 것
이니라.
34 나는 모두를 너희들에게 다 주었음이
니, 그 애벌레가 뚫고 나와 세상을 날
수 있는 것은 너희들 몫이니라.
35 너희들은 그를 뚫을 수 있으며 그를
역사할 수 있는 자이니라. 애벌레가
나올 수 없으며 뚫을 수 없다 하여 그
자리에서 멈추고 있으면 그는 메말라
죽을 것이며 역사할 수 없는 것이 아
니더냐?
36 사랑하는 나의 아들 너희들에게 용기
를 주고자 하여 이 성전을 채우라 함
이 여기에 있음이니, 두려워하지 말며
겁먹지 말며 이끌어 가도록 그리하라.
37 목숨을 바쳐 노력하고 목숨을 바쳐 나
의 은혜에 최선을 다해 보답하며 네가
무엇인가를 보이고자 할 때 내가 역사
할 것이니 그리 알라.

9,149 번째 하나님 말씀

2004년 1월 12일 07시 20분

1 사랑하는 나의 아들아!
2 "네, 아버님! 말씀하옵소서."
3 내가 너의 제자들에게 너를 깨우쳐 이
끌어 가는 나 여호와가 어떠한 형국으
로써 너를 이끌어 간다 하였느냐?
4 "네, 아버님! 저는 아무것도 모르며,
성서를 본 적도 없으며, 성서를 읽어
본 적도 없으며, 교회라는 곳에 가 공
부한 적이 없사옵나이다.
5 다만 남들이 들고 다니는 것이 성경이
라 하였으며, 그러니 그 속에 무슨 의
미요, 무슨 뜻이요, 무엇이 있는 건지
모르며 무엇하는 것인지 모르니,
6 그를 봐도 본 것이 아니요, 그를 만져
도 만진 것이 아닌 그와 같은 형국으
로 무관심한 그와 같은 형태로서 살아
온 저이옵나이다."
7 그러한 너를 나 여호와가 어찌 깨우친
다 말하였더냐?
8 "네, 아버님! 무거운 짐을 싣고 가는
당나귀가 가지 아니하니, 그 앞에 그
가 가장 좋아하는 당근이라는 것을 매
달아 끌고 가는 그와 같은 형국으로
아버님께서 저를 다스리고 이끌어 가
시기에, 어쩔 수 없이 가는 것이라 그
리 저는 표현하여 말했사옵나이다."
9 사랑하는 나의 아들아!
10 "네, 아버님!"
11 그러면 너는 지금 나의 법전을 기록하

여 전하고 있음이니, 지금의 너는 어
떠한 길을 가고 있으며, 나 여호와가
너를 끌고 가며 인도하는 것이 어떠한
길로 가는지 알고 있느냐?
12 "네, 아버님! 알고 있사옵나이다.
13 지금 아버님께서 저를 이리 가도록 하
시는 것은, 그것을 생각을 하면 가슴
이 미어지며 그 송구스러운 마음을
어찌할 길이 없사옵나이다."
14 내가 너를 지금은 어찌 끌고 간다고
생각하느냐?
15 "네, 아버님! 저는 이제 그리 알고 있
사옵나이다.
16 여인이 시장에 와 온갖 잡동사니를 다
샀음이니, 그리하여 그는 큰 하나의
보따리에 그를 담아 가지고 지금 들고
가고 있사옵나이다.
17 들고 가는 그 보따리가 찢어지니, 그
여인의 시장 보따리보다도 더 혼잡한
제 모든 죄를 지금 제가 짊어지고 또
보따리에 싸 가지고 감이니,
18 아버님께서 그 보따리를 칼로 쳐 그
보따리가 찢어짐이니, 제가 그 찢어진
보따리요, 작은 보따리에 그걸 주섬주
섬 담고 가려니 그중에서 제가 하나
를 버려야 되기에, 가장 쓸모없는 것
을 하나 버리고 작은 보따리에 맞춰
서 들고 가는 그와 같은 형국이옵나이
다.
19 그리하여 아버님께서 찢어 버린 일부
의 떨어진 부분을 모른 체하며 나머지
있는 그 보따리도 주섬주섬 또 모아
담아 백 가지 중에서 아흔아홉 가지를
들고 열 발자국을 가니, 아버님께서
또 불 칼로 그 보따리의 일부를 쳐 그
를 찢어 버리시옵나이다.
20 그러니 제가 그중에서 또 버릴 것을
추려 가장 쓸모없는 것을 버림이니,
그것이 90개이옵나이다.
21 그리하여 90개를 담을 수 있는 그 보
따리에 간신히 90개를 추슬러 제가
온갖 힘을 다하여 그를 먹고살겠다 하
여 또 짊어지고 가니,
22 아버님께서 불 칼로 그를 또 치니, 그
보따리 일부가 또 찢겨 나감이니, 거
기에 담을 수 있는 것만큼 70가지요,
80가지를 담아서 제가 먹고살겠다 하
여 또 짊어지고 가고 있사옵나이다.
23 그와 같은 것을 아버님께서 제가 열
발자국도 못 가서 또 불 칼로 치시옵
나이다.
24 그러니 이 어리석은 자는 또 주섬주섬
그 보따리에 50개를 담아 짊어지고
감이니, 열 발짝도 못 가 아버님께서
불 칼로 그 보따리를 치시옵나이다.
25 그리하여 그것이 또 줄어든 만큼 소
중한 것을 먼저 주워 담고 그저 필요
없는 값싼 나물들은 다 버리고, 또한
값싼 생선을 버리고, 그걸 또 주섬주
섬 담아서 짊어지고 가니, 아버님께서
또 불 칼로 치시옵나이다.
26 이와 같이 저를 호통치며 제가 바로
갈 수 있도록 아버님께서 수고와 고통
스러움으로 가르치심을 보고 가는 제
가 한 번에 쓸데없는 모든 것을 버리
지 못하며,
27 인간의 욕심으로 육을 위해 짊어지고
가는 그 욕심의 보따리를 아버님께서
벌을 주시는 만큼 떼어내고 또 나머지
를 움켜쥐고 짊어지고, 그것이 아니면

죽는 것이라 생각하여 움켜쥐고 또 가
니,
28 그를 또 치시는 아버님의 그 수고로움
이요, 그와 같은 방법으로써 저를 지
금 다스려 가며 이끌어 가시는 것을
알고 있사옵나이다.
29 사랑하는 나의 아들아!
30 "네, 아버님! 말씀하옵소서."
31 너의 제자들 또한 네가 그리 다스리고
가르쳐 가야 될 것이니라.
32 나의 수고로움이요, 나의 고통스러움
이라 생각하지 말라.
33 네가 성장해 가면서 하나하나 버리고
가는 것을 바라보는 나 여호와의 기쁨
이 또한 있음이니라.
34 그러니 너의 제자들도 그와 같은 방법
으로써 가르쳐 주고 깨우쳐 주라.
35 너희들이 그저 먹고살고 그것이 아니
면 죽을 것이라 하여 한 보따리에 주
섬주섬 작고 큰 것을 담아 그저 짊어
지고 감이니, 그게 너희들이 버리지
못하는 온갖 죄의 숫자이니라.
36 그리하여 너의 제자들이 지고 가는 무
거운 그 죄를 네가 불 칼로 쳐 그 보자
기를 줄이라 하면, 그들은 또 그 욕심
을 버리지 못하여 너를 원망하며 나머
지라도 주섬주섬 담아 갈 것이니,
37 또 치고 또 치라.
38 그리 치다 보면 저희들이 언젠가는 다
부질없는 것을 알 것이니, 그리해서라
도 그 제자들이 바로 서도록 그리하
라, 사랑하는 나의 아들아!
39 "네, 아버님! 알겠사옵나이다.
40 그와 같이 그들이 담은 보따리를 줄
이면 그들이 또 적게 담아 갈 것이며,
또 보따리를 아버님이 저에게 벌하신
것처럼 줄이면 또 적게 담아 갈 것이
며,
41 그리하여 저의 제자와 법전을 읽고 깨
우친 백성 모두가 아버님의 나라에 들
어가는 그 영광의 길을 가도록 그리하
겠사옵나이다."
42 사랑하는 나의 아들아, 그리하라.
43 그리해서 가기만 한다면 나의 기쁨이
요, 너희들이 나에게 더 이상의 영광
을 줄 수 없음이니, 내가 사랑함이니
라.
44 내 마음을 아는 아들이 세상에 있으
니, 내가 기쁨이요,
45 내 뜻을 따라 행하는 너를 따르는 제
자들이요, 사랑하는 나의 백성들이 있
으니, 나 여호와의 기쁨이 이루 다 말
할 수 없음이니라.
46 이제는 내가 너희들에게 창세기부터
지금까지 없던 환란으로써 모두를 다
스리려 하였으나,
47 사랑하는 나의 아들 네가 내 뜻을 앎
이니, 이것이 마지막 기회를 만백성에
게 줌이니,
48 네가 내 뜻을 알며 또한 내 뜻에 따라
행하는 그 제자들이요, 만백성이 있음
이니, 나 여호와의 기쁨을 이루 형용
할 수 없음을 알라, 사랑하는 나의 아
들아!

9,150 번째 하나님 말씀

2004년 1월 12일 07시 28분

1 사랑하는 나의 아들아!
2 "네, 아버님! 말씀하옵소서."

3 성서에 기록하여 너희들에게 전하기
를, '단단한 식물은 장성한 자의 것이
요, 너희는 지각을 사용할 수 있으며
지혜가 있는 백성이라, 그리하여 연단
을 받아 성장하는 것이라' 그리 말하
느니라.
4 그리하여 너희들은 나로부터 연단을
받는 것이요, 그리고 시험을 받아 고
통 속에서 성장하는 백성이라 그리 말
하느니라.
5 그러니 스스로 고통과 시련이요, 나에
게 축복을 받지 못한 자를 내가 크게
쓰기 위해 연단을 준다 함이니, 너희
들은 이를 깨달으라.
6 너희들이 성경에 기록하여 단단한 식
물은 장성한 자의 것이라 하여 장성한
자를 쓰기 위하여 연단한다 그와 같
이 생각하지 말라.
7 나 여호와는 연단으로써 선과 악을 분
별하도록 너희들에게 줌이 아니니라.
8 다만 너희들이 인간 세상에 살아가면
서 거기서 스스로 깨달음을 얻는 것이
요, 절대 내가 너희들을 높이 쓰고자
너희들에게 연단이라는 것을 내리지
않는다는 그 의미를 이제 나의 법전에
기록하여 만백성에게 전할 때가 되었
음을 알라.
9 너희는 연단의 의미가 무엇인 줄 아느
냐?
10 나 여호와가 시련과 고통을 너희들에
게 주어 단련시킨다 생각하지 말라.
11 그리하여 내가 너희들을 단련시키고
성장시켜 크게 쓴다 그리 생각하지 말
라.
12 너희가 지금 인간 세상에 살아가면서
너희 스스로 살아가는 속에서 깨우치
지 못하는 자와 깨우치는 자로 구분되
는 것뿐이며 그것이 한계이니라.
13 너희가 인간사 생활 속에서 너희 스스
로 고통과 시련을 겪고 이기면서 그
깨우침 속에서 더 이상 견딜 수 없으
며 더 이상 갈 수 없는 길이요, 그리하
여 고통과 시련 속에서 너희가 바르게
살지 아니하면 아니 되는 것을 너희
스스로 깨우쳐 변화되는 것이지, 나
여호와가 너희들에게 연단을 내리는
것이 아님을 알라.
14 다만 무엇이더냐?
15 연단이요, 장성한 자만 단단한 식물을
먹을 수 있다는 그 의미는, 내가 너희
들에게 훈련을 시키는 것이 아니요,
16 너희 스스로 인간 세상에서 고통과 시
련을 견디고 이겨 가는 너희 자신의
훈련이지, 나 여호와가 너희들에게 그
와 같은 것을 내리지 아니함을 알아야
될 것이니라.
17 너희가 인간사의 생활 속에서 스스로
고통과 시련을 겪으면서 깨우치고 변
하는 것은 너희들 몫이니라.
18 그것이 삶의 형태이며 살아가는 모습
이거늘, 그것을 나 여호와가 연단을
주는 것이라 하여 그와 같이 나의 피
조물 만백성을 현혹하지 말라.
19 제가 잘못 가며 고통 속에 있는 자, 연
단을 받는 것이니,
20 저는 미래에 어떤 것이 이루어질 것이
라, 나로부터 선택된 자라 그와 같은
말을 하지 말라.
21 감히 나로부터 선택되어 받는 연단이
라 하지 말라.

22 인간 세상에 살아가면서 스스로 깨우
치는 것을 훈련에 그리 비유하지 말라.
23 나는 관여치 아니함이니라.
24 너희들이 그와 같이 말하는 것이 무엇
인 줄 알겠느냐?
25 아직도 너희들은 욕심에서 벗어나지
못한 백성들이니라.
26 그리고 욕심에서 벗어나지 못한 백성
은 현실 생활에서 만족하며 은혜에 감
사할 줄 모르는 자들이니라.
27 그러면서 말로만 너희들이 개구리처
럼 부르짖는 '범사에 감사하는 것'이
요, 감사가 무엇이며 감사할 줄 모르
는 백성이 제가 지은 죄의 대가를 치
르고 있으며 제가 고통 속에서 스스로
깨우침을 얻는 것을 가지고,
28 나 여호와가 연단을 주며, 제가 크게
쓰일 그릇이니 기다리라, 그리고 내가
큰 역사를 할 것이라 그리 너희 자신
을 변명하지 말라.
29 이것이 너희들의 오늘의 잘못된 가르
침임을 알라.
30 이제 내가 나의 아들을 통하여 너희들
에게 전함이니, 내가 너희들에게 단단
한 식물을 먹을 수 있도록 고통과 시
련을 주어 성장시키는 것이 내가 너희
들을 높이 쓰기 위한 연단이라 하지
말라.
31 너희들이 생활 속에 살면서 스스로 깨
우쳐 단단하게 성장하는 것이 훈련의
과정이요, 인간이 살아가는 모습에서
이루어지는 것이지, 시험과 연단이라
는 것과 연계시키지 말라.
32 너희들이 그와 같이 말하는 자, 아직
도 모두에서 깨어나지 못한 어리석은
백성임을 알아야 될 것이니라.
33 너희들이 지은 죄의 대가를 지금 치르
면서 그곳에서 살아가는 것이니,
34 그것을 위하여 너희가 아름다운 마음
으로 변하느냐 변하지 못하느냐 이것
은 너희들 스스로 깨우치는 것이니라.
35 그러니 너희들이 고통 속에서 참진리
의 눈을 뜨고 못 뜨는 것 또한 너희들
의 노력에 달려 있는 것이지, 나 여호
와가 너희들에게 특별히 눈을 뜨게 하
고 깨달음을 얻게 하는 것이 아님을
알아야 될 것이니라.
36 나 여호와가 고통과 훈련을 주어 너희
들에게 임하도록 하여 내가 너희들을
깨우쳐 역사하고자 하는 것이 아니라
는 것을 알라.
37 연단이 그와 같은 것이 아님을 알라.
38 연단이란 말은 나와 관계가 없음이니
라.
39 그는 너희 스스로 관계된 것이니라.
40 그러니 내가 연단으로 훈련하여 너희
들을 시험하여 쓰고자 한다 생각하지
말라.
41 너희 자신이 깨우치는 것이요, 나 여
호와가 너희들에게 고통을 주어 깨우
치는 것이 아니라는 것을 알라.
42 다만 내가 선택된 백성들에게 훈련을
시키며 그 길을 인도함이니, 반드시
그 상이요, 그 기쁨이 같이한다는 것
을 너희들은 알아야 될 것이니 그리
전하라.

9,151 번째 하나님 말씀

2004년 1월 12일 07시 32분

1 사랑하는 나의 아들아!
2 "네, 아버님! 말씀하옵소서."
3 네가 너의 제자들에게 깨우쳐 주며 전하고 싶은 뜻이 무엇이더냐?
4 "네, 아버님! 이것만은 꼭 심어 주고 이것만은 꼭 깨우쳐 주며, 만백성이요, 믿음의 길을 가는 백성, 구원을 받았다는 백성들에게 전하고 싶사옵나이다.
5 바르게 행하고 바르게 사는 것, 선하고 아름답게 사는 것, 그리고 남에게 모범을 보이도록 사는 것,
6 그와 같이 아름다운 삶을 사는 자에게 아버님께서 주시는 상은 재물로써 역사하는 것이 아니요, 금화와 은화로써 내리는 것이 아니라는 것을, 저는 그를 모든 백성에게 전하고 싶사옵나이다.
7 바르게 살고 바르게 행동하는 것, 남에게 모범이 되는 그와 같은 삶을 사는 백성에게 아버님께서 재물을 주는 것이 아니요,
8 영원히 존재하며 변하지 아니하는 것, 그리고 하늘에 오를 수 있는 참진리의 깨우침을 열어 주심이니, 그것이 재물보다도 천배 만배 더 위대한 것이며,
9 그리고 아버님께서 저희들의 가슴에 영원히 심어 저희들이 하늘나라에 와서도 변하지 아니하며 하늘나라에 올 수 있는 진리의 깨달음을 주신다는 것,
10 마음을 열 수 있는 그것을 주시며, 마음을 열 수 있는 용기를 주시며, 모두를 흡수할 수 있는 용기를 주시는 것이니,
11 변화된 백성에게 아버님께서 주시는 사랑은 참진리의 깨우침을 주시는 것이지, 재물의 은혜로써 주시는 것이 아니라는 것을 저는 깨닫고 있으며 그를 부르짖고 있사옵나이다.
12 수천 년 동안 믿음의 길을 온 백성이 '두드리라 열릴 것이라, 구하라 얻을 것이라.' 하며 그저 소리 질러 기도하고 달라 몸부림치라 그러면 줄 것이라 하니,
13 어린아이가 울면 그 울음소리를 견디지 못한 부모가 먹을 것을 들고 달려오는 그와 같은 형국이요, 창조주 나 여호와가 그와 같이 내려 주는 것이라 그리 가르치고 있는 어리석은 백성들에게,
14 너희들이 하늘로부터, 창조주 아버님으로부터 받을 수 있는 것은, 천사와 같은 아름다운 삶을 살 때, 금화와 은화요, 육에서 버리고 썩어져 가며 놓고 가는 것이 아니라,
15 영원히 가슴에 안고 아버님 앞에 가서 은혜를 받을 수 있는 참진리의 깨우침이요, 그리고 선행을 행하는 것이요, 아름다움을 행하는 것이요, 사랑을 베푸는 것을 깨닫고 가는 그와 같은 은혜를 주신다는 것,
16 그것이 가장 큰 은혜요, 영광이니, 그 뒤에 무엇을 또 바라지 말라는 것을 그들에게 부르짖고 싶사옵나이다.
17 그리고 자신을 위하여 구하는 기도를 하지 말며, 자신이 구원받고자 몸부림치지 말며, 자신이 구원을 받고자 어

떠한 역사도 하지 말라 하며,
18 다만 너희들이 천국에 가는 하나 남은
표를 남에게 줄 수 있는 그와 같은 마
음으로 먼저 변하며, 그와 같은 마음
으로 기도하며, 그와 같은 마음으로
세상을 살며, 아무것도 바라지 말라
하며,
19 창조주 아버지께서는 너희들이 역사
하는 것까지 알며, 지옥으로 가 무슨
벌을 받을지까지도 알고 계시며, 하늘
에 와서 어찌 역사할지도 다 아시는
아버지 앞에 감히 입을 벌리지 말고
함봉하라, 그리 전하고 싶사옵나이
다."
20 사랑하는 나의 아들아, 모든 강론에서
도 네가 이와 같은 것을 전하도록 그
리하라.

9,152 번째 하나님 말씀

2004년 1월 12일 07시 37분

1 사랑하는 나의 아들아!
2 너의 제자들과 만백성들은 들으라 말
하라.
3 너희들은 정녕 성경에 기록된 내용을
어찌 읽는가?
4 한 획도 고치지 말라 하며 목숨을 바
쳐 지키고 가는 자들, 너희들은 어찌
하여 말은 그리하며 글자는 고치지 말
라 하면서, 거기에 들어 있는 내용은
따라서 행하지 아니하며 역행하는 행
위를 하는가?
5 글자를 고치지 말라고 하는 것이 중요
하더냐, 그 뜻을 역행하지 아니하며
그대로 행하는 것이 중요하더냐?
6 이제 나의 아들을 따르는 선택된 제자
너희들은 이를 확실히 알아야 될 것이
며, 글자에 연연하지 말며 거기에 행
하고 지키라는 것을 너희들이 목숨을
바쳐 지키는 그와 같은 믿음으로 가는
것이 차별화되어 선택된 나의 아들딸
이 가는 길이니라.
7 나는 성경에 기록하여 너희들에게 엄
히 전하였음을 알라.
8 내가 나의 아들 예수를 통하여 그리
전하였느니라.
9 예수가 세상에 내려가 너희들에게 가
르친 초보적인 가르침을 벗어나야만
구원이요, 하늘에 오를 수 있는 길이
라 하여 내가 성경에 기록한 그 대목
을 만천하에 전하도록 하며,
10 너희들은 그 뜻을 읽고 어찌 생각하는
가?
11 나는 성서에 기록하였느니라, 나의 아
들 예수 또한 그를 그대로 전했음이
니, 그 제자들이 그와 같이 기록하여
성서에 있는 대목을 너희들이 찾아보
라.
12 예수가 세상에 내려가 너희들에게 가
르치는 초보의 가르침을 벗어나지 아
니한다면 너희들이 구원을 받을 수 없
다는 내용이 거기에 있음이니, 이는
바로 무엇이더냐?
13 중간 주자로서 역사하는 것이며, 마지
막 시대에 위대한 역사가 온다는 것을
증거함이 아니더냐?
14 초보의 깨우침에서 벗어나지 아니하
면 너희들의 죽음의 행실은 지옥으로
달려가는 그와 같은 행위이니라.
15 그리하여 너희들이 초보적인 깨우침

을 깨우치지 못한다면 악과의 싸움에
서 이길 수 없으며 견딜 수 없기에,
16 너희들이 악과 싸워서 이길 수 있는
것은 전진하는 것, 초보자의 믿음에서
너희들이 깨우치는 것, 마지막 시대에
오는 나의 성령의 가르침을 받아들이
는 것, 그리하여 너희들이 가슴을 여
는 것, 그리고 위대한 하늘의 뜻을 보
는 것, 듣는 것, 깨우치는 것이라는 걸
절대 잊지 말라.
17 내가 뭐라 말하였느냐?
18 여기서 견딜 수 없기에 '너희들이 죽
음의 행실을 중단하고 회개함과 나에
대한 신앙과 믿음의 생활로써 변화하
지 아니하면 구원을 받지 못한다.' 내
가 성서에 기록한 대목을 다시 한 번
보라.
19 내가 성경에 기록하여 예수의 초보적
인 것을 벗어나 새로 내려오는 나의
성령이요, 내가 전하는 엄하고 무서운
계명이요, 그 법전의 내용을 너희들이
견디고 이기지 못하는 자는 죽음에서
헤어날 수 없다 그리하였음이니,
20 너희는 초보적인 죽음의 행실에서 이
제 중단하며, 내가 내리는 마지막 시
대의 성령이요, 이 법전대로 따르고
회개하고 변화되는 그와 같은 삶을 살
지 아니한다면 절대 나에게 오를 수
없으며,
21 너희들이 나의 법전을 접하는 순간에
지금까지 믿어 왔던 신앙이요, 믿음의
모두를 다시 바꾸며 한 차원 높게 세
상을 보지 아니하면 아니 되며, 믿음
을 한 차원 높게 보지 아니하면 절대
구원받을 수 없다는 것,
22 너희들의 생활이 변화되는 것, 그리고
삶이 변화되는 것, 이와 같은 역사를
이루는 나의 법전을 접하지 아니하면
너희들은 절대 구원을 받을 수 없다는
무서운 내용을 어찌하여 모르느냐?
23 너희들은 성서의 글자를 고치고 빼고
더하지 말라 하면서, 거기에 정녕 행
하고 지키라는 나의 뜻은 따르지 아니
함이니, 이것이 잘못되었음이니라.
24 이제 내가 나의 아들을 통하여 다시
세상에 전하니, 이는 천지개벽하는 것
이요, 환란의 근본이 될 것이니라.
25 예수가 세상에 내려가 너희에게 가르
치는 초보적인 가르침을 벗어나지 아
니하면 안 된다는 것이 성서에 기록되
어 있음이니라.
26 새로 내려오는 성경에 견디지 못하는
자, 회개함과 나 여호와에 대한 신앙
의 믿음을 바꾸지 아니하면 너희들은
절대 구원의 길을 갈 수 없다는 성서
에 기록된 내용을 그대로 행하고 따르
도록 하면 될 것이니 그리 전하라.

9,153 번째 하나님 말씀

2004년 1월 12일 07시 48분

1 사랑하는 나의 아들아!
2 "네, 아버님! 말씀하옵소서."
3 성서에 기록하여 내가 전하기를 무어
라 했는지 알겠느냐?
4 세례의 형식과 안수와 죽은 자가 부활
한다는 것, 영원한 심판의 때가 되면
믿음의 길을 가다가 육은 죽어 이미
썩은 자들이 다시 살아난다는 그와 같
은 가르침과,

5 심판의 때가 되면 모두가 구분된다는
것, 그리고 너희들이 구원을 받는다는
것, 믿음의 길을 가다 죽은 자들이 모
두 살아난다는 것,
6 그와 같은 믿음 속의 착각을 모두 깨
우치라 그리 성경에 직접 기록했음이
니라.
7 그와 같은 교훈의 터를 닦지 말라 내
가 그들에게 가르쳤고 전하였거늘, 지
금 너희들이 가는 믿음이 과연 어떠하
던가?
8 다시 한 번 내가 너희들에게 명하느니
라.
9 세례의 형식과 안수와 죽은 자가 부활
한다는 것, 영원한 심판의 때가 되면
믿음의 길을 가다 육이 죽은 백성 너
희들이 다시 태어난다는 것, 이와 같
이 기록된 것이 마지막 시대에 모두
다 역사한다는 그와 같은 착각에서 벗
어나며,
10 그와 같은 교훈의 터를 닦는 짓을 하
지 말라 내가 너희에게 전하지 아니하
였더냐?
11 이 대목을 너희들이 읽고 깨우쳐야 할
것이니라.
12 완전한 때가 올 때, 그때 완전한 참진
리의 가르침에 동참하여 구원의 길을
가라 내가 그리 너희들에게 전한 대목
을 알고 있는가?
13 너희들은 알면서도 그를 행하지 아니
함이니라.
14 그러니 이 얼마나 무서운 내용이 성서
에 기록되어 있으며, 그 모두가 여기
에 전해졌는가?
15 나 여호와는 반드시 제3의 시대가 역
사하며 심판의 시대가 역사하는 것을
대비하여 모두를 준비했음이니라.
16 그러니 신약에 기록된 가르침은 바로
제3의 시대를 뒷받침하는 것이며 그
역사를 하기 위해 전한 대목이라는 것
을 너희들은 알아야 될 것이니라.
17 그리하여 지금 제3의 시대에 마지막
심판이요, 마지막 시대가 역사하는 것
을 너희들은 알아야 될 것이니라.
18 새로운 성경을 내가 내려보내는 것을
너희들에게 예언하였으며, 모두를 다
가르친 대목이 성서에 기록되었음을
알아야 될 것이니라.
19 그리고 내가 나의 아들 예수를 통하여
성경에 무어라 기록하였느냐?
20 나의 아들은 그리 말하였느니라, 창조
주 아버지께서 허락하신다면 다시 내
려보내는 성경의 시대를 역사하는 그
시대가 열릴 것이며, 그와 같은 변화
가 반드시 올 것이라 기록하여 전한
대목이 있음을 너희들은 한번 찾아보
도록 하며 깨우쳐 보도록 하라.
21 반드시 그와 같은 내용이 성경에 기록
되었거늘, 너희들이 어찌하여 부정하
며 그를 수없이 읽고 통달한 자들이
입을 함봉하는가?
22 그와 같은 자들이 얼마나 내 뜻을 거
역하며 내 뜻을 역행하는 자들인가를
알라.
23 다시 태어난 모든 백성의 귀를 막으며
그들을 지옥으로 이끌어 가는 것이 지
금 내가 나의 아들을 통하여 기록한
내용을 너희들이 거부함이니라.
24 너희들이 부활하고 다시 태어나는 것
이 무엇인 줄 알겠느냐?

25 천사와 같은 자가 나에게 와 심판을
받을 때 거듭나는 그와 같은 역사를
얻는 것임을 너희들은 잊지 말라.
26 지금까지 영원한 심판이요, 죽은 자도
다시 태어난다는 것, 그와 같은 가르
침의 터를 닦지 말라 내가 기록하였음
을 너희들은 알아야 될 것이니, 그리
전하라, 사랑하는 나의 아들아!
27 이와 같은 내용을 나의 법전에 기록하
여 그들이 읽고 깨우쳐 바로 깨달음을
얻는다면 저희들은 구원의 길을 보게
될 것이요,
28 그렇지 아니하고 시시비비를 하는 자
는 제가 얼마나 어리석은 백성인지를
알 날이 머지않아 곧 있음을 그들은
알게 될 것이니라.

9,154 번째 하나님 말씀

2004년 1월 12일 07시 53분

1 사랑하는 나의 아들아!
2 "네, 아버님! 말씀하옵소서."
3 새로운 성경이요, 나의 성령이 세상에
전해짐이니, 이를 듣고 깨우치는 백성
은 변화될 것이요, 나 여호와의 참진
리를 접하는 백성은 나의 백성으로서
변화될 것이라 성서에 기록되어 있는
대목이 있음을 너희들은 알라.
4 이와 같이 모든 사실이 엄연히 기록되
었거늘, 어찌하여 너희들은 이를 가지
고 만백성에게 가르치며 다음의 준비
를 할 수 있는 현명한 가르침을 전하
지 아니하고,
5 오로지 너희 것만 구원을 받으며 하늘
에 오르는 길이라 하여 나의 백성들을
지옥으로 인도하는가?
6 지금의 믿음으로 간다면 이방인보다
더 사악하고 타락하여 다시 새롭게 태
어나지 못하며 회개조차 하지 못하는
어리석은 백성이라는 것을 나는 성서
에 기록하여 전했음을 너희들은 알라.
7 다시 한 번 내가 너희들에게 명함이니
라, 이방인보다 더 사악하고 타락된
백성은 다시 새롭게 태어나지 못하고
회개조차 하지 못하는 어리석은 백성
이라는 것을.
8 나의 법전이 다시 내려감이니, 이를
접하고 깨우쳐 거듭나지 아니하는 백
성은 회개조차 하지 못하며,
9 나 여호와가 무엇을 원하는 것이며 나
에게 회개하고 용서받는 것이 무엇인
가 그것도 알지 못하는 어리석은 백성
이요, 지옥으로 가는 백성이라는 무서
운 내용이 기록되었음을 너희들은 알
라.
10 나는 무어라 다시 기록했느냐?
11 나는 나의 아들 예수를 통하여 그리
말하였느니라.
12 그들이 나의 아들을 다시 십자가에 못
박아 죽임을 당하게 할 것이며, 그보
다 더 사악한 현실이요, 현저히 나의
아들을 욕보이는 그와 같은 시대가 올
것이라는 것,
13 그리고 너희들은 그와 같은 것을 보게
될 것이라는 것을 성경에 기록하여 전
한 대목을 너희들은 공부하지 아니하
였단 말이더냐?
14 다시 한 번 너희들이 나의 아들을 십
자가에 못 박아 죽임을 당하게 할 것
이라 했으니, 이는 바로 무엇이더냐?

15 신약의 성서에 기록되어 있음이니, 지
금의 나의 아들이 세상에 온다는 것을
입증한 것이 아니더냐?
16 이는 예수가 죽은 다음 그의 제자들이
기록한 것이니라.
17 나의 아들을 다시 십자가에 못 박아
죽임을 당하게 할 것이며, 그보다 더
사악한 방법이 현실적으로 드러날 것
이며, 그 욕보임이 그 누구도 감당할
수 없는 그와 같은 시대가 올 것이며,
그와 같은 것이 역사할 것이라 성경에
기록되었음이니,
18 오늘의 믿음의 길을 가는 자들이 얼마
나 간악하며 얼마나 사악한 방법으로
써 나의 새로운 성경을 핍박할 것이며
나의 아들을 핍박할 것인가를 내가 기
록하여 전한 대목이거늘,
19 너희들은 수없이 읽고 공부했으면서
도 어찌하여 지금 나의 법전이 내려가
는 것을 외면하는가?
20 그와 같은 행위를 하는 자는 사탄의
자식이요, 그렇지 않다면 구원의 백성
이라는 것을 너희들은 알아야 될 것이
니라.
21 나의 법전을 가슴에 안고 정독하여 구
원의 길을 오는 백성은 바로 나의 아
들 예수를 십자가에 못 박는 그와 같
은 행위를 하지 아니하는 자들일 것이
요,
22 그와 같은 행위를 하는 자는 사탄의
자식이니, 누가 과연 그와 같은 행위
를 할 것인가?
23 너희들은 불을 보듯이 뻔한 답이 있음
을 알라.

9,155 번째 하나님 말씀

2004년 1월 12일 07시 57분

1 사랑하는 나의 아들아!
2 "네, 아버님! 말씀하옵소서."
3 너의 제자들과 만백성 너희들은 듣고
또 들어야 될 것이니라.
4 지금 나의 성령이요, 마지막 시대에
나의 법전이라 하여 내려 하얀 눈처럼
세상을 다 덮는다 하였음이니라.
5 그러니 하얀 눈처럼 덮이는 나의 성령
이요, 내 뜻을 받아 흡수하는 백성은
구원의 길이요, 나에게 오를 것이며,
6 그렇지 못하는 백성은 악의 씨를 키워
악으로서 지옥의 길을 가게 됨을 알라.
7 너희들은 들으라. 이 지상의 모든 동
식물이 어찌 살아가는가?
8 하늘에서 내리는 나의 단비를 흡수하
는 모든 식물은 살아날 것이며 그 동
물들은 살지 아니하더냐?
9 그러니 하늘에서 내리는 단비를 흡수
하지 아니하고 거부하는 자가 있다면
과연 그가 존재하고 살 수 있단 말이
더냐?
10 하늘에서 내리는 단비보다도 더 귀하
고 소중한 나의 법전을 하얀 눈처럼
세상에 내려 모두를 덮음이니,
11 이를 접하는 백성은 그 식물로서 단비
를 받아들여 뿌리를 내리며 이파리가
나며 열매를 거둬 자신의 임무를 다하
는 것과 같을 것이니라.
12 그러니 하얀 눈처럼 내리는 나의 법전
을 받아들여 땅에서 물을 흡수하는 것
처럼 너희들이 흡수하지 아니하며 받
아들이지 아니하는 자는 구원의 길을

볼 수 없으며, 나에게 오를 수 없는 백성이니,
13 이를 받아들이지 아니함으로써 너희들이 모두 끝나는 것이 아니니라.
14 내가 내리는 나의 법전이요, 나의 성령을 받아 너희 것으로 흡수시켜 네가 성장하는 그와 같은 양식으로 삼지 않는다면,
15 바로 악의 씨앗을 심으며 그 악의 씨앗을 네 가슴에 성장시킴이니, 악의 씨앗을 키우는 것이 무엇이더냐?
16 곧 너희들은 죽음의 길이라는 것이니,
17 한 번 들어가면 영원히 돌이킬 수 없으며, 들어가지 않으려고 살갗이 찢어지며 뼛가루가 튀도록 몸부림치는 지옥문을 너희들은 들어가게 된다는 것을 절대 잊지 말라.

9,156 번째 하나님 말씀

2004년 1월 12일 08시 02분

1 사랑하는 나의 아들아!
2 "네, 아버님! 말씀하옵소서."
3 성서에 기록하여 나의 피조물 만백성 너희들을 구원하고자 나 여호와는 너희들에게 전하였느니라.
4 모든 백성 너희들이 스스로 시험에 빠지는 그와 같은 시대가 올 것이니, 나 여호와가 너희들을 시험함이 아니요, 너희들이 스스로 그 시험에 빠지는 때가 올 것이니,
5 몇천 년 동안 믿어 온 신앙의 믿음이 정녕 바른 것인가, 그렇지 아니하면 이것이 진정한 믿음이 아니요, 지옥의 길로 가는 것인가를 너희들이 몸부림치는 그와 같은 시대가 올 것이라 하였음이니라.
6 신약 시대의 2천 년의 역사가 흘러온 지금 신앙이요, 믿음의 길을 가는 자, 그리고 구원을 받았다는 자들이 80퍼센트가 넘게 불안에 떨고 있다는 것을 아느냐?
7 이것이 바로 너 자신이 시험에 빠진 백성이니라.
8 그러니 그들을 깨우쳐 줘야 될 것이니라.
9 이제 내가 너희들을 통하여 법전을 내려보내는 것이 무엇이더냐?
10 나의 법전을 읽고 깨우치는 백성들이 서로 잡아 주고 이끌어 주는 그와 같은 백성이 있는가 하면, 서로 미워하고 시기하고 질투하는 그와 같은 때가 올 것이라 내가 성서에 기록하여 너희들에게 전한 이 대목을 알라.
11 이는 지금 내가 나의 아들을 통하여 나의 법전에 기록하나, 2천 년 전 나의 아들 예수를 통하여 그 모두를 그 제자요 또 그 제자가 또한 기록하여 전한 것이라는 것을 너희들은 알아야 될 것이니라.
12 내가 거기에 전하였느니라.
13 스스로 너희들이 시험에 빠질 때가 올 것이며, 시험에 빠질 때 서로 잡아 주고 이끄는 자가 있을 것이며,
14 그렇지 못하는 자, 시기와 질투요, 죽음의 길로 인도하는 자가 있을 것이며, 그때는 이루 말할 수 없는 환란의 시대가 온다 하였음이니,
15 나의 아들을 따르는 제자들이요, 나의 법전을 읽고 깨우친 만백성 너희들이

야말로 지금 시험에 빠져 방황하는 자
들을 잡아 주어야 하며,
16 거기에서 아주 광분하는 자, 그리고
맹종 맹신하는 자들은 미워하는 마음
과 시기하는 마음을 버리지 못하여,
그들을 가지 못하게 하며 깨우치지 못
하는 오늘의 이 험악한 세상이 올 것
을 내가 미리 기록하여 전했음을 너희
들은 알라.
17 너희들의 신앙의 불신이 지금 깊어질
대로 깊어졌으며 골이 패일 대로 패여
있는 것이니라.
18 그러니 떠나고자 하는 자도 떠나지 못
하도록 하며,
19 새로운 성경이요, 새로운 진리가 와
이를 읽고 깨우치라 하나, 그것을 단
상에서 높이 들고 이를 읽는 것은 지
옥이요, 사탄에게 가는 것이라 하니,
20 이럴 수도 없고 저럴 수도 없는 것이
그들이요, 지금 시험에 빠져 허덕이는
그 백성들을 깨우치고 인도하는 것이
너희들이라는 것을 잊어서는 아니 될
것이니라.
21 80퍼센트라는 모든 신도가 지금 방황
하고 있으며 시험 속에 허덕이고 있으
니,
22 저 혼자 깊은 밤에 기도하면서 눈물을
흘리고 있으며, 지도자들이 잘못 가는
것이요, 그리고 모범을 보일 자들이
잘못 가는 것을 보며 통한의 눈물을
흘리고 나에게 애원하는 그 불쌍하고
가련한 백성이 있음을 너희들은 알라.
23 그들의 손을 잡아 줘야 할 것이며 그
들을 이끌어 줘야 하는 것이 너희들이
니라.
24 그리고 빨갛게 물든 자, 광신하는 자,
맹종 맹신하는 자, 그리고 너희들과
대적하는 자,
25 그와 같은 자들과 너희들이 환란의 시
대를 언젠가는 한 번은 맞부딪칠 때가
있으니, 그리 맞부딪치는 것은 이루
말할 수 없는 무서운 결과가 있을 것
이니라.
26 그러나 그때 너희들이 주저해서는 아
니 될 것이니라.
27 오로지 너희들은 지금 몸부림치는 그
백성들을 깨우치는 데 최선을 다해야
됨을 잊지 말라.
28 그렇지 못한 백성들이 어찌 되겠는가?
29 그들이야말로 너희들이 영원히 저주
하는 지옥으로 감이니, 그게 너희들의
형제가 아니더냐?
30 그들을 살리는 데 최선을 다하라, 사
랑하는 나의 아들딸들아!
31 그것이 너희들이 가야 할 길이며 역사
할 길임을 알라.
32 나는 성서에 기록해 주었느니라.
33 나의 많은 백성들이 시험에 빠질 때가
있으니, 그때 바로잡아 주는 자와 그
리고 시기 질투하여 지옥으로 이끌어
가는 자, 그 무서운 양대 세력의 부딪
침은 천둥 번개보다도 더 무서운 그와
같은 변화의 소리를 내게 된다는 것을
알라.
34 그리하여 바로잡아 주는 자는 너희들
이요, 지금의 맹종 맹신하는 자들은
시기와 질투로 지옥으로 이끌어 가는
자들이니, 한 번은 너희들이 천둥 번
개보다도 더 무섭게 부딪칠 것이니,
35 거기서 밀리지 아니하려면 너희들이

나의 법전을 만들어 만백성이 보도록
그리 전하는 것밖에 없음이니라.
36 그때가 되면 부딪칠 것이니, 너희들이
이길 수 있는 때를 기다리며 역사할
수 있을 때를 기다리는 것이 나 여호
와이니,
37 그때를 단축시켜 만백성을 구하는 데
너희들이 모두를 바치라 함이 여기 있
음이니라.

9,157 번째 하나님 말씀

2004년 1월 12일 08시 08분

1 사랑하는 나의 아들아!
2 "네, 아버님! 말씀하옵소서."
3 성서 속에 내가 기록하여 2천 년 전에
모두를 전했느니라.
4 거짓 선지자가 많이 일어나 많은 나의
백성을 미혹게 할 것이며, 이는 또한
예수를 통하여 깨우쳐 주었음을 너희
들은 알고 있느냐?
5 그 기록의 내용을 수천수만 번 읽고
깨우친 자들이 어찌하여 그와 같은 것
을 나의 피조물 만백성에게 제대로 깨
우쳐 주지 않더냐?
6 그러니 바로 거짓 선지자와 진정한 선
지자를 구분하는 것도 또한 내가 성서
에 기록하여 너희들에게 전하였느니
라.
7 그러니 이는 또한 예수를 통하여 내가
깨우쳐 준 그 대목 아래 너희들이 구
분하는 답까지 모두를 다 전하였거늘,
어찌하여 그를 모르고 어리석은 백성
이 지금 우왕좌왕하느냐?
8 지금의 행태를 내가 거기에 말함을 너
희들은 알라.
9 거짓 선지자가 우글거린다는 것은 지
금의 시대를 말함이니라.
10 지금의 모든 종교 집단이 거짓 선지자
의 역할을 하고 있으며, 그들이 사악
한 자들임을 알라.
11 이는 무엇으로써 증명하겠느냐?
12 나의 아들을 통하여 내가 나의 성령으
로써 내려보낸다 하여 나의 법전에 기
록한 내용이, 오늘의 종교 집단이요,
지도자들이 거짓 선지자요, 내 뜻을
거역하는 자라 해도 이를 믿을 자가
하나도 없으며 도리어 나의 아들을 사
탄이요, 이단이라 그리 말할 것이니라.
13 그리하여 내가 성경에 그 답을 기록하
여 전했음이니라.
14 선지자와 거짓 선지자를 구분하는 것
을 전했으며, 내가 여기에 다시 그를
기록하며 전하니, 너희들은 이를 보고
결정하라.
15 거짓 선지자는 불법을 행하는 자요,
거짓 선지자는 나의 피조물 만백성의
재물을 긁어모으는 자들이니라.
16 그러니 불법이 성행하며 많은 사람이,
그리고 나의 사랑하는 백성이 사랑을
실천하지 아니하며 사랑이 식을 것이
라 내가 거기에 기록하였음을 알라.
17 불법이 성행하는 시대요, 그리고 많은
사람이 사랑이 식어 황폐한 시대가,
바로 그와 같이 이끌고 가는 것이 거
짓 선지자들이 역사하는 것이라 하였
음을 너희들은 보라.
18 성서에 기록되어 있음이니라.
19 과연 지금의 종교 집단이 인간 세상의
불법은 말할 것도 없고, 무섭고 두려

운 성령의 불법까지 자행하는 것이 아
니던가?
20 하늘을 향하여 한 점의 두려움을 모르
며 무서움을 모르는 자들이 아니더냐?
21 지금 내가 나의 아들을 통하여 너희들
에게 가르치는 것이 무엇이냐?
22 '하늘을 향하여 한 점의 부끄러움이
없는 삶을 살라, 아들딸들아!' 그리 전
하며, 너희들이 사랑을 베풀며 나누며
사는 것이 하늘의 뜻이라 하였음이니,
23 과연 성서에 기록된 거짓 선지자를 구
분하는 것은 너희들이 답을 알고 있지
않으냐?
24 너희들을 미혹하는 자가 어떤 자인가
를 너희들은 그 행동으로 알고 있을
것이니라.
25 여기서 또한 오늘의 현실을 너희들이
돌아다보라.
26 내가 무어라 말하였느냐?
27 맹종 맹신하는 백성들 말고는 80퍼센
트가 지금 시험에 허덕이고 있으며 그
들이 방황하고 있다 하지 아니하였더
냐?
28 그러니 100이라는 수에서 반만 해도
너희들이 같은 수준이나, 80이라는 수
를 넘었다면, 너희들이 거짓 선지자
요, 사악한 자요, 사탄의 후예가 되어
있다는 것을 다 알 수 있거늘,
29 어찌하여 그 백성들만 그를 모르며,
이를 보지 못하는 어리석은 백성이란
말이더냐?
30 지금 이 세상에 하늘의 사랑이 식어
있으며 하늘의 뜻이 없는 것이요, 그
리고 황폐할 대로 황폐해진 세상이 되
지 아니하였더냐?
31 이것이 바로 너희 거짓 선지자가 지금
까지 역사한 것이니, 이를 다스리고자
함이니라.
32 성경에 기록된 내용이 제3의 시대를
준비함이라는 것을 너희들은 알라.
33 신약의 성경에 기록되어 있는 것은 제
3의 시대가 오는 것이며, 제3의 시대
를 준비하여 모두가 역사했다는 그 의
미를 너희들이 믿고 따라야 성경의 비
유의 뜻을 알 수 있으며, 감춰진 비밀
을 알 수 있으며, 성서의 감춰진 비밀
의 문을 열 수 있는 것을 너희들이 얻
게 됨이라는 것을 절대 잊지 말라.
34 너희들은 알아야 될 것이니라.
35 거짓 선지자를 증명함은 불법을 행하
는 자요, 그리고 사랑이 식어 있는 자
요, 행하지 못하는 자이니라.
36 그러니 나의 아들이 너희에게 전하기
를 무어라 하느냐?
37 너희들은 행동으로 옮기라 하며 실천
을 하라 하였음이니라.
38 지금의 모든 종교 집단이요, 지도자들
이 배고픈 자에게 '너는 정녕 배고프
겠다.' 그리 말하나, 그들에게 빵 한
조각을 떼서 입에 넣어 주는 자가 없
음이니라.
39 그러나 지금 나의 아들을 따르는 백성
너희들은 어찌 가는가?
40 너희들은 그저 반쪽의 빵이라도 나눠
서 상대방의 입에 넣어 주고 너희가
입맛을 다시는 그와 같은 길을 가는
자들이니, 과연 누가 거짓 선지자인가
답이 여기 있음이니,
41 나의 아들을 따르는 제자들이요, 만백
성 그리고 법전을 읽고 깨우친 너희들

이 마음을 굳혀야 할 것이며, 용기 있
고 자신 있는 삶으로 살아가도록 그리
하라.
42 내가 문제를 주었으며 답을 주었음이
니, 성경이 그리하여 무서움을 알라.

9,158 번째 하나님 말씀

2004년 1월 12일 08시 15분

1 사랑하는 나의 아들아!
2 "네, 아버님! 말씀하옵소서."
3 너의 제자들이라도 바로 가르칠 것이
며, 나의 법전을 읽고 깨우친 백성 너
희들이라도 바로 깨우치고 서야 될 것
이니라.
4 거짓 선지자가 와서 나의 많은 백성들
을 미혹게 하는 것은 어떠한 자가 거
짓 선지자라는 것을 내가 거기에 또한
답을 주지 아니하였느냐?
5 불법을 행하는 자요, 사랑이 없는 자
요, 메마른 자이니라.
6 말로써 구원을 부르짖는 자들이라 내
가 그리 말하지 아니하였더냐?
7 그러니 너희들이 지금 나의 법전은 책
으로써 증거하며 너희들이 영원히 이
를 보고 시비를 가릴 수 있는 증거함
이 이보다 더 확실하고 정확한 것이
없음이니,
8 그러니 너희들은 누가 뭐라 해도 나의
법전을 끝까지 읽고 깨우쳐 견디는 백
성으로서 다시 태어나도록 그리하라.
9 나는 나의 성경에 기록하여 전했느니
라.
10 끝까지 내가 내리는 마지막 성경이요,
이를 읽고 깨닫는 백성은 구원을 얻으
리라 그리 기록되어 있는 대목을 너희
들은 찾아보도록 하라.
11 '이 천국의 복음이 모든 민족에게 증
거되기 위하여 온 세상에 전파됨이니,
그제야 끝이 오리라.' 했으니,
12 지금의 험악한 멸망 가운데 참진리가
내려올 때 이를 읽고 깨닫는 자는 구
원을 받을 것이라 내가 전한 내용을
너희들은 알고 있지 아니하느냐?
13 내가 성서에 기록하여, 나의 아들 예
수의 제자요, 또 그 제자를 통하여 기
록하는 자들로 하여금 그 내용이 기록
되어 있음을 알아야 될 것이니라.
14 '이 하늘의 복음이 모든 민족에게 증
거되어 책으로써 온 세상에 전파될
때, 그제야 끝이 올 것이라' 했으니,
15 지금의 험악한 멸망 가운데서 참진리
가 내려올 때 너희들이 그 위대함을
알게 될 것이라 내가 그리 전하지 아
니하였더냐?
16 이게 마지막 시대라 하지 아니하였더
냐?
17 하늘에서 이루어진 것같이 지상을 이
루는 것이요, 천 년에 거쳐 모두를 다
역사하고자 하는 나 여호와의 뜻이라
하였음이니,
18 증거하지 아니하며 너희들이 눈으로
보고 확인해 줄 수 없는 것으로써는
역사할 수 없음을 알라.
19 그러니 나의 법전을 끝까지 읽고 견디
는 자는 구원을 받을 것이라는 성서에
기록되어 있는 내용을 보면 알게 될
것이니라.
20 나의 법전을 가슴에 안고 정독하면 그
비밀의 열쇠를 너희들이 손에 들게 됨

이니,
21 열어서 보기만 하면 은혜를 얻거늘 어
찌하여 너희들이 이를 보지 아니하며
듣지 아니하려 하느냐?
22 이를 읽고 깨우치는 자만 구원의 길이
요, 하늘에 오를 수 있다는 것을 명심
또 명심하도록 하라.
23 이 전한 내용이 또한 나의 성경에 있
다는 것을 너희들이 믿지 않으려 할
것이나, 찾아보라, 그러면 있을 것이
니라.
24 지금 나의 법전이 세상에 내려져 만백
성을 구하는 역사가 이루어지는 시대
가 온다는 것을 너희들은 누구도 믿으
려 하지 아니하며, 이를 따르려 하지
아니하며,
25 이를 들으려 하지 아니하며, 이를 들
은 것도 귀를 씻으려 하며, 이를 듣는
것도 너희들이 지옥으로 가며 사탄의
후예가 되는 것처럼 등을 돌리니,
26 그와 같은 백성으로 하여금 문제가 생
기며 참진리가 세상에 전해지지 못하
여 나의 백성 너희들이 구원의 길을
보지 못하니, 모두가 다 바로잡지 못
하고 있으며 무너져 가고 있음을 알라.
27 이제 사랑하는 나의 아들을 따르는 제
자 너희들이야말로 자신을 가져야 될
것이니라.
28 이 모두는 내가 글로써 나의 아들을
통하여 내리니, 너희들의 손으로써 책
으로 만들어 세상에 내보내니, 이게
증거하는 것이요, 이보다 더 정확한
하늘의 뜻이 없다는 것을 너희들은 믿
고 따르라.
29 나의 아들을 따르는 제자들이요, 나의
법전을 읽고 깨우친 만백성 너희들은
더 이상 창조주 나 여호와의 뜻이요,
이보다 더 정확하게 살아 있는 말씀으
로써 전해지며 역사할 수 없다는 것,
이것이 마지막이라는 것을 너희들은
믿으며,
30 목숨을 바쳐 마지막 주자로서 우승의
영광을 얻도록 최선을 다하라.
31 인간 세상의 경주에서도 너희들이 서
로 무어라 하였느냐?
32 바통을 주고받아 계주를 함이니, 마지
막 주자가 있는 힘을 다하여 달리며,
세상 것 생각하지 말며 오로지 결승점
을 향하여 온 힘을 다하여 달려갈 때
그는 영광을 얻을 수 있다 하였음이니,
33 하늘에 오르는 것은 그보다도 천배 만
배 더 하나의 길만 가야 한다는 것, 모
두를 다 바쳐 질주해도 얻을까 말까
하다는 나의 간절한 뜻을 너의 제자들
의 가슴에 심어 주도록 그리하라.

9,159 번째 하나님 말씀

2004년 1월 12일 08시 22분

1 사랑하는 나의 아들아!
2 "네, 아버님! 말씀하옵소서."
3 지금의 수천 년 동안 흘러오는 종교
집단과 지도자들, 그리고 그 신도들이
과연 어떠한 믿음이요, 어떠한 길로써
왔으며, 나의 피조물 만백성을 정녕
하늘에 오르는 참진리의 길로 인도하
는 그 길을 왔다 생각하느냐?
4 정녕 그게 아님을 너희들은 알라.
5 그들은 내가 짓지 말라는 죄의 온상인
교회를 지어 놓고 저희들이 그곳에서

설교요, 강론을 하니, 무엇 때문에 저
희들이 그와 같은 역사를 했느냐?
6 그들은 참진리요, 하늘의 뜻이요, 내
뜻을 역사하고자 하여 만백성을 구하
는 그와 같은 짓을 하고 있지 아니함
을 너희들은 알아야 될 것이니라.
7 그들은 무엇을 하고 있는지 알겠느냐?
8 배고픈 강아지가 짖어 대는 그와 같은
형국으로써 지금 하고 있음이니라.
9 배고픈 강아지가 계속 짖어 대고 또
짖어 댈 때 그 입을 막으려면 과연 어
떠한 것이 이루어지느냐?
10 그 입을 막으려면 짖어 대는 강아지
입에 무엇인가를 물려 주어야 될 것이
아니더냐?
11 그러니 오늘의 모든 종교 집단의 지도
자들은 그저 광신도들이 저희들에게
무엇인가 물려 줄 때까지 귀가 따갑도
록 울어 대며 짖어 대는 것이 오늘의
그들의 형국이니라.
12 바로 그와 같은 것이 오늘의 믿음이
요, 수천 년 동안 역사해 흘러온 것이
니라.
13 너희들은 그와 같이 말하는 나 여호와
를 사탄이라 말하지 말라.
14 내가 너희들에게 짓지 말라는 교회를
짓고 너희들이 강론하고 짖어 대는 것
이 무엇이더냐?
15 배고파 우는 강아지가 짖어 댈 때 거
기에 너희들이 뼈 덩어리라도 물려 줄
때까지 짖어 대는 것이 강아지이니,
16 광신도들이 너희들의 입에 금화와 은
화를 물려 줄 때까지, 너희들 입에 던
져 줄 때까지 너희들은 앞도 뒤도 보
지 아니하며 이웃의 고통을 보지도 아
니하며 그저 짖어 대고 또 짖어 대는
것이 너희들의 설교요, 가르치는 추하
고 더러운 모습이니, 나 여호와가 보
기에는 그러하니라.
17 너희들이 정녕 참진리를 위하여 역사
했던가?
18 너희들이 참진리로 역사했다면 나의
사랑하는 백성에게서 재물을 거둬들
여 내가 짓지 말라는 교회를 궁전처럼
짓지 아니하였으며 그와 같이 호화롭
게 짓지 아니하였을 것이니라.
19 그 모두가 너희들이 개처럼 짖어 대
서, 짖어 대는 강아지의 입을 막기 위
하여, 귀가 따가워 잠을 못 자며 귀가
따가워 더 이상 견딜 수 없게 짖어 대
는 그 소리를 막기 위하여 너희들에게
물려 준 것을 가지고, 그를 물어다가
지금 역사한 사악하고 더럽고 추한 자
들이 아니더냐?
20 그러니 그 신도들이요, 백성 너희들은
알 것이니라.
21 너희들이 무슨 짓을 했는지 알 것이니
라.
22 이웃집의 모든 백성이 잠을 자지 못하
는 그와 같은 것을 고려하는 자도 아
니요, 생각하는 자도 아니요,
23 그저 짖어 대기만 하면 광신도들이 짐
승의 뼈를 갖다 물려 주든 그저 고깃
점을 던져 주든 무엇이든 던져 줄 것
이라 하여 그저 그때까지 짖어 대는
어리석은 강아지와 같이 설교하고 떠
드는 것이 바로 너희들의 모습이니,
24 강아지만도 못한 자들이 지껄여 대는
거기에 구원을 받으며 하늘에 오르는
길이라 하여 매달리는 어리석은 삶을

살지 말라.
25 오늘의 너희들이 매달리는 것이 그와
같은 것이니라.
26 내가 왜 이와 같이 무서운 말을 너희
들에게 전하겠느냐?
27 나의 백성을 구하지 아니하면 아니 되
기 때문이니라.
28 너희들은 알아야 될 것이니라.
29 내가 나의 아들을 통하여 너희들에게
무어라 말하였느냐?
30 내가 모세를 통하여 역사한 것이 내가
기뻐서 한 것이 아니요, 내가 즐거워
서 한 것이 아니요, 내가 장난으로 한
것이 아니요,
31 내 가슴이 터지는 아픔 속에서 그 모
두를 했으니, 내 뜻이 아니라 함을 너
희들은 알겠느냐?
32 나의 아들 예수를 통하여 모든 역사를
이룬 것도 또한 가슴 터지는 통한의
아픔을 놓고 내가 그를 하지 아니하면
아니 되기 때문에 그 모두를 역사하였
다 하였음이니라.
33 지금 내가 나의 아들을 통하여 짖어
대는 강아지에게 먹이를 주듯, 먹이를
줄 때까지 짖어 대는 것이 너희들의
오늘의 강론이요, 가르치는 종교 지도
자가 단상에 서서 하는 행위라 함이
니, 이 말을 전하는 내 아픈 가슴을 정
녕 너희들은 알겠느냐?
34 내가 이와 같은 말을 하지 아니하면
아니 되는 것을 알라.
35 구약의 시대요, 신약의 시대의 그 모
든 역사가 내가 가슴 아프고 저리면서
역사했다면,
36 오늘 너희들이 나의 뜻을 전한다며 만
백성을 이끌어 간다 하며 하고 있는
짓이 강아지만도 못한 짓이요,
37 그저 뼈다귀를 물려 줄 때까지, 살점
을 물려 줄 때까지 울고 짖어 대는 강
아지같이,
38 모든 백성들이 귀가 따갑고 더 참고
견딜 수 없어 더럽고 추해서 너희들에
게 금화와 은화를 던질 때까지 짖어
대는 것이 너희들의 강론이요, 오늘의
가르침이라 말하는 나 여호와의 아픈
마음을 너희들은 알겠느냐?
39 사랑하는 나의 아들딸이요, 똑같은 나
의 아들딸에게 강아지보다도 못한 자
의 행위를 하고 있다는 것, 먹이를 물
려 줄 때까지 짖어 대는 그와 같은 노
릇을 하고 있다는 것을 말하는 나 여
호와의 가슴 아프고 터지는 마음을 너
희들은 알겠느냐?
40 이제 중단하라.
41 너희들이 정녕 나의 아들딸로서 나에
게 오는 백성이라면, 너희 스스로 가
슴에 안고 생각해 보라.
42 너희들이 설교하고 떠든 뒤에 거둬들
이는 것이 무엇이더냐?
43 하얀 봉투요, 그 봉투가 크고 넓음을
가지고 즐거워하고 괴로워하며, 그리
하여 너희들은 고민하고 또 행복해하
는 그와 같은 것을 하지 않더냐?
44 강론을 하는 것도 봉투에 들어오는 금
화와 은화가 네 입에 물리는 걸 가지
고 거품을 물고 역사하며,
45 그것이 들어오지 아니할 때 너희들은
시큰둥하며 그저 지나가는 소리로 중
언부언하며 기도의 방법까지도 달라
지는 것이 너희들이니,

46 이것이 거짓말이라면 너희들이 나의
법전을 태워 버리고 찢어 버려도 내가
벌하지 아니할 것이니라.

9,160 번째 하나님 말씀

2004년 1월 12일 08시 26분

1 사랑하는 나의 아들아!
2 "네, 아버님! 말씀하옵소서."
3 짖어 대고 그저 소리 지를 때마다 먹
이를 주는 것도 한계가 있는 것이니라.
4 어린 강아지는 너희들이 감당할 수 있
는 것이니라.
5 그러나 인간이 강아지가 되어 짖어 대
는 설교 앞에, 그는 그 덩치가 끝이 없
으며 성장하는 것이 하늘보다 더 크고
자 하니, 너희들이 과연 그걸 어떻게
먹여야 하며 그를 어찌 감당하겠느냐?
6 그러니 너희들의 그 고통과 시련이 얼
마나 많던가?
7 끝이 없이 짖어 대는 그와 같은 것에
모두를 채워 주는 것이 얼마나 힘들고
어렵더냐?
8 처음에는 너희들이 사랑으로써 조금
씩 던져 주던 강아지가 덩치가 크니
모두를 닥치는 대로 먹어 치우며 닥치
는 대로 거둬들임이니라.
9 그러니 고통 속에 너희 스스로 먹혀
가는 그와 같은 형국이 된 것이 오늘
의 종교 집단이요, 믿음의 길을 가는
것이니, 그게 아니라면 내가 사탄이
요, 잘못된 자이니라.
10 먹이를 주는 자가 끝이 없으며, 받아
들이는 것이 끝이 없음이니라.
11 그러니 배불리 먹는 것으로만 만족하
는 강아지라면 어떻겠느냐?
12 그러나 그 강아지들은 먹는 것으로써
만족한 것이 아니요, 더 덩치가 크고
커짐이니, 이제는 주인을 물고 주인까
지 삼킬 것처럼 대드니, 그 강아지가
말하느니라.
13 내가 잠자는 것이 불편하니, 내가 쉴
수 있는 호텔을 달라, 내가 쉴 수 있는
곳은 금으로 장식하라, 내가 쉴 수 있
는 곳은 향락으로 장식하라, 그리 명
을 함이니,
14 이제 도리어 강아지가 주인이 되어 강
아지의 명령을 따르며, 먹힐까 봐 두
려워 그저 끌려가는 이와 같은 형국이
되었음이니라.
15 하늘에서 바라보는 너희들이 그와 같
은 것이니라.
16 그러니 먹이를 주고 강아지를 기른 자
가 바로 범죄자요, 다 범죄자의 동업
자라는 것을 너희들은 알라.
17 그러니 그와 같은 믿음 속에서 허덕이
는 자, 나에게 오른 자가 없으며 오를
수가 없다는 것을 알겠느냐?
18 나에게 오른 자가 없다면 바로 이와
같은 짓 속에서 너희들이 허덕이고 있
는 자요, 이와 같은 행위를 하고 있기
때문이니라.
19 이제 내가 그 모두를 깨우치며 바로잡
기 위하여 나의 아들을 통하여 법전을
세상에 내려보냄이니,
20 이를 접하여 깨우친 제자들이요, 그
백성 너희들로 하여금 내가 이곳에서
탈출시켜 주었으며, 너희를 구원시켰
으며,
21 그리하여 바른 인간으로서 바른 참진

리요, 깨달음이요, 사랑이 메마른 자
에게 사랑을 심는 역사를 함이니,
22 오로지 너희들은 하늘에 오르는 길에
동업자로서 나와 더불어 가는 백성이
며, 그러니 그와 같은 삶 속에서 만백
성을 인도해야 하는 것이 너희들이니,
23 삶의 본보기요, 행동의 본보기요, 말
의 본보기요, 모두가 본보기로서 바로
서야 하며, 한 점의 부끄러움이 있어
서는 아니 됨이니라.
24 생수를 담는 그릇에 기름이 묻으면 먹
지 못하듯이, 아무리 닦고 닦아도 너
희들이 잘못되는 부분이 있으면 안 됨
이니라.
25 아무리 큰 그릇이라도 가느다란 실금
이 가 있으면 물이 새서 쓸 수 없는 것
처럼 바로 그와 같은 이치이니라.
26 작은 실수요, 작은 잘못됨이 있어도
물이 새는 항아리처럼, 오물이 묻어서
담을 수 없는 항아리처럼, 너희들이
쓸모없는 자가 된다는 것을 명심하고
명심하라.
27 그리하여 완벽하고 완벽한 너희들을
만들라 함이니 그리 알라.
28 너희들 스스로 다스려서 만들라, 그리
고 너희들 스스로 단련해서 만들라,
그리고 너희들 스스로 노력해서 만들
라.
29 너희들이 나의 연단이요, 시험이요,
내가 너희들을 다스려 쓸 때까지 기다
린다는 그와 같은 착각 속에서 망상에
서 벗어나라.
30 너희들이 다스려서 나에게 오는 그 길
도 바쁘거늘, 내가 너희들을 다스려서
만들어 쓰고자 하는 것이 없음을 알라.

9,161 번째 하나님 말씀

2004년 1월 12일 08시 33분

1 사랑하는 나의 아들아!
2 "네, 아버님! 말씀하옵소서."
3 너희들이 나의 법전을 첫 번째 읽음이
니, 그 뜻이 무엇인지 그를 알지 못하
며 오리무중이라 함이니라.
4 그저 도덕책이라 그리 생각할 것이니
라.
5 그러나 너희들이 두 번째 읽으면 '아!
이것은 도덕책이 아니구나.' 하며 무
엇인가 너희들의 가슴에 와 닿아 찡함
을 느끼게 될 것이니라.
6 그리고 너희들이 세 번째 이를 정독하
면 이는 정녕 창조주 나 여호와의 뜻
이라 느끼며 무릎 꿇고 이를 접하는
것을 감사하며 기뻐할 것이니라.
7 그와 같이 너희들이 읽으면 읽을수록
마음의 변화가 오는 것이 무엇이더냐?
8 바로 이것이 나의 성령이요, 나 여호
와의 뜻이니라.
9 너희들이 천 번 만 번을 읽어도 그 뜻
을 모르며 변화를 모르는 성서를 읽으
며 노란 줄, 파란 줄을 수없이 치는 것
보다도,
10 너희들이 나의 법전 세 번을 읽고 난
다면, 그 성서에 파란 줄 노란 줄을 쳐
놓아도 깨달음을 알 수 없으며 이해할
수 없었던 그와 같은 것을 모두 다 알
고 깨닫는 그와 같은 역사를 이룰 것
이니라.
11 오늘의 모든 종교 집단이요, 신앙생활
하는 백성 그들이 80퍼센트 이상 모
두 흔들리며 떠나고자 한다는 말이 무

엇인 줄 알겠느냐?
12 너를 찾아온 한 백성이 말하지 아니
하였느냐?
13 제가 깨우침이 없고 제가 알 수 없어
서, 제가 이곳에서 한 발짝 더 나가며
더 높은 깨달음을 얻기 위하여 그리고
제가 무엇을 역사하고자 남에게 묻는
것보다도, 그들은 찾아가는 것이 무엇
이더냐?
14 소위 말하는 목사요, 그리고 전도사
요, 집사요, 권사요, 깨달음이 있는 자
를 찾아가 그들이 거기에서 깨달음을
얻고자 하며, 무엇인가 높은 단계의
눈을 뜨고자 하나,
15 그들이 일관적으로 똑같은 대답을 하
며 똑같은 가르침을 주며, 한 사람도
앞에 나간 깨우침을 주지 못함이니,
16 그리하여 그는 배울 것이 없으며 깨달
을 것이 없으며, 누구를 붙잡고 하늘
의 뜻을 알고자 하소연할 곳이 없으
며, 누구를 붙잡고 상담할 수도 없다
그와 같이 말한 자가 있음이니, 이게
바로 무엇이더냐?
17 썩은 물이요, 고인 물이라는 것을 너
희들은 알아야 될 것이니라.
18 진정한 나 여호와의 뜻이요, 내 뜻에
따르는 목자요, 선택된 자라면, 누가
와서 묻더라도 그 대답을 내가 내려
줌이니, 세상에 대답을 하지 못할 것
이 없으며 깨우쳐 주지 못할 것이 없
음이니라.
19 그러니 종교 집단이요, 목사라는 자에
게 하나의 문제를 가지고 물어보니,
천 명이면 천 명이 똑같은 대답으로써
일관한다면, 이것이 바로 무엇이더냐?
20 너희들은 썩은 곳이요, 고인 곳이요,
미래가 없으며 변화되는 것이 없으며
한계에 도달했다는 것이니라.
21 그러니 이제 내가 성경에 기록하여 너
희들에게 전한 뜻을 깨우칠 수 있는
것은, 나의 법전을 접하는 순간에 깨
달을 수 있으며, 나의 법전을 접하는
자만 그 모두를 깨달을 수 있다 함이
니라.
22 그렇지 않으면 아무도 알 수 없는 것
이니라.
23 나 여호와의 비유의 뜻이요, 내가 전
하는 뜻을 알고자 한다면 너희들은 나
의 법전을 3회 이상 정독하면 모든 눈
이 뜨일 것이며 모두 역사할 것이니,
너희들은 그리 알라.
24 그렇지 아니하면 그 누구도 참진리요,
하늘의 뜻을 알 수 없는 것이니, 이는
바로 무엇이더냐?
25 성서에 기록했던 그 모든 내용을 내가
상세히 풀어 나의 법전에 기록함이니,
너희들이 나의 법전을 읽으면 이미 답
을 접한 것이기 때문에 모두를 너희들
이 알게 된다 내가 전함이니 그리 알
라.
26 그렇지 아니하면 너희들은 무엇을 얻
을 것도 없으며 알 수가 없는 것이 너
희들이라는 것을 잊지 말라.
27 그리하여 모두 나의 법전을 접할 때만
성서에 기록된 내용이요, 성서에 역사
한 그 모두를 알 수 있는 열쇠가 여기
있다 함이니라.
28 그러니 오늘 내가 내려보낸 나의 법
전이요, 지금 나의 아들을 통하여 내
리는 모든 것은 성서에 기록된 내용을

상세히 풀어 너희에게 전한 것이기에,
29 너희들이 나의 법전을 읽고 정독하면
성경에 있는 그 내용을 알 수 있으며
모두를 흡수할 수 있다 함이니라.
30 내가 너희들에게 무어라 말하였느냐?
31 단비가 내림이니, 그 비를 흡수하고
받아들이는 모든 식물은 존재한다 했
듯이,
32 바로 그와 같이 흡수할 수 있는 것은,
내가 성경을 풀어 내리는 나의 법전이
요, 상세하게 너희들을 깨우쳐 주는
것을 세 번 이상 정독했을 때, 너희들
이 모두 흡수할 수 있는 그와 같은 마
음으로 비워진 자세가 되어 있으면
그때 알게 될 것이니 그리 알라.

9,162 번째 하나님 말씀

2004년 1월 13일 08시 20분

1 사랑하는 나의 아들아!
2 "네, 아버님! 말씀하옵소서."
3 모든 환경과 역사함에 따라서 나의 성
령이요, 나의 뜻이 바뀐다면, 너희들
은 이 세상을 황금으로 장식하며 궁전
보다 더 아름답게 장식하며 꾸미는 것
이 너희들에게 상이 있다 할 것이니라.
4 그러나 너희들은 알아야 될 것이니라.
5 나 여호와의 참진리요, 나의 뜻은 가
장 낮은 곳에 있으며, 너희들에게 가
장 소중하고 귀한 것이니라.
6 그러니 내가 너희들에게 전하는 것은
바로 무엇이던가?
7 환경과 여건을 너희 손으로 역사하여
만들어 놓고 그곳에서 기도하고 경배
하는 것이 더 큰 은혜요, 영광이라 그
리 생각하지 말라.
8 나 여호와는 너희들이 있는 그대로,
있는 그 모습대로, 그리고 너희들이
가슴에 와 닿을 때,
9 인간 세상에 살아가면서 고향 땅이 그
리우며 부모가 그리워 너희들이 눈물
짓는 그 마음 같을 때,
10 그와 같이 너희들이 나를 생각하며
그와 같은 마음으로 나 여호와가 보고
싶을 때, 너희들이 하늘을 향하여 나
를 생각하고 기도하고 경배하는 것,
그것보다 더 아름답고 소중한 것이 없
음을 너희들은 알아야 될 것이니라.
11 너희들이 나를 생각하고 경배하는 마
음은 바로 그러한 마음이니라.
12 그러니 너희들이 어떠한 환경이요, 어
떠한 주변의 여건에 따라서 그를 장식
하며 꾸며 놓는 그와 같은 짓을 하지
말라.
13 부모가 열 자식을 두었음이니, 어리고
못난 자식이요, 가난하고 힘든 자식이
부모를 생각하는 것은 그 정성이 부족
하다 생각하느냐?
14 너희들은 어떠한 형태든 간에 있는 그
대로 앉아서 부모를 생각하며 부모의
은혜에 감사하는 마음을 생각한다면
자식의 도리가 되지 아니하더냐?
15 그러니 너희들이 산해진미를 차려 놓
고 속마음은 부모를 경배하며 사랑하
는 마음이 아니요, 그저 생활이 여유
가 있으니 형식적으로 흘러가는 그와
같은 행위를 한다면 그것이 과연 부모
에 대한 사랑이더냐?
16 부모가 물질적인 계산으로써 너희들
을 사랑하느냐?

17 그저 주는 마음, 소중한 마음, 귀한 마
음, 바라보기만 해도 기쁜 마음, 그와
같은 마음으로 부모는 자식을 사랑함
이니, 자식 또한 부모를 그와 같은 마
음으로 볼 수는 없는가?
18 그리하는 마음을 가져야 될 것이니라.
19 바로 그와 같은 이치를 생각한다면,
너희들은 못나고 어리석고 환경이 청
결하지 못하며 좋지 못하며 아름답게
꾸미지 못했다 하여 나에게 기도하는
것이 뜻이 없으며 전하는 말이 다르며
내가 너희들에게 역사하는 것이 다른
것이 아님을 알라.
20 그러니 너희들이 다 부질없는 것, 부
서지는 것, 무너지는 것, 세월이 지나
면 다 쓸데없는 것, 그와 같은 것을 나
를 위하여 경배하고 나를 찾는 장소
요, 용서를 비는 장소라 하여 그 많은
재물을 나의 피조물 만백성에게 갈취
하고 거둬들이는 그와 같은 행위를 하
지 말라.
21 그것이 바로 너희들이 나를 욕되게 하
는 짓이니, 나의 아들 너는 나의 성전
을 꾸미고 만들 때, 그와 같은 형식을
벗어나서 있는 그대로 하라.
22 자연의 바람이 들어올 수 있도록, 자
연의 태양이 들어올 수 있도록 그저
비바람만 막으면 그것이 가장 만족한
것이요, 행복한 것이라, 그리 그를 잊
지 말고 행하라, 사랑하는 나의 아들
아!

9,163 번째 하나님 말씀

2004년 1월 13일 08시 35분

1 사랑하는 나의 아들아!
2 "네, 아버님! 말씀하옵소서."
3 네가 앉아 있는 이 성전은 '이기종' 부
부가 운영하도록 그리할 것이며, 그가
충분히 이끌어 나갈 것이며 운영해 나
갈 것이니라.
4 그리고 '대전'이라는 곳에 만드는 성
전은 '홍철화' 부부에게 전권을 주라.
5 그러면 그들이 모두를 알아서 이끌어
나갈 것이니 그리 행하도록 할 것이며,
6 '고재순', '김윤수', '김미향'은 서울에
하나의 지점, 성전을 만들어 너희 셋
이 힘을 합쳐 최선을 다하도록 그리하
라.
7 이곳이 가장 중심부요, 가장 많은 백
성이 이곳을 찾을 것이니, 너희들이
심혈을 다 기울여 노력하고 노력한다
면 거기에 내가 길을 열어 줄 것이니,
모두는 그리하라.
8 다른 사람을 생각하며, 다른 사람과
너희가 더불어 가고자 하는 생각을 하
지 말라.
9 오로지 나의 법전을 읽고 깨우쳐 마음
이 아름답게 변한 자요, 깨끗한 너의
제자들로 하여금 모두를 운영하도록
그리하라.
10 그것이 내 뜻이며, 그리하면 너희들이
모두 자기의 책임이요, 직분을 다하여
역사할 것이니,
11 그들은 이미 그만큼 다 훈련되어 있으
며 준비된 자들이니 그리 알라, 사랑
하는 나의 아들아!

12 그리 명하여 행하도록 하라.

9,164 번째 하나님 말씀

2004년 1월 14일 01시 29분

1 사랑하는 나의 아들아!
2 "네, 아버님! 말씀하옵소서."
3 너희들이 인생을 살아가면서 가장 좋
은 기회요, 그리고 너희들이 모두를
역사할 수 있는 그와 같은 기회가 왔
을 때, 그를 잡지 못하며 놓치는 사람
은 얼마나 억울하고 분하겠는가?
4 그러니 저에게 다가온 그 기회를 잡지
못하여 그가 기회를 놓침으로써 인간
으로서 바로 살지 못하며 남부끄럽지
않은 삶을 살 수 있는 그 모두를 놓쳤
다 하면, 그는 얼마나 불행하며 얼마
나 한탄하며 통곡하겠는가?
5 그러나 너를 따르는 제자들이요, 나의
법전을 읽고 깨우친 만백성 너희들은
인간 세상에서 무엇과도 바꿀 수 없는
가장 소중한 보배요, 귀중한 것을 너
희들이 접했음이니라.
6 그러니 그를 접하고도 기회가 왔음에
도 너희들이 그를 잡지 못하며, 그를
듣고 깨우쳐 하늘에 오르는 길을 보지
못하며, 하늘에 오르는 길을 역사하지
못한다면,
7 너희들은 얼마나 불행한 것이며, 얼마
나 통곡하는 그와 같은 삶을 살아야
하는지 알겠느냐?
8 이 세상에 어떠한 것과도 바꿀 수 없
는, 세상에서 가장 귀하고 소중한 인
간의 단 한 번의 그 운명을 놓쳤을 때
도 너희들은 얼마나 분하고 놓친 것을
후회하겠는가?
9 그러나 그것보다 더 바꿀 수 없는 귀
한 그것을 너희들이 지금 접하고 있으
며 역사하고 있다는 것을 알아야 될
것이니라.
10 그러니 너희들이 인간 세상에서 갈구
하고 원하던 기회를 놓치는 것보다도
형용할 수 없이 몇천 배 더 소중한 것
을 놓치는 백성이 된다면 너희들은 얼
마나 어리석고 불쌍한 백성이더냐?
11 그러니 나의 법전을 접하여 집어던지
는 자, 나의 법전을 태워 버리는 자,
나의 법전을 찢어 버리는 자, 그리고
그를 정독하지 않는 자, 그들이 얼마
나 불행한 백성인가 저희들이 머지않
아 그 모두를 알게 될 것이니라.
12 더욱이 너의 제자들은 어떠하던가?
13 나의 법전을 보고 강론을 들은 자들이
그 소중함과 귀함을 모르고 저희들이
스스로 떠나는 그와 같은 삶을 사는
백성, 그들이야말로 얼마나 어리석고
불쌍한 백성인가를 저희들이 머지않
아 알게 될 것이니라.
14 그러니 이제 나의 아들을 따르는 제자
들이요, 그리고 나의 법전을 읽고 깨
우친 만백성 너희들은 오늘의 나의 법
전이 이 세상에 역사하기 위하여 6천
년이라는 길고도 긴 세월을 여기서 기
다렸음을 알아야 될 것이니라.
15 6천 년이라는 길고 긴 세월을 기다려
내가 마지막 시대에 나의 피조물 만백
성을 구하는 기본이요, 근본인 나의
법전을 만들어 세상에 전함이니,
16 6천 년 만에 세상에 내려보내며 6천
년 만에 너희들이 접하는 나의 법전을

과연 너희들이 그리 소홀히 생각하며 그리 함부로 접할 수 있는가?
17 그리고 그를 접한 백성이 얼마나 영광된 백성이며 축복된 백성인가 너희들 자신을 깨우치도록 그리 전하라, 사랑하는 나의 아들아!

9,165 번째 하나님 말씀

2004년 1월 14일 01시 36분

1 사랑하는 나의 아들아!
2 "네, 아버님! 말씀하옵소서."
3 너희들은 가장 잘못된 백성이 무엇인 줄 아느냐?
4 "네, 모두는 다 저희 스스로 역사하는 것이 아니며,
5 모두가 역사하는 것은 계산된 것이며, 무엇을 준 것만큼 거둬들이고 얻고자 하는 그와 같은 마음으로 사는 것이 인간이며 저희들의 그 마음인 줄 알고 있사옵나이다.
6 그 마음을 버리지 못하며 다스리지 못한다면 아무것도 세상에 역사하는 자연의 순리를 볼 수 없다 저는 그리 생각하옵나이다."
7 그러니라, 사랑하는 나의 아들아!
8 내가 너희들의 믿음의 가는 길도 무어라 말하였느냐?
9 거래하는 마음으로써 너희들이 기도를 했으며, 거래하는 모두가 지금 몇천 년 동안 흘러온 믿음이라 그리하였느니라.
10 믿고 바치는 것만큼 열배 백배 더 거둬들인다는 그와 같은 거래하는 마음이요,
11 그리고 모든 종교 집단이요, 지도자들이 기도하는 것, 또한 신도라는 백성이 기도하는 것이 다 무엇이더냐?
12 그를 하나하나 분석해 보면 거래하지 않는 것이 없이 그저 달라는 것, 이루어 달라는 것이니, 처음서부터 끝까지 거래하자는 것 외에 무슨 뜻이 거기 있단 말이던가?
13 그러니 너희들은 나에게 거래하고자 하는 자요, 또한 믿음의 길을 가는 백성, 성전이요, 교회를 찾는 백성은 어떠하던가?
14 그 속에 인간관계가 얽히고설켜 서로 협조하고 도움을 받고 줄 수 있다는 그와 같은 마음 자세에서 거래하고자 하는 것이며, 또한 오늘의 모이는 집단이 얽히고설킨 그와 같은 삶을 살아가는 것이니,
15 너희들이 손으로 지은 성전이 하늘에 오르는 길이요, 천국에 오르는 길이요, 진리의 말씀을 듣는 곳이라 그리 생각하나,
16 인간 너희들은 무엇인가 이루고 얻고자 하는 그와 같은 거래의 장소로서, 인간 세상에 부족한 것, 갖지 못한 것을 가진 자, 있는 자에게 무엇인가 얻고자 하는 것, 그리고 이루고자 하는 것, 그와 같은 거래의 심리에서 가며,
17 또한 믿음이라는 것도 하늘을 향해서 무엇이더냐?
18 구원을 받기 위하여 너희들이 거래하는 그와 같은 믿음이니,
19 하늘과 땅에 살아가면서 거래하는 마음을 버리지 못하는 것이 오늘의 믿음의 길을 가는 백성 너희들이니라.

20 나는 너희들에게 말하였느니라.
21 나 여호와는 사랑이요, 또 사랑이 본
체라 하였음이니라.
22 그러니 너희들이 사랑으로써 베풀며
나의 뜻을 따라 살아가는 것이 하늘에
오르는 길이라 하였음이니, 과연 거래
하는 마음이 사랑하는 마음이더냐?
23 그러니 나의 아들을 따르는 제자요,
그리고 나의 법전을 읽고 깨우친 만백
성 너희들은 거래하는 마음을 가져서
는 아니 될 것이니라.
24 더욱이 믿음이라는 것을 역사하면서
거래하는 마음을 가져서는 아니 될 것
이니라.
25 내가 나의 아들을 통하여 너희들이 법
전을 지고 이고 세상에 다 뿌린다 해
도, 그 공을 생각하며 거기에 대한 상
을 생각하는 것은 나에게 벌만 있으며
상이 없다 내가 너희들에게 명한 의미
를 알라.
26 너희들이 나의 성전에 와 무엇을 역사
하고 무엇을 이룬다 해도, 너희들이
법전을 만드는 데 공을 들인다 해도,
법전을 전하는 데 공을 들인다 해도,
그것은 나로부터 받은 은혜에 보답하
는 한계를 벗어나지 못함이니,
27 그것으로써 너희들이 구원을 받으며
내가 기억한다는 생각을 하지 말라 하
였거늘, 어찌하여 작은 역사를 이루면
서도 모두가 거래하는 마음을 가지고
나의 백성이 이리 살아가도록 타락되
었던가?
28 그와 같은 마음을 바로 다스리고자 함
이니, 이미 그들은 타락될 대로 타락
되었으며 무너질 대로 무너져 감이니,
29 너를 따르는 제자들과 나의 법전을 읽
고 깨우친 만백성 그들은 바로 서도록
그리 전하라. 사랑하는 나의 아들아!
30 그리고 그들은 그와 같은 마음을 버리
고 살라 그리하라.
31 너희들이 살아가면서 스스로 변화되
지 아니하는 것, 악습을 버리지 못하
는 것 같으나, 너희들은 모르느니라.
32 하늘에 있는 천사들이 알며 사탄도 너
희들이 변하는 모습에 두려워하고 있
음이니,
33 그와 같은 마음으로 하나하나 변해 가
는 역사의 삶이 천년왕국을 여기서 이
룰 수 있으며,
34 천 년 후에 하늘과 같이 이 땅에서 이
루어지는 기틀이 다져진다는 것을 너
희들은 모르나 나 여호와는 알고 있음
이니,
35 오늘의 마음에서 너희들이 하나하나
허물을 벗어던지며 서서히 다져 가도
록 그리하라 전하라.

9,166 번째 하나님 말씀

2004년 1월 14일 07시 44분

1 사랑하는 나의 아들아!
2 "네, 아버님! 말씀하옵소서."
3 나의 피조물 만백성, 그리고 너를 따
르는 제자들이요, 나의 법전을 읽고
깨우친 백성 너희들은 알아야 될 것이
니라.
4 이 세상에 지금 모두가 잘못됨을 나의
성령이 바로잡고자 다스려 나감이니,
5 너희들은 위로는 나 여호와가 존재함
을 알아야 될 것이며 나 여호와가 존

재하기에 두려움과 무서움을 알아야
될 것이니라.
6 그리고 이제는 너희들이 깨달음이 있
는 만큼 나의 성령이 내려가는 것을
두렵고 무서운 줄을 알아야 될 것이며,
7 또한 나의 아들이 나의 성령을 받아
이 모두를 역사함에 너희들이 더불어
가니 얼마나 큰 은혜요, 영광인지를
가슴 깊이 새기지 아니하면,
8 너희들이 버리고자 하는 악습이요, 털
어 버리고자 하는 그 모두를 버릴 수
없음을 알라 그리 전하라.
9 이제 나의 아들을 따르고 공부하는 백
성 너희들은 나 여호와가 존재함을
두려워하며, 나의 법전이 세상에 내려
옴을 두려워하며, 나의 아들이 세상에
있어 너희들과 더불어 역사하는 것이
얼마나 귀하고 소중한 것인가를 알고
깨달아야 함을 잊어서는 아니 되느니
라.
10 그와 같은 굳건한 마음을 가졌을 때
모두를 다 넘을 수 있으며 모두를 이
길 수 있음을 너희들은 알아야 될 것
이니라.
11 지금 모든 백성들이 어찌 가는가?
12 너희들이 사랑하는 어린 자식에게는
부드럽고 유한 음식을 먹이면서 성장
시킨다 하지 아니하였더냐?
13 너희들이 이웃집에 맡겨 놓은 아이를
돌보는 자가 먹지 못할 것, 거친 것을
그들에게 먹인다면,
14 과연 그를 보는 부모의 마음은 어떠하
겠으며, 과연 그가 그것을 소화시킬
수 있으며 그를 먹을 수 있으며 성장
할 수 있다 생각하느냐?
15 지금의 모든 종교 집단이요, 지도자
요, 제사장이요, 깨달았다는 백성들이
나의 사랑하는 백성들에게 참진리요,
그들이 먹어 깨우치고 소화할 수 있는
것을 부어 주고 먹여 주는 것이 아니
라, 비진리를 갖다 부어 주고 그들에
먹임이니라.
16 그들이 지금 나의 피조물 만백성을 가
르치고 깨우친다는 것은 무엇을 깨우
치는 줄 알겠느냐?
17 죄악을 깨우침이요, 죄를 짓는 것을
가르치고 있음이니라.
18 인간 세상에서 행하는 죄를 가르치고,
저희들이 설교로써 기름을 부으며 나
의 피조물 만백성을 깨우친다는 것은
무엇인 줄 알겠느냐?
19 독극물을 지금 먹이는 그와 같은 형국
으로 되어 있다면 너희들은 과연 어찌
하겠느냐?
20 이제 나의 아들을 따르는 너희 제자들
이요, 바로 서고자 하는 너희들을 보
는 내 마음이 어떠하겠느냐?
21 사랑하는 나의 피조물 만백성을 깨우
친다고 가르치는 것이 악을 가르치며
죄를 가르치며, 그들에게 먹이는 그와
같은 설교요, 강론이요, 가르침은 무
엇을 그들에게 부어 주는 것이더냐?
22 독극물을 부어 주고 그들에게 먹게 함
이니, 이를 보는 나 여호와의 마음이
얼마나 아프겠느냐?
23 그것도 수천 년 동안 셀 수 없이 많은
나의 백성들을 죽게 만들었으며 썩게
만들었음이니,
24 이를 더 이상 볼 수 없어 그를 바로잡
고자 하는 것이 나 여호와의 뜻이니,

거기에 선택된 자들이 너희들이니라.
25 그러니 내가 너희들을 바라보는 마음
이 어떠하며 너희들에게 거는 기대가
과연 어떠하겠느냐?
26 사랑하는 나의 백성들에게 부어 주는
독극물의 그릇을 깨며, 붓지 못하게
하고자 하며, 그들에게 지금 가르치는
죄악의 행위요, 그 모두를 다 중단하
게 하지 아니하면 아니 되기 때문에
내가 너희들을 선택했음을 알라.
27 이제 나의 아들을 따르는 그 제자들이
요, 그리고 나의 법전을 읽는 백성 너
희들은 내가 일찍이 무어라 말하였느
냐?
28 내가 법전을 놓고 깨우치되, 만 부가
세상에 나갔을 때 한 사람이 깨우칠까
말까 한다 하였으며,
29 그리고 너희들이 아름다운 마음으로
되어 있을 때, 전한 자가 천사 같은 마
음으로 되었을 때, 그가 그 법전을 열
면 깨달음을 얻는다 내가 그리하였으
니, 이게 얼마나 어렵고 힘든 길이더
냐?
30 그렇다면 그것이 얼마나 소중하고 귀
하기에 그와 같은 어려운 길을 역사하
며 그를 내가 이루고자 하는 것인가
너희들은 어찌하여 생각하지 못하느
냐?
31 사랑하는 나의 아들을 따르는 제자 너
희들이 만 권의 책이 세상에 나갔을
때, 그것으로써 한 사람을 구원하는
것이 아니요,
32 그 책을 전한 자가 천사와 같은 마음
으로 되었을 때 그 뚜껑을 여는 자가
깨달음의 문을 얻는다 하였음이니, 이
어렵고 힘든 길을 가는 나 여호와의
마음이 어떠하겠는가?
33 너희들은 그와 같은 길을 가는 내 마
음을 정녕 아느냐?
34 너희들은 나의 법전에 기록된 내용을
그저 그대로 읽고 듣고, 나의 아들이
강론을 내리는 것을 들어서 그를 행하
고 따르는 것만으로 너희들이 다 안다
생각하지 말라.
35 나 여호와가 그와 같은 뜻을 내릴 때
어떠한 의미에서 내렸으며, 그와 같은
뜻을 내렸을 때 내 마음은 과연 어떨
것인가, 너희들이 내 마음을 이해하며
내 마음을 알아야 될 것이니라.
36 나의 아들이 단상에 서서 강론하기를
무어라 하였느냐?
37 나의 아들은 아무것도 아니라 그리하
였느니라.
38 그러면서 다만 그는 나 여호와 아버지
의 뜻을 이해하며 아버지의 뜻을 따르
고자 노력하는 것이라 했으며, 아버지
의 뜻을 제가 보도록 노력하는 것이라
하지 아니하였더냐?
39 그 가르침이 얼마나 위대하고 소중한
가르침인 줄 너희들은 모를 것이니라.
40 너희들이 나 여호와의 뜻을 이해하고
자, 내가 원하는 것이 무엇인가 내 마
음을 알고자 노력하는 것이 효성스러
운 자식이 되는 것이며,
41 그러니 모든 악의 근원을 버릴 수 있
으며 너희들이 나의 아들딸로서 거듭
날 수 있는 귀하고 보배스러운 나의
아들이 전하는 그 뜻을 너희들은 어찌
듣고 어찌 깨우쳤느냐?
42 한 단어 한 구절 하나하나 전하는 것

을 너희들이 귀를 기울여 생명을 바쳐
듣고 그를 깨우쳐 너희들의 살과 뼈를
만들어 깨달음을 얻으라 그리 가르쳤
음이니, 그와 같은 것을 너희들이 잊
지 말고 행하도록 하라.
43 이제는 너희들이 그와 같은 것을 행할
수 있으며 그 모두를 역사할 수 있는
나의 아들딸들이기 때문이니라.
44 내가 너희들을 사랑하노라.

9,167 번째 하나님 말씀

2004년 1월 14일 07시 52분

1 사랑하는 나의 아들아!
2 "네, 아버님! 말씀하옵소서."
3 너의 제자가 너에게 말하여 전하기를
어찌하였더냐?
4 지금의 믿음의 길을 가는 그와 같은
사람들의 심성이요, 심정을 그대로 너
에게 전해 주었음이니,
5 과연 그 제자들이 말하는 것이 틀린
점이 있거든 너희들은 나의 법전을 찢
어 버리고 던져 버리라 그리 전하라.
6 그러나 정녕 그와 같은 역사가 이루어
지는 것이라면, 너희들은 나의 법전을
가슴에 안고 오늘의 변화되는 삶을 살
지 아니하면 만백성 너희들은 구원의
길을 볼 수 없다는 것을 알라.
7 아내라는 그 여인이 믿음의 길을 가고
있음이니, 그 믿음의 길을 가는 아내
에게 종교 지도자가 무어라 가르치는
지 알겠느냐?
8 너의 제자가 너에게 그리 말하였느니
라.
9 그 남편이 믿음의 길을 가든 말든 어
찌 되든, 남편이 그 믿음의 길을 가지
못하도록 말린다면 그것을 무시하며
그것을 듣지 말며, 제가 구원을 받는
길을 가기 위해서 최선을 다하라,
10 자식이 무어라 하든 자식이 어찌하든
간에 그와 같은 것을 신경 쓰지 말며,
제가 거듭나는 것, 제가 다시 태어나
는 것, 제가 구원을 받는 믿음을 위하
여 모두를 다 뿌리치고 열심히 저희
손으로 지은 죄의 온상에 오는 자는
축복이요, 영광을 받는 것이라 그리
가르치지 않는가?
11 그 부모가 무어라 하든 부모가 어떠한
형태로 말리든 어찌하든 간에 그 모두
를 다 뿌리치는 것, 그리고 저만 구원
을 받으면 된다는 것, 그 믿음이야말
로 사랑받는 것이요, 위대한 믿음이라
그리 가르침이니라.
12 그러니 과연 종교 집단이요, 지도자들
이 지금 그리 가르치고 있는가, 그리
가르치지 아니하는가, 너희들은 그것
을 그들에게 스스로 물어보라 그리 전
하라.
13 너의 제자가 그와 같은 것이 오늘의
믿음이요, 오늘의 신앙생활이라 그리
하였느니라.
14 그러니 거기에 사랑이 어디 있으며 보
살핌이 어디 있으며 나눔이 어디 있는
가?
15 오로지 저만 구원을 받는 믿음이요,
저만 죽기 아니면 살기로 열심히 가
면, 그 길을 가는 그것이 더 축복이요,
영광을 받는 믿음이라 그리 가르치니,
16 나 여호와가 너희들에게 무어라 말하
였느냐?

17 나의 복음은 영원히 변하지 않는 가슴
에 심으며, 너희들의 가족의 화목이
요, 부모를 공경하며 사랑하는 마음이
요, 이웃과 더불어 살아가는 그 마음
의 근본이 나에게 오는 길이요, 나에
게 역사하는 길이라 하지 아니하였더
냐?
18 형제를 사랑하는 것, 네 부모를 사랑
하는 것, 나의 피조물 만백성의 어렵
고 힘든 자를 사랑하는 것, 그 모두가
너희들이 나에게 기쁨을 주는 것이라
내가 그리 말하였거늘,
19 그와 같은 것은 관계없이 가정이 어찌
되든, 가정이 파괴되든, 자식이 길을
잘못 가 비뚤어지든, 남편이 집을 나
가든, 부모가 너희들로 하여금 통곡하
여 집을 나가든 관계없이,
20 너희들이 그저 와서 믿음만 철저히 지
키며 그리고 손으로 지은 성전에 와
재물을 바치며 울고불고 기도하고 광
란의 짓을 하는 것, 그것이 위대한 믿
음이요, 세상의 만백성의 근본이 되는
믿음이요, 그와 같은 것이 나 여호와
가 원하는 것이라 가르치니,
21 그게 과연 너희들의 사랑이요, 내 뜻
을 실천하는 백성이더냐?
22 모든 종교 집단이요, 지도자들이 이와
같이 가지 아니하거든, 이와 같은 행
위를 하지 아니하거든 너희들은 그를
따르라.
23 그리고 나의 법전을 태워 버려도 말하
지 아니할 것이니라.
24 그러나 모든 종교 집단이 죄의 온상인
그곳을 부흥시키기 위하여, 사람 하나
라도 더 긁어모으기 위해서는 어떠한
형국이든, 남에게 어떠한 피해를 주
든, 어떠한 상처를 주든 그 모두는 관
계없음이니라.
25 그리고 그들이 과연 그와 같은 죽음의
믿음의 길을 가도록 만들었을 때, 그
들이 어렵고 힘들 때 너희들이 보살피
며 사후에 책임을 지는가?
26 너희들이 그와 같은 믿음의 길을 가라
할 때는 그 사람이 죽어 나에게 올 때
까지 육의 삶의 세상에서 그를 보장해
주고 지켜 주어야 할 것이며, 그리고
나에게 구원을 받는 그와 같은 역사가
이루어져야 될 것이거늘,
27 지상에서는 사악한 자로 인해 구원을
받지도 못하고, 하늘에 와서는 나로부
터 버림을 받는 그와 같은 아내요, 그
와 같은 남편이요, 그와 같은 사람의
믿음의 길을 가는 것이 나에게 축복을
받는다 가르치고 그리 전하거든,
28 그것은 사탄이요, 사악한 자요, 잘못
되었다 너희는 그리 전하도록 하라,
사랑하는 나의 아들딸들아!

9,168 번째 하나님 말씀

2004년 1월 14일 07시 59분

1 사랑하는 나의 아들아!
2 "네, 아버님! 말씀하옵소서."
3 나 여호와는 오늘의 이 기괴한 세상이
올 것이라는 것을 성경에 기록하여 전
하였음이니, 그것이 지금 역사하고 있
음이니라.
4 나 여호와가 너희들에게 성경에 기록
하여 전하기를, 이 땅에 기괴하고 놀
라운 일이 일어날 것이며, 그와 같은

형국으로써 나의 피조물 만백성이 구
원의 길이 아니요, 죽음의 길로 간다
는 것을 내가 일찍이 기록하여 전하였
음이니, 그리 내가 예언한 것이 무엇
인 줄 알겠느냐?
5 종교 집단에 있는 지도자, 그리고 선
지자라는 지도자, 그들이 거짓을 예언
할 것이며,
6 종교 지도자와 제사장들, 또한 오랫동
안 믿음의 길을 간 자들, 그와 같은 모
든 백성이 오래 역사한 자들일수록 자
신의 부와 명예를 먼저 생각하는 세상
이 오게 될 것이며,
7 그리고 종교 집단이요, 지도자라 해서
그 작은 권력으로써 나의 백성을 짓누
르고 다스리며, 이 세상의 어떠한 독
재자도 그와 같은 행위를 할 수 없는
횡포요, 그와 같은 가르침으로 이끌어
가는 그와 같은 세상이 올 것이라 그
리 말하였느니라.
8 그러나 그와 같은 세상이 오는데, 나
의 피조물 만백성이 그 다스림을 버리
지 아니하고 그 다스림을 따르며, 그
를 경배하며, 그것이 저희들에게 행복
한 것이며 구원의 길이라 하며 좋아하
는 그와 같은 세상이 올 것이라는 것,
9 목숨을 바쳐 저희들이 기괴한 세상이
옳다 하며 그를 따르는 세상이 될 것
이라 내가 성서에 기록하여 전한 내용
을 너희들은 알아야 될 것이니라.
10 그러니 지금의 세상이 어떠하더냐?
11 지금의 모든 종교 집단의 지도자들이
나의 피조물들을 쇠사슬로 묶어 그들
을 어찌 다스리는가?
12 그러니 오늘의 이와 같은 세상이 올
것을 내가 미리 전하였음을 너희들은
알아야 될 것이니라.
13 나의 피조물 만백성이 거짓 예언한 자
요, 부와 명예를 위해 저희들을 이끌
어 가는 지도자요, 그리고 작은 권력
으로써 저희들을 짓누르고 다스리는
그와 같은 지도자들을 따르며,
14 그와 같은 세상이 축복이요, 영광된
세상이라 하여 나의 백성들이 손을 들
고 춤추고 광란의 짓을 하는 세상이
온다는 것을 미리 예언했으니, 그것이
기괴한 세상이라 함을 알라.
15 기괴한 세상을 내가 더 이상 둘 수가
없어 이제 다스리고자 하는 것이 내
뜻이니 그리 알라.
16 내가 어찌하여 그와 같은 것을 미리
예언해서 적었는지 알겠느냐?
17 너희들이 그와 같은 세상에 있음이니,
참진리요, 아름다운 빛이 와도 듣지
못하며 보지 못하며,
18 그를 받아 기록하는 나의 아들이요,
법전을 모두 찢어 버리며 태워 버리며
그 가슴에 화살을 쏘는 그와 같은 세
상이 이루어진다는 것을 너의 제자들
에게 깨우치고,
19 이 법전을 읽고 깨우치는 백성 너희들
이 주저하지 말며 당황하지 말며 가라
하여, 내가 미리 너희들이 모두를 보
아 옳고 그름을 판단하는 시대를 열어
가고자 함이니라.
20 나의 아들이 성령을 받아 전하고 이
역사함을 전함이니, 이를 믿는 자 얼
마나 있으며 생명을 바쳐 따르고자 하
는 그 제자들이 과연 얼마나 있는가?
21 지금 그와 같은 나약한 마음이요, 흔

들리는 마음의 너희들을 깨우치고 다
스리는 것은, 미리 내가 그와 같은 역
사를 기록하여 오늘의 나의 아들이 너
희들에게 다시 한 번 가르치고 깨우침
으로 인하여 너희들이 마음의 자세를
다스릴 수 있으며 믿음의 길을 갈 수
있는 그와 같은 백성이기 때문이니 그
리 알라.
22 이제 나의 아들을 따르는 제자요, 믿
음의 길을 가는 너희들은 모두 나 여
호와의 뜻에 의해 역사하는 것이며,
너희들과 더불어 이루어지는 것은 나
여호와가 역사한다는 것을 알고 굳건
한 믿음으로 바로 서지 아니하면 아니
되느니라.
23 그러니 너희 마음을 바로 세워 다스리
기 위해서 내가 2천 년 전에 미리 성
서에 기록하여 전한 것을 알라.
24 이 땅에 기괴한 세상이 올 것이라 한
그것은, 너희들이 나의 사랑하는 피조
물 만백성을 핍박하며 재물을 갈취하
며 고통스러운 그와 같은 세상을 즐기
고 환영하며, 그 속에서 너희들의 삶
이 가장 큰 축복이요, 영광이라는 기
괴한 세상이 온다는 것을 내가 기록하
여 전했으니,
25 지금이 그 세상이거든 너희들은 나의
법전을 가슴에 안고 목숨을 다 바쳐
정독하고 정독하여 나의 아들과 더불
어 구원의 길을 역사하도록 할 것이
며, 너희들 자신이 구원을 바라기 전
에 만백성을 구하는 데 모두를 다하라.
26 그리하면 너희들이 어느 날 내 앞에
와 있는 그 영광과 은혜의 축복이 있
을 것이니, 그리 전하라.
27 내가 이와 같이 나의 법전에 기록하여
전하는 것은 무엇인 줄 알겠느냐?
28 이를 읽고 읽는 백성들이 그를 알지
못하며, 이를 가지고 깨우치는 백성들
이 그들이 거짓 예언자요, 거짓 선지
자요, 거짓 지도자라는 것을 모르고
있음이니, 그리하여 너희들에게 이를
깨우쳐 줌이니 그리 알라, 사랑하는
나의 아들딸들아!

9,169 번째 하나님 말씀

2004년 1월 14일 08시 07분

1 사랑하는 나의 아들아!
2 "네, 아버님! 말씀하옵소서."
3 내가 성서에 기록하여 너희들에게 일
찍이 전하였느니라.
4 나를 부르고 나를 찾는 그 백성들이
요, 그리고 나를 위해 살아가는 자요,
나를 경배하며 구원의 길에 오르는 백
성들이라 하며 울고 웃는 그들이 귀머
거리가 되어 버려지는 그와 같은 세상
이 올 것이라는 것을 내가 기록하여
전했으며,
5 나를 찾고 울부짖는 백성 그들이 정녕
귀머거리가 되며, 밝은 빛을 보지 못
하는 소경이 되어 버리는 세상이 올
것이라 내가 나의 법전에 기록하여 다
시 한 번 전함은,
6 나의 성경에 기록되어 있는 그것을 너
희들에게 간곡히 깨우쳐 주며 성경의
열쇠를 열어 주는 것이라는 것을 알라.
7 이제 나의 아들이요, 나의 아들을 따
르는 그 제자들의 경지가 점점 높아짐
이니, 이제는 내가 성경의 모든 열쇠

를 열어 만백성에게 헤쳐 보이고자 하
느니라.
8 그래도 너희들이 깨닫지 못하며 나의
아들딸이요, 나의 아들을 따르는 제자
들에게 대적하고자 하는 자는 내가 절
대 용서하지 아니함을 너희들은 알아
야 될 것이니라.
9 내가 성서에 기록하여 전하기를, 나의
종이요, 나의 백성이라는 그 백성이
나를 능멸하는 짓을 할 것이며, 교만
한 자요, 그리고 나를 능멸하는 세상
이 올 것이라는 것도 내가 일찍이 기
록하여 전하였느니라.
10 그리고 나는 성서에 또한 이와 같이
무서운 내용을 너희들에게 기록하여
전하였음을 알라.
11 나의 사랑하는 백성들을 지옥으로 이
끌어 가는 것을 보고 들으면서도 이를
구원하고자 세상에 나오는 자가 없으
며, 세상을 다스려 나를 따르라 역사
하는 자가 없을 것이라는 것을 내가
기록하여 전했음이니라.
12 지금 나의 아들을 통하여 나의 법전을
가지고 역사하니, 2천 년 동안 구원하
고 이끌어 가며 지옥으로 가는 것을
막고자 차단하고자 하는 자가 한 사람
도 없었다는 것을 너희들은 알라.
13 이미 이와 같은 시대가 올 것이라는
것을 내가 기록하여 전하였으니, 그
무서움을 알라.
14 내가 또한 무어라 전하였는지 아느냐?
15 너희들이 감금당하고 구속당하는 그
와 같은 삶이요, 세상의 이치를 모르
며 모든 재물을 탈취당하는 그와 같은
세상이 오느니라,
16 그러나 재물을 탈취당해도 탈취당하
는 것을 모르는 세상이요, 너희들이
그와 같은 백성으로 변할 것이며,
17 또한 내가 가장 강하게 나의 아들에게
역사하고자 명하는 것이 무엇인 줄 알
겠느냐?
18 성서에 기록되어 있는 내용이니라.
19 재물을 도둑맞아도 그를 되돌려 달라
외치는 자가 세상에 없을 것이며, 그
주인에게 돌려달라 반박하고 그를 다
스리는 사람이 하나도 없을 것이라 내
가 그리 말하였음이니라.
20 그러니 몇천 년 동안 흘러오면서 종교
집단이요, 지도자들이 거둬들이고 탈
취한 재물을 돌려 달라 하는 자가 있
었는가?
21 그와 같은 자가 없을 것이라 내가 성
서에 이미 기록하여 전했음을 알라.
22 그를 바로 외치고 그를 지금 다스리며
그를 역사하고자 하는 것이 나의 아들
을 통하여 내리는 역사함이니,
23 정녕 잘못된 세상이 올 것이라는 걸
내가 미리 예언하였음이니, 그를 바로
잡고자 하는 것이 나의 법전이요, 나
의 아들이라면, 정녕 내가 역사하는
것이 아니더냐?
24 내가 성경에 기록하여 너희들이 돈을
주고 산 명예를 도로 찾아오는 자가
가장 일등공신이요, 그는 나에게 오는
역사를 할 수 있는 백성이라 그리 말
하였거늘, 그를 실천하는 자가 없으며
그를 행하는 자가 없는 것이 오늘이니
라.
25 오늘 내가 나의 아들을 통하여 내리는
나의 성령의 뜻을 듣는 너의 제자들은

알아야 될 것이니라.
26 나는 성서에 기록하여 주었느니라.
27 나의 사랑하는 백성의 재물을 탈취하
고 그를 강도질하는 자, 그를 되돌려
주도록 찾아 주라 그리고 돌려주라 외
치고 그를 다스리는 자가 없다 하였음
이니,
28 지금 모든 재물을 거두지 말라 하며,
거둬들이지 못하도록 그것이 사악한
자요, 사탄이라 말하는 것은 바로 나
의 아들이 나의 법전에 기록하여 이를
전함이니, 이게 누구의 뜻이며 누가
역사하는 것인 줄 아느냐?
29 오늘 이 방에 앉아 나의 아들에게 내
리는 이 기도 소리를 듣는 너희들은
목숨을 바쳐 이와 같은 것을 전해야
될 것이며,
30 나의 아들이요, 나의 법전이 얼마나
귀하고 소중한 것이며, 너희들이 더불
어 숨 쉴 수 있으며 더불어 강론을 들
으며 기도 소리를 듣는 것이 어떠한
영광인가를 다시 한 번 마음을 다스려
나의 아들을 보며 나의 법전을 접하지
아니하면 아니 될 것이니라.
31 이 모두는 성서에 기록했느니라.
32 내가 몇천 년 전에 성서에 기록하여
오늘 이와 같은 역사가 올 것이라 했
으며, 그와 같은 역사요, 그와 같은 시
대가 열렸음이니라.
33 그와 같은 시대가 열려 썩을 대로 썩
어졌으니, 그걸 바로잡고자 하는 것이
나의 정답이요, 나의 뜻이요, 내가 역
사하는 것이 아니고 무엇이란 말이냐?
34 오늘 나의 강론을 듣는 너의 제자들은
이 두려움과 무서움을 알라.
35 이 모두가 지금의 형국이며, 그대로
가고 있으며, 그대로 이루어지고 있음
이니,
36 나의 백성들이 지금 지옥으로 끌려가
고 있으며 죽음으로 가는 것을 반대의
길로 돌아서라 부르짖는 것이 나의 아
들이 아니더냐?
37 지금의 종교 집단이요, 지도자들이 가
는 믿음이요, 행함이 다 그러니, 팽이
가 반대로 도는 세상으로 보며 반대로
세상을 살라, 나의 아들을 통하여 가
르친 뜻을 이제야 알겠느냐?
38 반대로 가라는 것도 너희들이 알았음
이니라.
39 지금까지 오는 자가 어찌 올 것이며
어찌 사악해질 것이며 어찌 역사할 것
인지를 내가 미리 성경에 기록하였으
니, 그것은 반대의 현상이니,
40 그걸 바로잡기 위해서 반대로 가야 되
니, 이 무섭고 두려운 나의 가르침을
알라.
41 몇천 년 전에 오늘의 세상이 올 것을
말했으며 이와 같은 형국이 이루어진
다는 것을 예언했으며, 내가 책으로
근거하여 전했으며, 그걸 바로잡는 것
이 오늘의 역사라면,
42 이게 창조주 나 여호와가 미리 지시하
며 오늘의 역사함이요, 마지막 시대에
너희들을 다스리는 심판의 시대라는
것을 너희 스스로 머리가 있다면 깨우
칠 것이니,
43 오늘의 기도 소리를 듣는 너희들은 머
리를 깎는 마음으로써 마음의 자세를
다시 하지 아니하면 너희들이 만백성
을 구하는 선두 주자로 갈 수 없음을

알라.

9,170 번째 하나님 말씀

2004년 1월 14일 08시 11분

1 사랑하는 나의 아들아!
2 "네, 아버님! 말씀하옵소서."
3 나 여호와의 뜻을 거역하며 나를 능멸하며 나를 욕되게 하는 그와 같은 행위를 나의 백성들이 하는 시대가 올 것이라 내가 기록하였으며,
4 너희들은 하늘나라요, 나에게 오르는 것이 아니요, 지옥으로 이끌어 가는 자들이 세상을 지배할 시대가 올 것이라는 것을 내가 기록하여 전했느니라.
5 또한 내가 성경에 어찌 기록하여 너희들에게 전하였느냐?
6 이와 같은 내용은 말할 것도 없으며, 참진리는 접어 두고 비진리를 가지고 세상을 인도하는 시대가 올 것이라는 것, 그와 같은 것도 내가 기록하여 이미 전하였으니, 너희들은 어찌하여 그를 모르는가?
7 그렇다면 성서는 무엇이더냐?
8 그것은 중간 주자로서 오늘의 마지막 주자가 달릴 수 있도록 마지막 역사를 하기 위해서 기초요, 디딤돌이라는 것을 너의 제자들은 알게 될 것이니라.
9 지금의 모든 종교 집단이요, 지도자들이 앞 못 보는 자요, 길을 인도하는 자들이 아니요, 저희들이 나의 피조물 만백성을 지옥으로 이끌어 가는 그와 같은 행위를 중단하라 하는 것을 너희들이 가르쳐 주고 깨우쳐 줘야 될 것이니라.
10 중단하지 아니하면 아니 되느니라.
11 저희들 스스로 그와 같은 대가를 치르는 것은 말할 것도 없으나, 한 번 가면 영원히 돌이킬 수 없는 그 문을 들어가서는 아니 되는 것이니라.
12 사랑하는 나의 아들을 따르는 선택된 제자 너희들은 이를 명심하라.
13 비진리로 이끄는 지도자 너희가 이제는 그와 같은 것을 모두 중단하며, 너희 스스로 반성하고 회개하는 그와 같은 삶을 살도록 그리 전하라.
14 성서에 기록되어 있는 것을 내가 그 열쇠로 열어 거기에 있는 비유의 뜻을 기록하여 전하거늘, 이를 보고 접하면서도 그를 깨닫지 못한다면 무엇으로 써 어찌 가르친단 말이더냐?
15 모든 종교 집단이요, 지도자들이요, 지금의 믿음의 길을 가는 백성들이 진리의 빛을 찾아 나에게 오르며 가는 것이 아니니라.
16 그들은 비진리를 찾는 것이며 밝은 빛을 보지 못함이니,
17 내가 법전을 세상에 내려보내는 것은 참진리요, 밝은 빛이니, 이를 받아들이고 흡수시켜 구원의 길을 가도록 그리 전하라, 사랑하는 나의 아들딸들아!

부 록

【하나님께서 가르쳐 주신 운동】

천재지변이 일어날 때, 동물이나 미물들은 미리 알고 대피하지만, 인간은 알지 못하고 큰 화를 당합니다. 하나님께서 인간에게 가장 높은 지혜를 주시고 완벽하게 창조해 주셨기에 동물들보다 더 잘 알 수 있지만, 욕심으로 마음이 혼탁해져서 한 치 앞을 보지 못하는 것입니다.

마찬가지로, 인간은 누구나 스스로 필요한 운동을 해서 건강을 지킬 수 있도록 하나님께서 만들어 주셨습니다. 우리의 머리에서 우리 몸에 필요한 동작을 해 달라고 끊임없이 신호를 보내지만, 인간이 혼탁하게 살아서 그 신호를 알아채지 못합니다. 그러니 자연스럽게 자기 몸이 원하는 그 신호를 따라서 운동하는 것이 하나님께서 가르쳐 주신 운동 방법입니다. 바로, 우리의 영이 육을 이끄는 운동입니다.

▶ 하나님 운동법

1. 눈을 감고, 발을 어깨너비로 벌리고 바르게 선다.
2. 몸에 힘을 풀고, 허리를 숙이면서 손과 머리를 아래로 내린다.
3. 허리를 펴고 싶을 때, 천천히 펴면서 하고 싶은 동작을 하면 운동이 시작된다. (사람마다 다르다.)
4. 멈추지 말고, 어떤 동작이든지 자기 몸의 느낌대로 계속 이어서 한다.

▶ 참고 사항

① 눈을 감은 상태로 아무 생각 하지 않고, 자기 몸의 느낌대로 움직입니다.

② 마음을 비우고, 욕심을 버리고, 지난날의 잘못을 반성하면서 몇 차례 시도하다 보면, 자기도 모르게 하고 싶은 동작이 끊임없이 생깁니다.

③ 운동 장소는 방 안이든 운동장이든 관계없으며, 걷거나 달리고 싶을 때는 눈을 떠도 됩니다.

④ 매일 40분 이상, 주 4회 이상, 3개월 이상 하면 음식 조절에 들어갑니다.
- 음식으로 생긴 병은 음식으로 치료하게 되며, 어떤 음식을 먹어야 하는지 스스로 알게 됩니다.
(자기 몸에 필요한 음식만 먹고 싶어집니다.)

⑤ 사랑하는 사람과 함께 운동하면 서로 치료해 주기도 합니다.

⑥ 운동을 하다가 몸의 어느 한 부분을 계속 손으로 자극한다면 그쪽에 이상이 있는 것이니, 의사에게 상담을 받고 적절한 치료를 받으면 됩니다.

⑦ 다이어트 및 기타 건강관리에 효과적입니다.

⑧ 꾸준히 운동하여 영이 맑아지면, 자신의 과거와 미래를 스스로 보게 됩니다.

누구나 스스로 하실 수 있습니다.

간행사

《새로운 성경》은:

· 새로운 성경은, 하나님께서 선량하고 선한 자를 선택하여 십계명을 암송하도록 하시고, 십계명을 암송한 다음에 음성으로써 들려주시는 말씀을 듣고 그대로 카세트테이프에 녹음해서 받아쓴 책입니다.

· 90분짜리 녹음테이프 700여 개에 달하는 말씀으로, 1999년 8월부터 2004년 7월까지 총 160권(권당 288쪽)을 완성하였으며, 그 이후에도 현재까지 계속 말씀을 내려 주고 계십니다.

· 새로운 성경은 "하늘을 두루마리 삼고 바닷물을 먹물 삼아 쓰고 써도 다 못 쓴다"는, 끝없이 방대한 하나님의 말씀이 두루마리로 직접 내려오는 것입니다. 이러한 새로운 성경은 구약과 신약을 폐하려는 것이 아니라 "인봉된 성서의 비유의 뜻"을 상세히 설명하여 완성하고자 하나님께서 직접 내려 주신 말씀입니다.

《새로운 성경》의 구성:

· 제 목: 2013년, 160권 모음집을 발간하면서, 본 도서의 제목을 "하나님! 말씀하옵소서"에서 《새로운 성경》으로 명해 주셨습니다.

· 단행본: 각 권당 288쪽(신국판) 책이 160권까지 시리즈로 출판됩니다.
(모음집은 단행본을 16권씩 묶어서, 총 10부로 구성됩니다.)

《새로운 성경》의 성경적 근거:

· 신약 성경 [요한복음] 16장 13절에 "진리의 성령이 오시면 그가 너희를 모든 진리 가운데로 인도하시리니 그가 자의로 말하지 않고, 오직 듣는 것만을 말하며" 하신 말씀처럼 하나님의 음성을 들은 것만 기록하였으며,

· "장래 일을 너희에게 알리시리라" 하신 말씀과 같이 개인, 나라, 인류의 "장래"일을 하나님께서 알려 주시는 것만 기록하여 책으로 만들었습니다.

《새로운 성경》의 기록 방법:

· 1999년 8월부터 하나님께서 저에게 들려주시는 음성을 기록하였습니다. 처음에는 제가 들은 말씀을 불러 주면 저의 아내가 기록하여, 2000년 1월 29일에 1권 초판이 세상에 나왔습니다. 2000년 4월부터는 주시는 말씀을 받아 녹음기에 기록하기 시작하였습니다.

· 녹음을 시작하면서 하나님의 말씀을 받는 데 가속도가 붙었고, 2001년 5월 3일에 1부(1~16권까지)를 인쇄하여 출판하였으며, 2004년 7월까지 총 160권 분량의 말씀을 받아 기록하였습니다.

하나님께서 저에게 주신 것은:

· 첫째, 만백성을 상대로 내려 주시는 "기도", 둘째, 수시로 내려 주시는 "묵상", 셋째, 개인의 과거, 현재, 미래를 알려 주시는 "개인 기도", 넷째, 개인의 건강을 위해서 내려 주시는 "음식 처방", 다섯째, 하나님께서 가르쳐 주신 "운동"등이 있습니다. 이 중에 첫 번째, "기도"를 책으로 편찬하였습니다. 사람의 생사, 개인의 미래에 관한 천기는 수록하지 말라 하셨습니다.

강론 안내:

· 하나님께서는 지금도 매일 저에게 새로운 하늘의 비밀의 말씀을 내려 주고 계십니다. 수시로 내려 주시는 말씀을 정리해서 제자를 육성하라는 말씀에 따라 매주 강론을 하고 있습니다. 누구나 무료로 들으실 수 있습니다. (book160.com)

《새로운 성경》을 읽는 분들에게 드리는 선물:

· 개인 기도: 개인의 과거, 현재, 미래에 관하여 말씀을 내려 주십니다.

· 음식 처방: 사람은 음식을 먹고살다가 건강을 잃으니, 음식과 운동으로 건강을 되찾는 방법을 알려 드립니다. 단, 하나님이 계심을 믿고, 십계명을 지키겠다고 진실로 서약하는 분들께 알려드립니다.

《새로운 성경》의 은혜와 기적:

· 새로운 성경 전160권은 16권씩 묶어서 총 10부의 모음집으로 구성됩니다. 모음집 한 부를 읽고 깨우치는 자에게 하나님께서 다음과 같은 기적이 있다고 하셨습니다.

· “첫째, 그가 죽어 하늘에 갔을 때 그의 죄를 묻지 아니하며, 구원을 받는 위대한 은혜가 있으며, 둘째, 그의 소원과 소망이 이루어지고, 셋째, 죽은 자(부모, 형제, 자식, 사랑하고 은혜 입은 분)의 이름으로 구입한 책을 읽고 누군가 한 사람이 깨우칠 때, 그 죽은 자가 지옥에서 천국으로 구원을 받게 되며, 넷째, 유산, 중절 수술 등으로 태어나지 못한 아이를 위하여 구입한 책을 보고 한 명이 깨우쳤을 때, 그 아이가 사람으로 다시 한 번 태어나는 은혜를 받는다.”

· “새로운 성경”을 3회 이상 정성을 다해 정독하는 자, 성서의 비밀을 알게 되고, 세상의 이치를 알게 되며, 세상을 지배하고 통제할 수 있는 지혜를 다 얻게 된다고 하셨습니다. 이 책은 만백성이 정독하고 이웃에게 전하여, 평생 가슴에 묻은 슬픔과 고통의 짐을 벗고 미래를 위한 힘찬 삶을 살아가도록 하는 책입니다.

끝으로

· 하나님께서는 흰 눈이 세상을 덮듯이 새로운 성경을 온 세상에 전하라고 하셨습니다. 《새로운 성경》을 각국어로 번역해서 온 인류에게 구원의 길을 깨우쳐 주고, 그 수익으로 가난하고 어려운 백성을 구제하여, 만백성의 영과 육을 함께 구원하는 선지자의 임무를 수행하라고 저에게 명하셨습니다.

· 하늘에서 내려 주신 말씀의 보화를 만백성에게 나누어 주는 것이 선지자의 임무라고 하셨습니다. 새로운 성경을 통해서 얻는 재물을 사용할 곳도 하나님께서 일일이 명해 주십니다. 모든 재물은 저의 자의로 쓸 수 없고, 하나님께서 명하시는 대로만 쓰여집니다.

· 어떤 명분으로든 십일조나 각종 헌금을 거두어들이지 말라 하셨으며, 국내뿐 아니라 각국에 성전과 단독 서점을 운영하며, 한국의 많은 젊은이들을 전 세계에 지도자로 내보내라고 하셨습니다.

· 우리는 세계적으로 새로운 성경을 보급하며 어려운 이들을 돕는 역사를 해 나갈 것입니다. 지금까지 비록 몇 명 안 되는 제자들과 함께 이러한 일을 역사했지만, 앞으로도 계속 하나님께서 기뻐하시는 일들을 해 나갈 것입니다. 부족한 저희에게 여러분들의 지혜와 성원을 보내 주시기를 바랍니다. 많은 분들의 참여와 도움을 간절히 기다립니다. 감사합니다.

한국어로 내려온 《새로운 성경》 단행본을 출간하며
2016년 4월 10일

발행인 **김 용 철**

한국어로 내려온

새로운 **성 경** · 8부 · 제123권

지은이 하나님 말씀
대역자 김용철

초판인쇄 1쇄 2017년 4월 3일

펴낸 곳 도서출판 하얀마음
등록번호 제 10-2107호 (2001년 2월 14일)
주소 서울시 노원구 덕릉로86길 5, 2층
전화번호 02) 313-1114
팩스 02) 393-5554
전자우편 book160@hanmail.net
편집위원 조나영 김미향 이석교
제작지원 조형구 백영숙 이석교 이수희

도서상담 1600-7527
ISBN 978-89-5875-223-3 (04230)
978-89-5875-100-7 (세 트)

값 10,000원
잘못된 책은 구입하신 곳에서 바꾸어 드립니다.

※이 책은 10부로 제작되며, 각 부 16권씩 총160권으로 구성됩니다.※

1부	2부	3부	4부	5부	6부	7부	**8부**	9부	10부
1권	17권	33권	49권	65권	81권	97권	113권	129권	145권
2권	18권	34권	50권	66권	82권	98권	114권	130권	146권
3권	19권	35권	51권	67권	83권	99권	115권	131권	147권
4권	20권	36권	52권	68권	84권	100권	116권	132권	148권
5권	21권	37권	53권	69권	85권	101권	117권	133권	149권
6권	22권	38권	54권	70권	86권	102권	118권	134권	150권
7권	23권	39권	55권	71권	87권	103권	119권	135권	151권
8권	24권	40권	56권	72권	88권	104권	120권	136권	152권
9권	25권	41권	57권	73권	89권	105권	121권	137권	153권
10권	26권	42권	58권	74권	90권	106권	122권	138권	154권
11권	27권	43권	59권	75권	91권	107권	123권	139권	155권
12권	28권	44권	60권	76권	92권	108권	124권	140권	156권
13권	29권	45권	61권	77권	93권	109권	125권	141권	157권
14권	30권	46권	62권	78권	94권	110권	126권	142권	158권
15권	31권	47권	63권	79권	95권	111권	127권	143권	159권
16권	32권	48권	64권	80권	96권	112권	128권	144권	160권